Pasolini Roma

Prestel
München · London · New York

Berliner Festspiele
Martin-Gropius-Bau

Der Katalog erscheint anlässlich der Ausstellung *Pasolini Roma* im Martin-Gropius-Bau, 11. September 2014 – 5. Januar 2015.

VERANSTALTER

Berliner Festspiele
In Zusammenarbeit mit dem CCCB – Centre de Cultura Contemporània de Barcelona, der Cinémathèque française in Paris und der Azienda Speciale Palaexpo – Palazzo delle Esposizioni. Mit freundlicher Unterstützung des Kulturprogramms der Europäischen Union.

Berliner Festspiele
Martin-Gropius-Bau

Der Martin-Gropius-Bau wird gefördert durch

Die Ausstellung wird gefördert durch

In Zusammenarbeit mit

Italienisches Kulturinstitut Berlin
Kulturabteilung
Italienische Botschaft

Berliner Festspiele
Thomas Oberender, Intendant
Martin-Gropius-Bau
Gereon Sievernich, Direktor
Büro des Direktors:
Sandra Müller, Julia Wagner
Ausstellungsarchitekt:
Christian Axt

Ausstellungsproduktion:
Christoph Schwarz, Elena Montini, Sophie Winckler
Ausstellungsmanagement:
Sabine Hollburg, Filippa Carlini, Elena Montini;
Mitarbeit: Anne Zöllner
Kommunikation/Organisation/Vermittlung:
Susanne Rockweiler (stellv. Direktorin),
Ellen Clemens, Katrin Mundorf;
Mitarbeit: Judith Lau, Adrian Porikys, Mathias Völzke, Timo Weißberg, Christiane Zippel
Vertrieb:
Carlos Rodriguez Artavia, Peter Decker, Jörgen Pertsch, Sandra Schmidt
Technisches Büro:
Bert Schülke, André Klose, Dan Leopold, André Merfort, Saleh Salman, Thorsten Seehawer, Michael Wolff

AUSSTELLUNG

Die Ausstellung *Pasolini Roma* entstand als gemeinsames Projekt des Centre de Culture Contemporània, Barcelona, der Cinémathèque française, Paris, und des Martin-Gropius-Bau, Berlin. Das Projekt wurde durch das Kulturprogramm der Europäischen Union unterstützt.
CCCB, Barcelona
22. Mai – 15. September 2013
La Cinémathèque française, Paris
16. Oktober 2013 – 26. Januar 2014
Palazzo delle Esposizioni, Roma
15. April – 20. Juli 2014
Martin-Gropius-Bau, Berlin
11. September 2014 – 5. Januar 2015

Kuratoren:
Gianni Borgna, Alain Bergala, Jordi Balló
Wissenschaftliche Beratung:
Graziella Chiarcossi
Recherche und Dokumentation:
Anna Escoda, Teresa Anglés (CCCB)
Matthieu Orléan (La Cinémathèque française)
in Zusammenarbeit mit:
Maria Laura Proietti, Anna Ferrando, Judith Rovira
Projekt-/Ausstellungsmanagement:
Mónica Ibáñez, Carlota Broggi, Anna Escoda, Teresa Anglés (CCCB)
Christine Drouin, Marie Naudin, Matthieu Orléan, Giulia Conte (La Cinémathèque française)
Matteo Lafranconi, Daniela Picconi, Flaminia Bonino (Azienda Speciale Palaexpo – Palazzo delle Esposizioni)
Christoph Schwarz, Elena Montini, Sophie Winckler (Martin-Gropius-Bau)

Ausstellungsdesign:
Guri Casajuana Arquitectos
Ausstellungsgrafik:
Marc Valls in Zusammenarbeit mit Oriol Soler
Audiovisuelle Medien:
Leitung:
Jordi Balló, Alain Bergala
Dokumentation:
Laura de Bonis
Produktion:
Fred Savioz (La Cinémathèque française)
Toni Curcó, José Antonio Soria (CCCB)

Hologrammprojektion Zentaur
Regie:
Xavier Alberti
Darsteller:
Rubén de Eguia
Produktion:
Sono Tecnologia Audiovisual, SLU
Landkarten
Entwurf:
Alain Bergala
Grafische Gestaltung:
Jean-Jacques Bouhon
Herstellung:
Zadig Productions
Film- und Fotorechte:
Catherine Hulin, Alice Le Guen (La Cinémathèque française)
Szenografie:
Mar Vilasojana, Ricard Celma

Ephebos und *Gramsci's Grab*:
Griechisches Theater für Hologramm-projektion Zentaur und Cinema Nuovo:
Salvador Gil (Szoma Studio)
Registrar, Transport, Versicherungen:
Neus Moyano, Susana Garcia (CCCB)

KATALOG

Herausgeber:
Jordi Balló

Wissenschaftliche Beratung:
Graziella Chiarcossi

Koordination:
David Lestringant,
Marina Palà (CCCB), Sylvie Vallon
(La Cinémathèque française),
Flamina Nardone (Azienda Speciale
Palaexpo – Palazzo delle Esposizioni)

Texte:
Pier Paolo Pasolini

Kapiteleinführungen:
Alain Bergala

Kommentare zu den Dokumenten:
Gianni Borgna, Alain Bergala, Jordi Balló

Interviews mit:
Alberto Arbasino, Bernardo Bertolucci,
Vincenzo Cerami, Ninetto Davoli, Dacia
Maraini, Ennio Morricone, Nico Naldini

Grafikdesign:
Thomas Petitjean, Hugo Anglade,
Laure Afchain

Lithografie:
Arciel, Paris

Schrift Ostia Antica:
Maquette & Mise en page
und Yoann Minet

Deutsche Ausgabe:
Prestel Verlag, München
in der Verlagsgruppe
Random House GmbH
Neumarkter Straße 28
81673 München
Tel. +49 (0)89 4136-0
Fax +49 (0)89 4136-2335
www.prestel.de

Die Deutsche Nationalbibliothek
verzeichnet diese Publikation in der
Deutschen Nationalbibliografie; detaillierte
bibliografische Daten sind im Internet über
http://www.dnb.de abrufbar.

Projektleitung Verlag:
Gabriele Ebbecke, Constanze Holler

Herstellung:
Andrea Cobré

Lektorat und Satz:
Reschke, Steffens & Kruse, Berlin/Köln

Übersetzungen aus dem Italienischen:
Annette Kopetzki (ak), Dorothea
Dieckmann (dd), Achim Wurm (aw)

Durchsicht der deutschen Übersetzungen:
Christine Reitemeier

Übersetzungen aus dem
Französischen und Spanischen:
Ingrid Hacker-Klier (ihk)

Gedruckt in Italien von Skira,
Genève–Milano im Juli 2014
www.skira.net

ISBN 978-3-7913-5399-9
(Buchhandelsausgabe)
ISBN 978-3-7913-6563-3
(Museumsausgabe)

Eine Koproduktion von

Mit Unterstützung von

Die Ausstellung wurde mit Mitteln der Europäischen Kommission unterstützt. Verantwortlich für den Inhalt dieser Publikation sind allein die Autoren und Kuratoren. Die Europäische Kommission übernimmt für den Gebrauch, der mit den hierin enthaltenen Informationen gemacht werden kann, keine Verantwortung.

An Gianni Borgna

Wir gedenken mit Sympathie und Trauer des verstorbenen Musikkritikers, Essayisten, Politikers Gianni Borgna, der dieses Projekt zu seiner Herzenssache gemacht hat. Sein ganzes Engagement galt der Kultur und den Bürgern seiner Heimatstadt Rom.

DANK

Das Centre de Cultura Contemporània, Barcelona, die Cinémathèque française – Musée du cinéma, Paris, die Azienda Speciale Palaexpo – Palazzo delle Esposizioni, Rom, und der Martin-Gropius-Bau, Berlin, danken allen, die am Zustandekommen der Ausstellung und des sie begleitenden Katalogs mitgewirkt haben.

Ein besonderer Dank an das Archivio Contemporaneo „Alessandro Bonsanti" des Gabinetto Scientifico Letterario G.P. Vieusseux di Firenze, das Wesentliches zu unserem Projekt beigetragen hat. Unser Dank gilt in gleicher Weise folgenden Institutionen:

Centro Studi – Archivio Pier Paolo Pasolini – Cineteca di Bologna, Bologna
Archivio Storico Istituto Luce, Rom
Universitat Pompeu Fabra, Barcelona

Besonders danken wir den Leihgebern der ausgestellten Werke, Originaldokumente, Fotografien sowie allen, die Bildmaterial zu Ausstellung und Katalog beigesteuert haben:

AAMOD, Fondazione Archivio Audiovisivo del Movimento Operaio e Democratico, Rom
A.F. Archivi Farabola, Vaiano Cremasco
Agence Rapho, Paris
Agenzia Fotogiornalistica Contrasto, Rom
Agenzia Fotogramma, Mailand
Akg Images, Paris
Album – Archivo Fotográfico SL, Barcelona
Serafino Amato, Rom
Archivi Alinari, Florenz
Archivio Dacia Maraini, Rom
Archivio Federico Garolla, Mailand

Archivio Giancolombo, Mailand
Archivio Graziano Arici, Venedig
Archivio Riccardi, Rom
Archivio Storico del Cinema – AFE, Rom
Archivio Storico Portuense, Rom
ASAC – Archivio Storico delle Arti Contemporanee, Porto Marghera
Biblioteca Nazionale Centrale, Rom
Carlotta Films, Paris
Cartoteca della Società Geografica Italiana, Rom
Mimmo Cattarinich, Rom
Centro Studi Pier Paolo Pasolini, Casarsa della Delizia
Cinemazero, Pordenone
Collezione G. Farinon, Rom
Compass – MovieTime, Rom
Corbis France
Mario Dondero, Fermo
Films sans Frontières, Paris
Fondazione Allori – Archivio Fotografico Storico
Italiano Cicconi, Rom
Fondazione di Studi di Storia dell'Arte Roberto Longhi, Florenz
Fondazione Ezio Franceschini– Archivio Gianfranco Contini, Florenz
Fondazione Giorgio e Isa de Chirico, Rom
Fondo Divo Cavicchioli – Archivio dell'Immaginedi Cesena, Cesena
Fondo Moravia, Rom
Giovanna Forlanelli Rovati
Catherine Gautier – Filmoteca Española, Madrid
GNAM – Galleria Nazionale d'Arte Moderna e Contemporanea, Rom
Grimaldi Films, Monaco
INA, Institut National de l'Audiovisuel, Bry-sur-Marne
Institut Cartogràfic de Catalunya, Barcelona

Istituto Geografico Militare, Florenz
Istituto Geografico Visceglia, Rom
Intramovies, Rom
Kasey Kubica, Seattle
Stefano Masotti, Bologna
Mediaset, Rom
MGM, Los Angeles
Minerva Pictures, Rom
Museo d'Arte Moderna e Contemporanea Filippo de Pisis, Ferrara
Domenico Notarangelo, Matera
Angelo Novi, Como
Duilio Pallottelli, USA
Palomar, Rom
La Parisienne de Photographie, Paris
Maria Pace Lucioli Ottieri
Passport Music, Paris
Pathé, Paris
Dino Pedriali, Rom
Claire Peploe, Rom
Fabio Pierangeli, Rom
Reporters Associati Srl, Rom
Ripley's Films, Rom
Roma Capitale, Sovrintendenza Capitolina – U.O. Monumenti di Roma: Scavi Restauri Valorizzazione, Rom
Paul Ronald, Hyères
Sacher Films, Rom
Barbara Scaramucci, RAI Teche
Romano Siciliani, Rom
Société Nouvelle de Cinématographie (SNC), Paris
StudioCanal, Paris
Surf Film, Rom
Alexandre Tarta, Paris
Teatro Stabile di Torino, Turin
TF1 Audiovisuel, Paris
Mario Tursi, Rom
Massimo Vergari, Rom
Giovina Volponi, Rom

Ein persönlicher Dank an:

Xavier Alberti, Barcelona; Alberto Arbasino, Rom; Maria Cristina Bandera, Rom; Maria i Patricia Barsanti – Société Cinématographique Lyre, Paris; Bernardo Bertolucci, Rom; Chiara Bombardi, Barcelona; Enrico Buonincontro, Florenz; Asunción Cara dell, Barcelona; Karine Cavalieri, Rom; Matteo Cerami, Rom; Vincenzo Cerami, Rom; Roberto Chiesi, Bologna; Annamaria Ciai, Rom; Maria D'Agostini, Rom; Sabina D'Angelosante, Rom; Ninetto Davoli, Rom; Fabio Desideri, Florenz; Enric Enrich, Barcelona; Angela Felice, Casarsa della Delizia; Edu Ferrer – Classic Films, Rom; Cinzia Gangarella, Rom; Angela Gavezzi, Firenze; Nathalie Giacobino, Rom; Antonella Giordano, Florenz; Júlia Goytisolo, Barcelona; Jytte Jensen – MoMA, New York; Martin Koerber, Berlin; Leonardo Lattarulo, Rom; Luisa Laureati, Rom; Dacia Maraini, Rom; Paola Massard, Rom; Nanni Moretti, Rom; Anne Morra – MoMA, New York; Ennio Morricone, Rom; Nico Naldini, Treviso; Maria Luisa Pacelli, Ferrara; Eleonora Pancani, Florenz; Gemma Peiró, Barcelona; Paolo Petrucci, Rom; Cristina Piovani, Rom; Giovanni Piperno, Rom; Maria Laura Proietti, Rom; Alfredo Esteban Rey, Buenos Aires; Marta Rossi, Rom; Josep Seuba, Barcelona; Ilaria Spadolini, Florenz; Werner Sudendorf, Berlin; Mario Trigo, Barcelona

Pier Paolo Pasolini (1922–1975) war einer der umstrittensten Künstler seiner Zeit. *Empirismo eretico* heißt eine Sammlung seiner Schriften. Häretiker wollte Pasolini immer sein. Waren es Attacken der Kommunistischen Partei Italiens oder der Kirche – Anfeindungen sah er voraus, integrierte sie in sein Werk. Wiewohl links, wurde er von der kommunistischen Partei schon früh ausgeschlossen: wegen seiner Homosexualität und politischen „Unzuverlässigkeit".

Zu einem Aufschrei der Intellektuellen Italiens führte seine Verfilmung des Matthäus-Evangeliums, gefilmt in der damals unfassbar armen, heute schicken Höhlenstadt Matera im Süden Italiens. Sein erster Film *Accattone* [d. h. Bettler, Schmarotzer] – *Wer nie sein Brot mit Tränen aß* (1961) war jenen gewidmet, die in Rom an den Rändern der Stadt, im Pigneto-Viertel, ein karges Leben fristeten. Sein letzter Film *Salò o le 120 giornate di Sodoma (Die 120 Tage von Sodom,* 1975) ist ein wütender Kommentar zur letzten faschistischen Regierung Mussolinis, die gegen Ende des Zweiten Weltkrieges in jenem zauberhaften Ort Salò am Gardasee, in der Villa Feltrinelli, dem Sommersitz der Familie Feltrinelli, ihren Sitz hatte. Man könnte sagen, im Werk Pasolinis spiegelt sich, was einst der englische Historiker Eric Hobsbawm „Zeitalter der Extreme" nannte.

Bis heute wissen wir nicht, warum Pasolini sterben musste. War es sein letzter Roman *Petrolio,* der die Mafia veranlasste, den Schriftsteller zu ermorden? War es sein Film *Die 120 Tage von Sodom,* der zu seiner Ermordung führte? Noch heute wird in italienischen Zeitungen über die Ursachen seines schrecklichen Todes am Strand von Ostia diskutiert.

Filme, Gedichte, Romane, Essays, Glossen, Drehbücher, Übersetzungen, politische Kommentare, Zeichnungen, Malerei – Pasolinis Werk ist so ausgreifend und umfangreich, dass ein Gelehrtenleben kaum genügt, es zu analysieren. Er war zweifellos einer der bedeutendsten Intellektuellen und Künstler Europas zu seiner Zeit. Es gilt, sein Werk neu zu entdecken.

Die Ausstellung *Pasolini Roma,* über fünf Jahre vorbereitet von den Partnern in Barcelona, Rom, Paris und Berlin, gibt erstmals einen Gesamtüberblick über das Schaffen des Filmemachers und Schriftstellers. Auch wenn Rom im Fokus steht, so reflektiert die Ausstellung doch gleichermaßen die europaweite Ausstrahlung seiner Arbeiten.

Das Schicksal des Menschen bewegte Pasolini, das bäuerliche Leben, die Religion, die Sexualität, der Tod. Er dachte außerhalb gängiger Normen, fand Bil-

Vorwort
Thomas Oberender, Berliner Festspiele, Intendant
Gereon Sievernich, Martin-Gropius-Bau, Direktor

der von außergewöhnlicher Klarheit und Schärfe und wurde zum großen Provokateur.

Heute ist Pasolini längst eine Ikone der Postmoderne, kaum jemand kann die Vielzahl der sekundären Schriften über sein Leben und sein Werk lesen. Nicht zuletzt war es Pasolini selbst, der durch eine Flut von Prätexten, Selbstkommentaren und medialen Inszenierungen die Grenzen zwischen Leben und Werk zu verwischen wusste.

Die Ausstellung wirft einen Blick auf den „ganzen" Pasolini: sein Leben und sein Werk, den stilistischen Reichtum und die mediale Vielfalt, die gesellschaftspolitische Hellsichtigkeit und die exzessiven Provokationen dieses hochkomplexen Künstlers, der in letzter Zeit eine jüngere Generation auch deshalb wieder beschäftigt, weil die Relevanz seiner konsum- und sozialkritischen Botschaften unter den veränderten Vorzeichen der globalisierten Gesellschaft neu entdeckt wird. Die Ausstellung ist nach zeitlichen, künstlerischen und toponymischen Aspekten gegliedert. Mit Hilfe multimedialer Elemente werden Kunst und Literatur, Film und Leben des Pier Paolo Pasolini auf die Bühne gehoben – in sechs chronologischen Sektionen, die den sechs Phasen im Leben und Schaffen Pasolinis entsprechen.

Für Pasolini war Rom nicht einfach nur Hintergrund und Ort zum Leben. Für den Künstler war Rom wie eine große Liebesgeschichte mit ihren Enttäuschungen, gemischten Gefühlen von Liebe und Hass wie auch Phasen der Anziehung, Ablehnung und Entfremdung. Für Pasolini, den Analytiker der italienischen Gesellschaft, war Rom sein wichtigstes Observatorium, ein immerwährender Ort des Studiums, des Nachdenkens und des Kampfes. Die Wandlungen der Stadt prägten seine Analyse der Wandlungen Italiens und der Italiener in den 1960er- und 1970er-Jahren.

Es gibt ein Rom vor und ein Rom nach Pasolini. Seine Artikel und Filme schufen für die Stadt Rom eine neue Bildsprache. Pasolini gab sich nicht damit zufrieden, die Stadt als Schauplatz seiner Romane und Filme zu verwenden; ihm gelang eine „Neuerschaffung" Roms mit den Mitteln von Literatur und Film. Wie ein großer Schöpfer erdachte er einen neuen Mythos der Polis und der Vatikanstadt, ihrer Bezirke und Bewohner.

Pasolini wurde unter anderem mit Filmen wie *Accattone* (1961), *Mamma Roma* (1962), *Il Vangelo secondo Matteo (Das 1. Evangelium – Matthäus,* 1964) und *Teorema – Geometrie der Liebe* (1968) bekannt. 1969 verfilmte er *Medea* nach Euripides mit Maria Callas. Auf der Berlinale 1971 in Berlin erhielt der 1970 gedrehte Film *Decameron* den Sonderpreis der Jury, den Silbernen Bären. 1972 wurde der im selben Jahr entstandene Film *I racconti di Canterbury (Pasolinis tolldreiste Geschichten)* mit dem Goldenen Bären ausgezeichnet. Außerdem kam ein Dutzend weitere Filme von Pasolini zur Aufführung.

Als Schriftsteller trat er vor allem mit seinen Romanen *Ragazzi di vita* (1955) und *Vita violenta* (1959) und als Essayist und Lyriker hervor.

Die Ausstellung wurde als Projekt von der Europäischen Kommission ausgewählt und finanziert, um den europäischen, transnationalen, aktuellen Charakter von Pasolinis Werk und des Projekts selbst zu würdigen. Besonderer Dank gilt dem Haupstadtkulturfonds für seine großzügige Förderung. Kuratiert haben diese große europäische Ausstellung Alain Bergala, Jordi Balló und Gianni Borgna. Wir gedenken mit großer Sympathie und Trauer des vor wenigen Monaten verstorbenen Musikkritikers, Essayisten und Politikers Gianni Borgna, der dieses Projekt zu seiner Herzenssache gemacht hat.

Danken möchten wir auch den Partnerinstituten, welche diese Ausstellung und den begleitenden Katalog mit uns erarbeitet haben: dem Centre de Cultura Contemporània de Barcelona und dort Salvador Esteve i Figueras, Präsident, und Marçal Sintes i Olivella, Generaldirektor; der Cinémathèque française – Musée du cinéma in Paris und dort Costa-Gavras, Präsident, und Serge Toubiana, Generaldirektor; der Azienda Speciale Palaexpo – Palazzo delle Esposizioni in Rom und dort Franco Bernabè, Präsident, und Mario De Simoni, Generaldirektor.

Dankend hervorheben möchten wir auch die Hilfe des Archivio Contemporaneo „Alessandro Bonsanti" im Gabinetto Scientifico Letterario G. P. Vieusseux in Florenz, des Centro Studi – Archivio Pier Paolo Pasolini – Cineteca in Bologna, des Archivio Storico Istituto Luce in Rom, der Universitat Pompeu Fabra, Barcelona, und die Unterstützung aller hier nicht namentlich genannten Leihgeber.

Besonders danken wir auch Graziella Chiarcossi, der Kusine und Erbin von Pier Paolo Pasolini, die mit ihrem Rat viele Wege gewiesen hat.

Pasolinis besonderen Beziehungen zu Rom nachzuspüren heißt, alles mit einzubeziehen, was ihn ausmacht und definiert: die Poesie, die Politik, den Sex, die Freundschaft, das Kino.

Für ihn, der seine Jugend im Friaul und in Bologna verlebt hat, wird Rom niemals lediglich eine Filmkulisse sein, nicht einmal ein simpler Wohnort. Für den Mann wie den Dichter hatte Rom eine geradezu körperlich-sinnliche, leidenschaftlich-erotische Präsenz. Er hat mit der Stadt eine großartige Liebesgeschichte in all ihren Etappen durchlebt: die romantische Sehnsucht und das Bangen vor der Begegnung, die Enttäuschungen, die Treuebrüche, die aus Hass und Leidenschaft gemischten Gefühle, die Phasen der Anziehung und der Abstoßung, der Abwesenheit und der Wiederkehr.

Rom war für Pasolini, den Polemiker, den Analytiker der Entwicklung der italienischen Gesellschaft, auch der wichtigste Beobachtungsgegenstand und ein permanentes Forschungs- und Reflexionsfeld.

Vor allem dürfen wir nicht vergessen: Es gibt ein Rom vor und ein Rom nach Pasolini. Seine Schriften und seine Filme haben ein neues geistiges Bild von der italienischen Hauptstadt geschaffen. Pasolini hat sich nicht damit zufrieden gegeben, die Stadt als Hintergrundkulisse in seine Romane und Filme zu integrieren, er hat Rom durch literarische und filmische Mittel „neu gegründet".

Er hat der Sprache des römischen Volkes, dem „Romanesco", Stimme und Würde verliehen und ihr Eingang in die große italienische Kultur verschafft. Pasolini hat seine ersten Filme in Rom gedreht, aber es sind die „Borgate popolare", in denen *Accattone – Wer nie sein Brot mit Tränen aß* und *Mamma Roma* spielen. Dort, wo die Armen leben, die Außenseiter am Rande der Gesellschaft, die letzten der „Unschuldigen", die Subproletarier, dort hat auch er seit seiner Ankunft in der Hauptstadt gelebt und gearbeitet. Es ist ein unsicherer städtischer Raum, heruntergekommen, notdürftig zusammengeflickt, von den Architekten und Stadtplanern verschmäht, dem er durch einen sakral inszenierten Film unter Einbindung christlicher Ikonografie nach Vorbildern aus Renaissancegemälden mythische Größe und lyrische Atmosphäre zu verleihen suchte.

Seine literarischen und filmischen Werke hatten eine Vielzahl von polemischen Reaktionen, Protesten, Aggressionen, Strafanzeigen zur Folge, die jedoch angesichts der außergewöhnlichen stilistischen Neuartigkeit und Ausdruckskraft seiner Kunst wirkungslos blieben. Da der Vorwurf der Homosexu-

Pasolini Roma (Pasolinis Rom)
Gianni Borgna, Alain Bergala, Jordi Balló,
Kuratoren der Ausstellung

alität banal und vorhersehbar geworden war, bezichtigte man ihn zusätzlicher Delikte: der Blasphemie, der Pornografie und sogar der Beihilfe zur Schlägerei, des Diebstahls, der Hehlerei und des bewaffneten Raubüberfalls. All diese Absurditäten stellten sich als gegenstandslos heraus und ließen sich rasch auflösen, wenngleich sie den Künstler bei zahlreichen Gelegenheiten zwangen, sich grotesken und mehr als demütigenden Prozessen zu stellen.

Im Frühling 1964 veröffentlichte Pasolini eine bedeutende Gedichtsammlung, *Poesia in forma di rosa (Poesie in Form der Rose)*. Sie ist – vor allem durch „die Enttäuschung der Geschichte" – zunehmend prophetisch gefärbt, häufig düster, zornig, schmerzlich und enthält einen persönlichen Widerruf („Ich habe mich in allem getäuscht" – „Ich schwöre diesem lächerlichen Jahrzehnt ab"). Einer der gelungensten Momente dieses Widerrufs ist *Uccellacci e uccellini (Große Vögel, kleine Vögel)*, eine Fabel oder vielmehr eine „filmische Ideo-Komödie", wie er das Werk selbst nennt. Von zwei Schauspielern, die bislang noch nicht zusammen aufgetreten waren (Totò und Ninetto Davoli) interpretiert, war dies eines der erhellendsten Zeugnisse des Epochenwandels, den Rom und Italien Mitte der 1960er-Jahre erlebte. *Uccellacci e uccellini* thematisiert in metaphorischer Form die Krise der Ideologien. Darüber hinaus spricht der Film von dem künftigen unvermeidlichen Zusammenstoß der westlichen Kultur mit der Dritten Welt. Hier handelt es sich nicht um eine Flucht oder eine wie auch immer geartete Solidarität mit der „Dritten Welt", sondern ganz im Gegenteil um eine hellsichtige Prognose, von der man heute weiß, wie weitgehend sie sich als richtig erwiesen hat. Der Dichter legt auch Wert darauf zu betonen, dass er wie stets an die Idee und Fruchtbarkeit des Marxismus glaubt, aber nur in dem Maße, wie dieser es verstehen wird, etliche neue Realitäten zu akzeptieren.

Darüber hinaus hatte Pasolini seit Anfang der 1960er-Jahre gezeigt, dass er vielleicht als einziger italienischer Intellektueller fähig war, den Sinn und die Tragweite der sich vollziehenden Wandlungen zu begreifen und die Gefahren zu erkennen, die dem italienischen Neokapitalismus innewohnten: einem „Entwicklungsmodell", das mehr auf Quantität als auf Qualität, mehr auf der Anhäufung eines Überflusses von Konsumgütern statt auf einem kulturellen und moralischen Fortschritt basierte. Daraus folgte die Zerstörung von Kulturen, von Lebensstilen, von Sprachen zugunsten eines neuen menschlichen Vorbilds im Zeichen der Vereinheitlichung, nämlich des Kleinbürgertums.

Obwohl er sie schätzte, hat sich Pasolini von den Stilmerkmalen der Figuration und der Darstellung abgewandt, die dem Neorealismus teuer waren: Sie denunzierten die Not als materielle Bedingung. Seine Anklage zielte auf das Gegenteil: vor allen Dingen auf die spirituelle, moralische Not, die Frucht der beschleunigten Modernisierung und der anthropologischen Zerstörung. Die neuen Formen des sozialen Unbehagens, die mit den Studentenunruhen von 1968 einhergingen, waren in den Augen Pasolinis ebenfalls die Konsequenz dieser von oben erzwungenen Modernisierung. Er ahnte, dass der italienische Aufstand der 68er in Wirklichkeit ein Aufstand der mittleren Klassen war, bei dem die Bourgeoisie gegen sich selbst revoltierte, da sie die Intellektuellen nicht mehr benötigte, weder Beziehungen mit ihnen unterhielt noch Respekt für die Wissenschaft besaß, sondern nur Zerstörung und Gewalt mit dem Ziel eines phantasmatischen Zugangs zur Modernität im Sinn hatte, losgelöst von jeglichem Ehrgeiz nach einer echten Entwicklung. In den *Scritti corsari (Freibeuterschriften. Aufsätze und Polemiken über die Zerstörung des Einzelnen durch die Konsumgesellschaft)*, in seinem letzten von Sade inspirierten Film, *Salò o le 120 giornate di Sodoma (Die 120 Tage von Sodom)*, und in seinem posthum erschienenen Roman *Petrolio* vertieft der Dichter seine Analyse des „italienischen Modells" noch weiter. Er verurteilt den klassenübergreifenden rassistischen Hedonismus, dessen einziges akzeptiertes Modell in der kleinbürgerlichen Normalität besteht (durch das Vehikel des Fernsehens und der Medien perfekt vermittelt), und zeigt, wie erschütternd das Resultat von alledem ist, denn für einen armen jungen Menschen aus Rom ist es völlig unmöglich, diese Vorbilder zu erreichen. Das ist der Grund dafür, dass sich Pasolini nach seiner Distanzierung vom Neorealismus auch von jeder Auffassung der Gleichheit als einer eher spirituellen denn materiellen Gleichmacherei, die den Fortschritt mit Entwicklung gleichsetzt, abgewandt hat.

Als bodenständiger Dichter war er während seines ganzen Lebens in Kontakt mit realen Personen und Situationen. Das bezieht sich vor allem auch auf die plötzlichen und heftigen Mutationen (und eine wahre „genetische Mutation"), die zwischen Ende der 1960er- und Anfang der 1970er-Jahre Rom, die Stadt seiner Wahl, seine künstlerische und menschliche Metapher, tiefgreifend erschütterten und gewissermaßen auch das Vorspiel zu seinem eigenen Ende gewesen sind, das ebenfalls ganz unvorhergesehen und tragisch hereinbrach.

Um diesen Weg zu beschreiten, sind wir von dem poetischen Diskurs Pasolinis ausgegangen, wie er in Gestalt von Texten in den Archiven zu finden ist: Briefe, Gedichte, Artikel, Fragmente von Inszenierungen usw. Eine Vielzahl von diesen Schriften ist bereits im Druck erschienen; andere blieben bis jetzt unveröffentlicht, und wenn sie in unserer Auswahl erscheinen, dann deshalb, weil ihre literarische Rolle offen zutage liegt und sie uns Auskunft geben über die grundlegende Denkweise des Künstlers und seine Weltsicht. Diese Dokumente berichten uns von den Wechselfällen in Pasolinis Leben ab seinem Eintreffen in Rom bis zu den Tagen vor seiner Ermordung. Wir haben diese Texte gleichsam nach dem Prinzip einer Montage zusammengestellt, wobei wir stets darauf geachtet haben, die Autonomie eines jeden einzelnen ebenso zu bewahren wie sein paradoxes Potenzial. Die entstandene Kontinuität erlaubt uns, eine quasi kaleidoskopartige Sicht – doch, wie wir meinen, in originalgetreuer und vollständiger Wiedergabe – der großen Beiträge Pasolinis anzubieten, die ihn zu einer vorbildhaften zeitgenössischen Bezugsperson gemacht haben. Zu diesen Texten gehören seine Verteidigung der Verschiedenartigkeit, sein Eintreten für die sprachlichen Minderheiten, ihre Kultur und individuellen Freiheitsrechte; seine Kritik an der Rolle der Kirche und dem Erbe des Christentums; die Anprangerung der neuen Formen von Gewalt und Machtmissbrauch; die Aufdeckung eines fortbestehenden Dogmatismus und Faschismus sowie die Prophezeiung der Zerstörung jeder Kultur durch die Konsumgesellschaft, die Erkenntnis der Manipulation durch die Massenmedien; aber auch das Wissen um den unschätzbaren Wert der anonymen Menschengesichter und der revolutionären Schönheit des Lebens am Rande der Gesellschaft. Dabei handelt es sich ausnahmslos um Beiträge, die sich phasengleich mit den Besorgnissen der neuen Generation decken. Wie schafft man den Übergang von der intellektuellen und künstlerischen Sphäre zur sozialen und politischen? Der hier vorliegende Katalog bietet einige Antworten auf diese Frage an und untersucht die Gründe für ihre große Aktualität.

Den Texten Pasolinis schließen sich die Zeugnisse zahlreicher Persönlichkeiten an, die zu verschiedenen Momenten seines Lebens mit ihm in Berührung gekommen sind, etwa Vincenzo Cerami, Nico Naldini, Bernardo Bertolucci, Alberto Arbasino, Ninetto Davoli, Ennio Morricone oder Dacia Maraini. Angefügt ist auch die Transkription der Grabrede, die sein Freund Alberto Moravia bei seinem Begräbnis gehalten hat. „Es ist vor allem ein Poet, den wir verloren haben", erklärt Moravia bei diesem Anlass, „einen guten Menschen, multivalent und genial."

Kapitel I

Pasolini kommt am 28. Januar 1950 zusammen mit seiner Mutter am römischen Hauptbahnhof an. Er ist 28 Jahre alt. Der politisch engagierte Dichter ist aus dem Schuldienst und aus dem PCI (der kommunistischen Partei Italiens) ausgeschlossen worden, weil er wegen sexuellen Missbrauchs Jugendlicher angezeigt wurde. Er soll anlässlich eines Festes im Ort Ramuscello im Friaul, der Heimat seiner Mutter, unsittliche Handlungen begangen haben.

Sie haben ihr Haus in Casarsa am frühen Morgen verlassen, während der Vater noch schlief. In der ersten Zeit muss seine Mutter Susanna als Kindermädchen bei einer Familie arbeiten, um den gemeinsamen Unterhalt zu bestreiten. Pasolini wird vorübergehend bei einer mit seinem Onkel befreundeten Familie untergebracht, die an der Piazza Costaguti im alten jüdischen Ghetto im Herzen der Stadt wohnt, einige Schritte entfernt von der Fontana delle Tartarughe, die ihre nackten Epheben aus Bronze im Licht der Sonne erstrahlen lässt.

Recht bald schon werden Mutter und Sohn, zusammen mit dem Vater, der sich ihnen angeschlossen hat, das Zentrum Roms verlassen, um sich in „einem Haus ohne Dach und Verputz" unweit des Gefängnisses von Rebibbia in einem Armenviertel am Ponte Mammolo niederzulassen. Von seinen ersten Jahren in Rom sagt Pasolini: „Ich lebte, wie ein zum Tod Verurteilter leben kann, / immer mit jenen Gedanken wie eine Sache am Leib – / Schande, Arbeitslosigkeit, Elend."

Er braucht drei Stunden mit den städtischen Verkehrsmitteln, um nach Ciampino zu gelangen, wo er schließlich für das geringe Monatsgehalt von 27 000 Lira eine Anstellung als Lehrer in einer Privatschule gefunden hat. Unter seinen jungen Schülern erweckt ein gewisser Vincenzo Cerami seine Aufmerksamkeit und Sympathie. Er wird Schriftsteller und Drehbuchautor und wird Mitarbeiter Pasolinis bei dem Film *Uccellacci e uccellini (Große Vögel, kleine Vögel)*.

Dessen ungeachtet wird diese Periode der Not durch Pasolinis Begeisterung für „das göttliche Rom" erhellt. Er entdeckt die subproletarische Bevölkerung der Borgate, ihre Sprache und ihre gewalttätige Vitalität. Ein junger Anstreicher, Sergio Citti, wird zu seinem „wandelnden Lexikon" des „Romanesco", der römischen Volkssprache. Diese unbekannte Welt wird einige Jahre hindurch die Hauptquelle seines literarischen und filmischen Schaffens bilden.

Nach den heimlichen Liebesbeziehungen im Friaul entdeckt er die freie, auf den Augenblick beschränkte Sexualität mit den „Ragazzi" von Rom. In Begleitung von Sandro Penna, der als Schriftsteller die beglückende Erregung der Knabenliebe schildert, durchstreift er immer wieder die Wege am Strand des Tibers. Dieser Fluss wird zu einem seiner symbolischen und poetischen Bezugspunkte. Er glaubt weiterhin mehr denn je an die Schriftstellerei und erhält einige Literaturpreise, die ihn in seiner festen Überzeugung bestärken, dass die Rettung aus seiner literarischen Arbeit erwachsen wird. Er beginnt die Schriftsteller zu besuchen, die er bislang nur aus der Ferne gekannt hat: Giuseppe Ungaretti, Carlo Emilio Gadda, Giorgio Caproni, Giorgio Bassani ...

Ich floh mit meiner Mutter, einem Koffer und ein wenig Schmuck,
der sich als falsch herausstellte,
im Zug, langsam wie ein Güterzug,
durch die friaulische Ebene, unter ihrer dünnen und harten Schneeschicht.
Wir fuhren nach Rom.
Wir hatten also meinen Vater allein gelassen,
neben einem kleinen Ofen armer Leute,
mit seinem alten Militärmantel
und den entsetzlichen Ausbrüchen dessen,
der an Zirrhosen und Paranoiasyndromen leidet.
Ich lebte [...] diese Seite eines Romans, des einzigen in meinem Leben:
im übrigen, was soll es,
lebte ich lyrisch wie jeder Besessene.
Unter meinen Manuskripten war auch mein erster Roman:
Es war die Zeit von *Fahrraddiebe*,
und die Literaten waren dabei, Italien zu entdecken.

[...]

Wir kamen in Rom an
mit Hilfe eines sanften Onkels,
von dem ich etwas in meinem Blut habe:
Ich lebte, wie ein zum Tod Verurteilter leben kann,
immer *mit jenen Gedanken* wie eine Sache am Leib –
Schande, Arbeitslosigkeit, Elend.
Es kam soweit, dass meine Mutter eine Zeitlang putzen gehen musste.
Und ich werde von diesem Leid nie mehr gesund.
Denn ich bin ein Kleinbürger und kann nicht lächeln wie Mozart ...

[...]

Aus *Poeta delle Ceneri (Dichter der Asche)*, 1966–1967

Aus Alì dagli occhi azzurri (Alì mit den blauen Augen), 1965

Römische Nächte

In den Nächten des März nimmt der Tiber noch nicht die Lichter der Tausenden von Scheinwerfen in sich auf, die sich vom Ponte Milvio an bis nach San Paolo eins ans andere reihen. Noch sind Wasser und Licht durch eine dünne Schicht Kälte geschieden. An manchen Abenden, wenn es schon mild ist, ahnt man bereits, wie die Übereinkunft zwischen der Strömung und den Uferstraßen des Tiber aussehen wird, in der Reinheit des Frühlings. Die dunkle Landschaft – Luft und Wasser –, darin die unendlichen Bogenlinien der Lichtpunkte, gerändert von den Arabesken des dichteren Dunkels der städtischen Bäume ... und dann, wenn die Kälteschicht verschwunden ist, zirkuliert zwischen Fluss und Scheinwerfen eine zarte Luft, kaum zu greifen, ganz verwandelt in Duft.

[...]

Zwischen dem Ponte Sisto und der Tiber-Insel erstreckt sich ein Stück dörflichen Tibers. Links das Ghetto, das plötzlich beginnt, aus voller Kehle zu singen, auf der Piazza delle Tartarughe, am Theater des Marzellus, auf der Piazza Campitelli; und rechts der mütterliche Wald von Trastevere. Von hier aus wird der Horizont ausgefüllt mit den asphaltierten Plätzen des Schlachthofs, des Großmarkts und, dahinter, von San Paolo, ganz sonntäglich und tyrrhenisch, mit den Schwielen einer leichten Schmutzigkeit. Von dort schließlich kommt man nach Monteverde, ein riesiger, für die Ewigkeit bestimmter Abstellplatz gebrauchter Militärlaster zwischen hohen päpstlichen Mauern und Schrottplätzen. Bis man Ponte Bianco erreicht, ein mit einer Kruste aus ekelerregendem unbrauchbarem Gerümpel bedecktes Neubauviertel. Von dort gelangen die erstaunlichsten paradiesischen Gerüche bis an die Uferalleen der Stadt: Gerüche, die sich dem Laster hinzugeben versuchen, vielleicht sogar bis hin zum Opfer ihres Lebens, das Land der Masochisten, der Huren, der Lustgreise und der Impotenten.

[...]

Später dann, danach, wie eine vom Erdbeben verschonte, mit einem enormen Schwall geruchlosen Wassers desinfizierte Stadt, das sonntägliche Rom von Ponte Garibaldi, brodelnd vor Jugend, einer Jugend, verstreut wie Abfall, Packpapier, Lumpen. Die vier Jünglinge auf der Piazza delle Tartarughe, die die Muscheln halten; glänzend, wie verrückt glänzend, sind sie das einzige, das dem Griff des Windes entgeht. Mit ihrer Nacktheit durchdringen sie die Nacht. Keinen Millimeter kommen die Burschen, die der Sonntag auf den neuen Straßen abgelegt hat wie Schaum, der heiligen, reinen, verführerischen Dichte jener Nacktheit nahe. Das einzige, was man noch lieben kann, sind Statuen ...[x]

Der Petersplatz ist fürchterlich. Wie häusliche, nützliche Insekten kriechen die Prozessionen über den Platz wie Nebelbänke. Ein Priester singt mit Vorzeigestimme, die Betschwestern fest im Blick, Lieder, die so dumm sind, dass sie nicht nur den guten Geschmack beleidigen, sondern Christus persönlich. Eine farblose Religiosität, grau, banal, pfarramtlich, eins von Evas unmittelbarsten und entmutigendsten Produkten. Man ist unrettbar verloren, nichts, woran sich Anteil nehmen ließe, was sich verstehen ließe, nicht einmal in der Umkehrung, mit dem Gusto des Sadisten. Verglichen mit solch einem Schauspiel kann die Atombombe niemanden mehr erschrecken; der Selbstmord wird dringend.

[x]Der letzte Satz und der folgende Abschnitt finden sich nur in der ersten Niederschrift der Erzählung und wurden zum ersten Mal in der italienischen Ausgabe des vorliegenden Katalogbuchs veröffentlicht.

Fontana delle Tartarughe auf der Piazza Mattei,
März 1949

Pius XII. auf dem Petersplatz
im Jubiläumsjahr 1950

Sandro Penna, Rom,
1942

In einem Brief an Sandro Penna aus dem Jahr 1970 schreibt Pasolini, dass er ihm, den er einen „heiligen Anarchisten" nennt, einen „regelrechten Kult" widme. Der Schriftsteller wird zwei Jahre nach Pasolini in Einsamkeit und Armut wie ein heiliger Eremit sterben, nach einem schweren Leben ohne sicheres Einkommen, das er aber in Freiheit und mit der lässigen Grazie eines Flaneurs gelebt hat. Die Veröffentlichung seiner wenigen Bücher geschah mit Unterstützung einiger treuer Freunde: Dazu gehören Elsa Morante, Natalia Ginzburg sowie Alberto Moravia, der ihn nach dem Tod Pasolinis für den größten lebenden Dichter Italiens hielt. Zwei Tage vor seinem Tod hatte Pasolini die Idee vertreten, dass man Penna statt Montale den Nobelpreis hätte verleihen müssen.

Die ständige und einzige Quelle der Inspiration des Menschen und Dichters Penna war die homosexuelle Liebe. Als Pasolini ihn bei seiner Ankunft in Rom trifft, verbringt er den Großteil seiner Zeit an den Ufern des Tiber mit flüchtigen und oberflächlichen Liebschaften im Kreis von leicht zugänglichen „Ragazzi", das genaue Gegenteil der zurückhaltenden Jugendlichen des Friaul. In seiner Begleitung lernt Pasolini einen freien und „heidnischen" römischen Eros kennen, wie sein Cousin Naldini sagt, der die düstersten Jahre seines Lebens aufhellt. Aber dieser Eros stellt Pasolini die Frage der Spannungen zwischen dem Vollzug des Akts und der poetischen Inspiration: „Ich wiederhole, auch du bist ein wenig der Ausbeuter dieser Realität gewesen, die vielleicht nur hätte kontempliert werden dürfen. Doch es ist genau ab diesen Momenten der sündigen Schwäche, in denen du gegen die Regel der Entsagung und des demütigen, stillen, mönchischen Protests gegen die so sublime und so ungastliche Welt verstoßen hast, dass du die Inspiration für deine Poesie zu finden vermochtest."

Alain Bergala

Sonntag,
19. Januar 1947

Heute Nacht entdecke ich, dass mir die rücksichtsloseste Indiskretion widerfahren ist: Mein Vater hat meine Papiere durchwühlt, wobei er offenbar dieses Heft gefunden und darin gelesen hat. Das alles passt zu seinem Charakter, es wundert mich nicht; aber die Kränkung ist so absolut, dass mir nichts Besseres einfällt, als sie zu ignorieren. Im Leben meines Vaters und meiner Familie beginnt nun, nach Guidos Tod, ein neues Kapitel. Mein Vater hat natürlich nicht das moralische Rüstzeug, um mit seiner großen Enttäuschung über mich umzugehen. Meine Mutter liebt mich und ähnelt mir zu sehr, glaube ich, um all das nicht als schicksalsgegeben aufzufassen. Ich wiederum habe alles in einer verzweifelten Weisheit ertränkt und vermengt, die Zynismus, narzisstische Liebe sein mag, mich aber vor allem Äußeren beschützt, auch vor dem Positiven, Liebenswerten, und durch die ich eine seltsame, kindliche Sanftmut ausstrahle. Ohnehin musste ich mein Heft nicht erst vergewaltigt sehen, um zu wissen, dass mein Vater die für ihn schreckliche Entdeckung gemacht hatte. Ich hatte es schon seit ein Tagen vermutet, ja, ich war mir sicher, wegen gewisser Anspielungen meines Vaters, deren Erwähnung nicht lohnt. Doch die Tragödie meiner Familie beschäftigt mich zu viele Stunden am Tag und verwehrt mir, gelassen, heiter zu sein, wie es zweifellos meiner Natur entspricht.

Habe ich mich nicht endlich von der Last ständiger Täuschung befreit? Was hält mich noch davon ab, frei zu sein, frei zu sündigen? Wenn die erste Zeit dieses Unglücks – den Schmerz meiner Eltern über die sogenannte Unnatürlichkeit meiner Liebe mitansehen zu müssen – überwunden ist, wird es mir leichter fallen, eine ehrliche Chronik meiner so zerstreuten Tage zu schreiben. Mein Bedürfnis nach Aufrichtigkeit ist unbedingt ... Ich frage mich, ob es ein Bedürfnis nach Beichte ist, muss mir aber gestehen, dass es mehr ist. Der Gedanke, mich zu befreien, auch gegenüber den anderen, bleibt; auch darf ich den Ehrgeiz nicht verschweigen, mir durch Aufrichtigkeit eine Daseinsberechtigung zu verschaffen; doch vor allem ist es ein Bedürfnis nach Abstraktion, nach einsamer Ordnung. Den wahren Sinn für Reue, Schuld, Erlösung habe ich (noch) nicht: nur eine Empfindung des Schicksals, als vorerst unsicheres, verworrenes. Nicht zufällig lädt mich dieses Heft zu den unmenschlichsten Zeiten ein, wenn im weiten Umkreis nur meine Lampe brennt. Auch das ist eine Tradition meiner Jugend, ein Aspekt meiner ausschließlichen Liebe.

[...]

Aus den „Quaderni rossi" (Rote Hefte), in denen Pasolini in Casarsa zwischen Mai 1946 und Ende 1947 Tagebuch führte

An Franco Farolfi
– Parma

An Silvana Mauri
– Mailand

Lieber Franco,

Liebe Silvana,

[...]

Was ich Dir als zweites zu sagen habe ... ist, dass ich den Lebensabschnitt beendet habe, in dem man glaubt, weise zu sein, weil man die Krisen überwunden oder gewisse schreckliche Bedürfnisse (sexuelle) der Adoleszenz und der ersten Jugend befriedigt hat. Ich bin bereit zu versuchen, mir wieder Illusionen zu machen und Wünsche zu hegen; ich bin endgültig ein kleiner Villon oder ein kleiner Rimbaud. In diesem Seelenzustand könnte ich, wenn ich einen Freund fände, auch nach Guatemala oder nach Paris gehen.

Meine Homosexualität ist nunmehr seit mehreren Jahren Teil meines Bewusstseins und meiner Gewohnheiten geworden und nicht mehr ein Anderer in mir. Ich habe viele Skrupel, Unduldsamkeiten und Vorstellungen von Anstand überwinden müssen ... doch schließlich ist es mir, wenn auch blutend und narbenbedeckt, gelungen zu überleben und sowohl die Ziege als auch die Kohlköpfe zu retten, das heißt den Eros und den Anstand.

Versuche, mich gleich und ohne zu viele Vorbehalte zu verstehen; es ist eine Klippe, die Du umschiffen musst, ohne Hoffnung, zurückkehren zu können. Akzeptierst Du mich? Gut. Ich unterscheide mich sehr von Deinem Gymnasial- und Universitätsfreund, stimmt's? Aber vielleicht viel weniger, als Du glaubst, vielleicht bin ich sogar dem Pier Paolo jener Zeit viel zu ähnlich geblieben (falls es sich bei mir, klinisch gesehen, um einen Fall von Infantilismus handelt). Hätte es in diesen letzten Monaten nicht eine unentschuldbare und seltsame Trockenperiode gegeben, würde ich Dir sagen, dass die Dichtung immer noch mein Bereich ist (um nicht gar zu sagen, Berufung oder Zuflucht oder hygienische Regel). Meine Gedichte sind unglaublich wirr und außerdem gefallen sie mir nicht; deshalb schicke ich sie Dir nicht.

Lieber Franco, ich danke dem Schicksal dafür, dass Du wieder aufgetaucht bist (bist Du übrigens kahl? Ich warne Dich, Du bist mir als „blond" erschienen), ich bin voller Frische und Erwartung.

Ich umarme Dich mit Zuneigung

Pier Paolo

verzeih, wenn ich Dir noch einmal schreibe, aber mein letzter Brief war einfach zu wichtig für mich, eine letzte Hoffnung – absurd, nicht?
Unterdessen hat sich meine Lage enorm verschlechtert, obschon eine Verschlechterung kaum noch vorstellbar war. In einem Anfall von Böswilligkeit oder Wahnsinn – inzwischen weiß ich es selbst nicht mehr – hat mein Vater wieder einmal gedroht, uns zu verlassen, und schon Abmachungen über den Verkauf der Möbel getroffen.
Du kannst Dir nicht vorstellen, wie schlecht es meiner Mutter geht. Ich ertrage es nicht länger, sie so unsagbar und unmenschlich leiden zu sehen. Daher habe ich mich entschlossen, sie noch morgen ohne Wissen meines Vaters nach Rom zu bringen und der Obhut meines Onkels anzuvertrauen; ich selbst werde in Rom nicht bleiben, da mein Onkel mir zu verstehen gegeben hat, dass er mich nicht aufnehmen kann, hoffe aber, dass es für meine Mutter nicht so sein wird. Wohin ich von Rom aus gehen werde, weiß ich noch nicht, vielleicht nach Florenz. Wie Du siehst, befinde ich mich in einer traurigen Lage (denk nur an den Prozess und daran, wie es meinem Vater gehen wird, wenn er allein ist), und die Stimme eines Freundes ist vielleicht das einzige, das mich noch einen Sinn im Leben sehen lässt. Warum antwortest Du mir nicht? Mag sein, dass ich mich falsch verhalten habe (denn einen anderen Grund für Dein Schweigen kann ich mir nicht vorstellen), dann verzeih mir bitte; es ist sehr schwierig, sich richtig zu verhalten und vernünftig zu sein, wenn man sich in meiner Lage befindet.
Wenn Du mir also schreiben willst, hier ist meine Adresse, zumindest für einige Tage: bei Gino Colussi, Via Porta Pinciana, 34, Rom. Wohin ich danach gehen und was ich tun werde, weiß ich nicht; mein Leben befindet sich an einer entscheidenden Wende. Ich hoffe, dass es irgendwo auf der Welt ein wenig Arbeit für mich gibt, wie niedrig sie auch sein mag. Man sagt, man verhungert nicht. Und so, am Vorabend meines beginnenden Abenteuers, meine allerherzlichsten Grüße, auch an Deine Familie,

Pier Paolo

An Silvana Mauri
– Mailand

Rom,
10. Februar 1950

Liebste Silvana,

[...]

Ich weiß nicht genau, was ich unter Scheinheiligkeit verstehen soll, aber inzwischen graut mir davor. Schluss mit den halben Worten, man muss dem Skandal ins Auge sehen, hat, meine ich, der heilige Paulus gesagt ... Ich glaube – diesbezüglich –, dass ich gerade deshalb in Rom leben möchte, weil es hier weder einen alten noch einen neuen Pier Paolo geben wird. Die, denen wie mir das Schicksal zuteil wurde, nicht nach der Norm zu lieben, messen der Frage der Liebe schließlich zuviel Gewicht bei. Ein Normaler kann sich in die Keuschheit schicken – schreckliches Wort –, in die verpassten Gelegenheiten: aber in mir hat die Schwierigkeit zu lieben das Bedürfnis zu lieben zur Obsession gemacht: die Funktion hat das Organ hypertroph werden lassen, als die Liebe mir in der Adoleszenz wie eine unerreichbare Chimäre vorkam: als dann mit der Erfahrung die Funktion wieder ihre richtigen Proportionen angenommen hat und die Chimäre bis zur erbärmlichsten Alltäglichkeit entweiht worden war, da war das Übel schon eingeimpft, chronisch und unheilbar. Ich fand mich mit einem riesigen mentalen Organ für eine nunmehr vernachlässigbare Funktion wieder: So sehr, dass ich erst gestern – bei all meinem Unglück und meinen Gewissensbissen – eine unbändige Verzweiflung empfand um einen Jungen, der auf einem Mäuerchen saß und von der fahrenden Straßenbahn für immer und allerorts zurückgelassen wurde. Wie Du siehst, spreche ich mit äußerster Aufrichtigkeit zu Dir, und ich weiß nicht, mit wie wenig Schamgefühl. Hier in Rom kann ich besser als anderswo die Möglichkeit finden, ambigue zu leben, verstehst Du mich, und gleichzeitig die Möglichkeit, vollkommen aufrichtig zu sein, niemanden zu täuschen, wie es mir schließlich in Mailand passieren würde: vielleicht sage ich Dir das, weil ich entmutigt bin und Dich nur auf den Sockel stelle als diejenige, die allein verstehen und mitleiden kann: Aber ich habe einfach bisher niemanden gefunden, der so aufrichtig wäre, wie ich es möchte. Das Sexualleben der anderen hat bei mir immer Scham über mein eigenes hervorgerufen: Ist denn das Übel ganz und gar auf meiner Seite? Es erscheint mir unmöglich. Versteh mich, Silvana, das, was mir jetzt am meisten am Herzen liegt, ist, mir und den anderen gegenüber klar zu sein: von einer grausamen Klarheit ohne Halbheiten. Es ist die einzige Möglichkeit, die Verzeihung jenes schrecklich anständigen und guten Jungen zu erlangen, der weiterhin auch noch in mir ist. Doch von all dem – was Dir jetzt ein wenig dunkel bleibt, weil es zu konfus und rasch gesagt wurde – werden wir noch ausführlicher sprechen können. Ich glaube also, dass ich in Rom bleiben werde – diesem neuen Casarsa –, umso mehr, als ich keine Absicht hege, Literaten kennenzulernen oder auch bloß zu sehen, das sind Menschen, die mich immer in Angst und Schrecken versetzt haben, weil sie immer Meinungen verlangen, während ich keine habe. Ich beabsichtige, zu arbeiten und zu lieben, das eine so verzweifelt wie das andere. Aber dann wirst Du mich fragen, ob das, was mir zugestoßen ist – Strafe, wie Du zu Recht sagst –, mir gar nichts genützt hat. Doch, es hat mir genützt, aber nicht, um mich zu verändern, und noch viel weniger, um mich zu erlösen: Es hat mir genützt, um zu verstehen, dass ich den Grund berührt hatte, dass die Erfahrung erschöpft war und ich von vorn beginnen konnte, aber ohne die gleichen Fehler zu wiederholen; ich habe mich von meinem Rest an bösartiger und versteinerter Perversion befreit, nun fühle ich mich leichter, und die Libido ist ein Kreuz, kein Gewicht mehr, das mich zum Grund hinabzieht.

[...]

Ich umarme Dich

Pier Paolo

Aus Rom 1950. Tagebuch, 1960

Erwachsen? Nie – niemals, wie das Leben
das nicht reift – immer unfertig bleibt,
von einem herrlichen Tag zum anderen –
kann ich nicht anders als treu festhalten
an der wunderbaren Gleichförmigkeit des Geheimnisses.
Darum habe ich mich glücklichen Momenten
nie hingegeben – darum
in der Bangnis meiner Verfehlungen
nie an wahrhafte Reue gerührt.
Einig, immer einig mit dem Unausgedrückten,
am Ursprung dessen, der ich bin.

Gefängnis von Rebibbia
im Vorort Ponte Mammolo,
1950er-Jahre

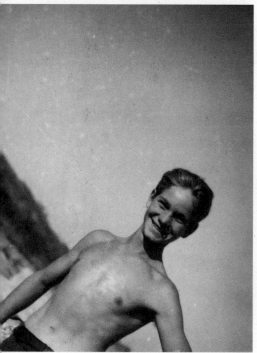

Römische Vorstadt,
Anfang der 1950er-Jahre

Via Giovanni Tagliere 3,
wo Pasolini von 1951 bis 1954
mit seinen Eltern lebte

[...]

Wir wohnten in einem Haus ohne Dach und Verputz,
ein Haus armer Leute am äußersten Stadtrand, bei einem Gefängnis.
Fußhoher Staub im Sommer, ein Sumpf im Winter.
Doch es war Italien, Italien, nackt und wimmelnd
mit seiner Jugend, seinen Frauen,
seinen „Gerüchen von Jasmin und armen Suppen",
den Sonnenuntergängen über den Feldern am Aniene, den Müllhalden:
und, was mich betrifft,
meinen unversehrten Träumen von Poesie.

[...]

Aus *Poeta delle Ceneri (Dichter der Asche)*, 1966–1967

Aus *La religione del mio tempo (Die Religion meiner Zeit)*, 1961

[...]

Ach, der alte Omnibus früh um sieben, wartend
an der Endstation von Rebibbia, zwischen Baracken,
einem bescheidenen Hochhaus, allein im Dunstkreis
der Hitze oder eisiger Kälte ...
Die Gesichter der täglichen Pendler,
wie auf Ausgang von trüben
Kasernen, würdig und ernst
in der unechten Lebhaftigkeit von Bürgern,
die ihre harte, antike Angst,
die Angst ehrlicher armer Leute, maskierte.

Ihnen gehörte der Morgen, der brannte
auf dem Grün der Gemüsefelder entlang
des Aniene, das Gold des Tages,
der den Dunst der Abfälle wiedererweckte,
und ein Licht, rein wie ein göttlicher Blick,
über die Zeilen halbfertiger Häuser anstrahlte,
die beieinander kauern unter schon schwülem Himmel ...
Diese atemlose Fahrt zwischen den schmalen
Streifen von Bauland, den versengten Kuppen,
an der endlosen Tiburtina ... Jene Reihen von Arbeitern
und Arbeitslosen, von Dieben, die ausstiegen,
noch ranzig vom grauen Schweiß ihrer Betten –
wo sie schliefen, am Fußende die Kinder –
in schmutzigen Kammern voll Staub,
windschief und heiter wie Zigeunerkarren ...
Diese Vorstadt, in lauter gleiche Parzellen zerteilt,
von der allzu heißen Sonne verzehrt,
zwischen verlassenen Höhlen,
zerborstenen Dämmen, Hütten und schäbigen kleinen Fabriken ...

Die Klage des Baggers

[...]

Ich entkleide mich in einem der tausend Zimmer,
in denen man schläft in der Via Fonteiana.
Du kannst alles umgraben, Zeit: Hoffnung,

und Leidenschaft. Aber nicht diese reinen
Formen des Lebens ... Auf sie
fällt der Mensch zurück, wenn Erfahrung

Aus *Le ceneri di Gramsci (Gramsci's Asche)*, 1957

und Zutrauen zur Welt in ihm
sich erfüllen ... Ach, ihr Tage von Rebibbia,
die ich verloren wähnte im Lichte

der Not, und die ich euch nun so frei weiß!

Zugleich mit dem Herzen errang
sich der Geist, über die Grate des Zufalls,
der den Kurs auf ein menschliches
Schicksal verwirrte,

in der Glut die versagte Klarheit,
in der Einfalt die ersehnte
Gelassenheit – zu Klarheit

und Gelassenheit kam in jenen Tagen
der Geist hinzu. Und erwachsene,
wenngleich nicht erprobte Ideologien

wiesen das blinde Bedauern in Schranken,
Zeichen all meines Kampfs mit der Welt.
Die Welt wurde Gegenstand, nicht mehr

von Rätseln, vielmehr von Geschichte.
Tausendfach wuchs die Freude
des Erkennens – wie in jedem,

der in Ehrfurcht erkennt.
Marx und Gobetti, Gramsci und Croce
lebten in meinem lebendigen Geist.

Es wandelte sich die Materie
von einem Dezennium der dunklen Berufung,
als ich mich hingab zu klären,

was einer Zeit der Ideale
als ideale Gestalt einst gegolten.
Jede Seite und Zeile,

die ich schrieb im Exil von Rebibbia,
enthielt diese Inbrunst,
anmaßend und dankbar.

Neu war mein Leben
in alter Arbeit und altem Elend;
die wenigen Freunde, die zu mir kamen

in der vergessenen Zeit von Rebibbia,
sahen in mir ein lebendiges Licht:
Sanfter, gewaltsamer Revolutionär

mit Herz und mit Zunge. Ein Mensch war erblüht.

Rom,
21. Januar 1953

Lieber Contini,

[...]

Jetzt lebe ich in Rom mit meiner Mutter und meinem Vater (der teilweise
von seiner Krankheit geheilt ist oder, zumindest, seiner Krankheit entsprechend behandelt wird – so wie man mit einer geladenen Mine um-
geht –: jetzt ist es fast rührend, wie er *durch mich lebt)*; ich arbeite auch
wie ein Neger, indem ich von sieben Uhr früh bis drei Uhr nachmittags in
Ciampino unterrichte (für 20 000 im Monat!), und außerdem arbeite ich
auch ziemlich viel an meinen eigenen Sachen, vor allem an einem Roman,
Il Ferrobedò: Nachdem ich Penna ein wenig zurückgesetzt, verraten
habe, bin ich nun sehr mit Caproni und Bertolucci befreundet (kennen
Sie die beiden persönlich? Es sind, wie man so sagt, zwei Perlen), und,
wenn auch mit viel weniger häufigem persönlichem Umgang, mit Gadda
(der, wenn die gute Jahreszeit kommt, eine Reihe von Besuchen in der
Vorstadt im Programm hat, mit meiner arabisch-italienischen Wohnung in
Ponte Mammolo als Ausgangsbasis, um sein *Pasticciaccio* zu Ende zu
bringen). Hier haben Sie das neue, etwas weniger düstere Bild: Aber aus
Aberglauben bin ich vorsichtig mit meinem Siegesgesang ...
Viele herzliche Grüße von Ihrem

Pier Paolo Pasolini

Schüler der Mittelschule von Ciampino, 1950er-Jahre

Pasolini und Giulio Romani

Vincenzo Cerami und Pasolini

Plakat von *Roma città aperta (Rom, offene Stadt)* von Roberto Rossellini, 1945

Aus *La religione del mio tempo (Die Religion meiner Zeit)*, 1961

Vorführung von *Roma città aperta* im „Nuovo"

Wie schlägt das Herz schneller als auf einem abgewetzten
Aushang ... Ich nähere mich, betrachte die Farbe,
die schon verblasste, des ovalen, lebhaften
Gesichts der Heldin, die heroische
Trostlosigkeit des armseligen, glanzlosen Plakats.
Sofort gehe ich hinein: erschüttert vom inneren Aufruhr,
entschlossen, in der Erinnerung zu erbeben,
von der Größe meiner Tat zu zehren.
Ich betrete das Freilichtkino, die letzte Vorstellung,
leblos, mit grauen Gestalten,
Verwandte, Freunde, verstreut auf den Bänken,
verloren im Schatten als vereinzelte,
weißliche Kreise im kühlen Unterschlupf ...
Gleich bei den ersten Einstellungen
reißt es mich mit, verzückt mich ... *l'intermittence
du cœur*. Ich befinde mich auf den dunklen
Wegen der Erinnerung, in den geheimnisvollen
Zimmern, wo der Mensch physisch ein Anderer ist,
und die Vergangenheit ihn mit ihren Tränen nässt ...
Dennoch, durch lange Erfahrung kundig geworden,
verliere ich nicht den Faden: da ... die Casilina,
an der sich traurig
die Türen von Rossellinis Stadt öffnen ...
da, die epische Landschaft des Neorealismus
mit Telefonleitungen, dem Straßenpflaster, den Pinien,
den bröckelnden Mäuerchen, der mystischen
Menge, verloren im täglichen Getriebe,
die düsteren Gebilde der Naziherrschaft ...
Schon fast ein Wahrzeichen, hallt der Schrei der Magnani
unter den unordentlich gelösten Haarsträhnen
durch die verzweifelten Panoramaschwenks,
und in ihren lebhaften, stummen Blicken
verdichtet sich das Gefühl der Tragödie.
Hier löst sie sich auf, verstümmelt sich
die Gegenwart und dämpft den Gesang der Dichter.

Ortisei,
23. Juli 1955

Liebste Pitinicia,

ich hoffe, Dich mit diesem Brief schon in Casarsa anzutreffen. In dem
Fall wünsche ich mir, dass Du eine gute Reise gehabt hast und nicht in
den Zug nach Sestri Levante eingestiegen bist ... Wie kommt es Dir vor,
nach fünf Jahren wieder in Casarsa zu sein? Casarsa – scheint mir – hat
sich verändert, ist unsympathischer geworden mit diesem modernen
Gehabe, findest Du nicht? Schreib mir ausführlich, Du hast ja die Zeit
dazu – natürlich nur, wenn Du Lust hast. Ich kann es gar nicht abwarten,
Dich wiederzusehen: Und zum Glück bin auch ich ein wenig abgelenkt
durch die viele Arbeit, sonst würde ich den Gedanken, dass wir so lange
getrennt sind, nicht aushalten.
Viele, viele Küsse

Pier Paolo

PS.: Grüß mir natürlich alle in Casarsa.
Es ist seit vielen Tagen nicht mehr kalt.

[Auszug aus der Antwort der Mutter]
28. Juli 1955

Du hast ganz recht: Casarsa ist sehr verändert. Ich kenne fast niemanden mehr. Mir hat es damals viel besser gefallen, der kleine ruhige Platz, auf der einen Seite feucht von dem überlaufenden Wasserstrahl, mit dem Trinkhahn und dem Ziehbrunnen mit der Kette in der Mitte, bedeckt von Weidenzweigen, und die armen Hütten, zwischen denen mir die Apotheke wie ein Schloss vorkam und unser Haus, da es nicht so arm wie die anderen, wie ein Palazzo. Wenn ich das Casarsa von damals wiedersehen will, dann muss ich auf die Feldwege gehen und zum Friedhof, da finde ich sicher meine alten Freundinnen.

CASARSA - Piazza del Monumento

Susanna Colussi, Pasolinis Mutter,
vor der Hochzeit
mit Carlo Alberto Pasolini

Carlo Alberto Pasolini

Pier Paolo mit
seinem Bruder Guidalberto,
genannt Guido,
Casarsa, 1928

Guido Pasolini,
geboren in Belluno am 4. Oktober 1925,
gestorben am 12. Februar 1945 in Navacuzzi, Prepotto

[Auszug aus einem Brief der Mutter]
25. Juli 1955

Ich war schon viermal auf dem Friedhof; ich werde jeden Tag hingehen und Guido auch von dir grüßen und mich an jeden einzelnen Moment unseres Lebens erinnern, als wir drei noch glücklich waren.

An Susanna Pasolini
– Casarsa

Ortisei,
28. Juli 1955

Liebste Cicciona,

wie geht's? Kommt es Dir immer noch so vor, als seiest Du nie aus Casarsa weggewesen? Das ist ein Eindruck, den man vielleicht im ersten Augenblick hat, dann beginnt man nach und nach, den Abstand zu spüren. Denkst Du wirklich, dass wir drei dort glücklich gewesen sind? Vielleicht nicht, da man ja nie glücklich ist: auch damals hatten wir unsere unglücklichen Momente oder waren uns zumindest nicht klar über unser natürliches Glück: und dies genügte, um jene Zeit allen anderen gleich werden zu lassen. Die Schlussfolgerung lautet, dass es immer besser ist, der Vergangenheit nicht nachzuweinen: und das Glück in den Gefühlen zu suchen, nicht in bestimmten Zeitabschnitten. Ich sage das auch wegen Guido, es ist besser, ihn nicht an eine bestimmte Zeit gebunden zu sehen, sondern frei und gegenwärtig in den Gefühlen. Was Dich betrifft, versuche unbedingt, Dich auszuruhen, nichts zu tun, zu schlafen, zu essen und gegen Abend über die Felder spazierenzugehen.

Ich arbeite viel, aber das Klima ist gut, und abends gehe ich dann meinem Vergnügen nach, zum Tanzen in überaus eleganten Hotels zwischen Brenner und Cortina. Bis bald also (allerhöchstens eine Woche bis zehn Tage) und viele, viele Küsse

Pier Paolo

Aus *Vie Nuove* Nr. 28, 15. Juli 1961

Mein Bruder

[...]

Die Sache ist schnell erzählt: Meine Mutter, mein Bruder und ich waren aus Bologna nach Casarsa im Friaul evakuiert. Mein Bruder, 19 Jahre alt, etwas jünger als ich, ging aufs Gymnasium in Pordenone. Er schloss sich sofort der Resistenza an. Ich hatte ihn mit der Leidenschaft des Katechumenen zum glühenden Antifaschisten bekehrt, denn auch ich war erst zwei Jahre zuvor zu der Erkenntnis gelangt, dass die Welt, in der ich aufgewachsen war, ohne jede Perspektive lächerlich und sinnlos war. Kommunistische Freunde aus Pordenone (ich hatte Marx noch nicht gelesen, war liberal, neigte zum Partito d'Azione) nahmen Guido mit in den aktiven Kampf. Nach wenigen Monaten ging er ins Gebirge, wo gekämpft wurde. Ein Erlass Grazianis, der ihn zu den Waffen rief, war der zufällige Grund seines Aufbruchs, der Vorwand gegenüber meiner Mutter. Ich brachte ihn zum Zug, in seinem Koffer der Revolver, in einem Gedichtband versteckt. Wir umarmten uns, damals sah ich ihn zum letzten Mal.

In den Bergen zwischen Friaul und Jugoslawien kämpfte Guido tapfer einige Monate lang: Er hatte sich der Division „Osoppo" angeschlossen, die zusammen mit der Division „Garibaldi" in Venezia Giulia operierte. Es waren schreckliche Tage: Meine Mutter fühlte, dass Guido nicht wiederkommen würde. Hundertmal hätte er im Kampf gegen die Faschisten und die Deutschen fallen können, denn er war von einer Selbstlosigkeit, die keine Schwäche, keinen Kompromiss duldete. Aber er sollte auf noch tragischere Weise sterben.

Venezia Giulia liegt an der Grenze zwischen Italien und Jugoslawien; also versuchte Jugoslawien damals, das gesamte Gebiet zu annektieren, nicht nur den Teil, der ihm eigentlich gehörte. Ein Kampf zwischen Nationalismen entbrannte. Obwohl er Mitglied des Partito d'Azione und überzeugter Sozialist war (heute stünde er an meiner Seite), konnte mein Bruder nicht akzeptieren, dass italienisches Gebiet wie das Friaul zum Ziel des jugoslawischen Nationalismus wurde. Dagegen wehrte er sich. In den letzten Monaten hatte sich die Situation im Gebirge von Venezia Giulia zugespitzt, jeder stand zwischen zwei Fronten. Die jugoslawische Resistenza war kommunistisch, mehr noch als die italienische: So wurden Titos Männer, unter denen natürlich auch Italiener waren, deren Ideen er im Grunde teilte, deren nationalistischer Politik er aber nicht zustimmen konnte, zu Guidos Feinden.

Er starb am 12. Februar 1945 auf eine Weise, die ich vor Gram kaum erzählen kann: An dem Tag hätte er sich noch retten können, er starb, weil er seinem Kommandanten und seinen Kameraden zu Hilfe eilte. Ich glaube, kein Kommunist kann die Tat des Partisans Guido Pasolini missbilligen. Ich bin stolz auf ihn, und die Erinnerung an seine Großherzigkeit, seine Leidenschaft verpflichtet mich, meinen Weg weiterzugehen. Dass er in einer so komplizierten, schwer einzuschätzenden Situation starb, lässt mich nicht zögern, es bestätigt mich nur in meiner Überzeugung, dass nichts einfach ist, nichts ohne Komplikationen und Leiden geschieht, und dass einzig jene kritische Wachsamkeit zählt, die jenseits von Worten und Überzeugungen den Dingen auf den Grund geht, bis zu ihrer geheimen, unveräußerlichen Wahrheit.

Guido Pasolini
vor einem deutschen Flugzeug
posierend, 1944

Begräbnis von Guido Pasolini in Casarsa,
21. Juni 1945

Nico Naldini und Pasolini, 1940er-Jahre

Messaggero Veneto, 28. Oktober 1949

Am 30. September 1949 geht Pasolini in Ramuscello, einem kleinen Ort im Friaul nahe Casarsa, auf ein Dorffest. Es wird getanzt, gesungen und getrunken. In der aufgeheizten Stimmung trifft Pasolini einen jungen Mann wieder, den er schon kennt. Mit drei anderen gehen sie aufs Feld, um ein wenig Sex zu haben. Pasolini hat lange gegen seine Homosexualität angekämpft, auch Mädchen kennengelernt, in einer Mischung aus sinnlicher Erregung und Schönheitskult à la Gide gibt er nun seinem Begehren nach. Aussagen gegenüber den Carabinieri zufolge küsst er einen der Jungen auf den Mund und lässt sich von ihm masturbieren.

Dabei bleibt es zunächst, erst Ende Oktober beschäftigt sich die Polizei mit dem Vorfall und befragt die Jungen, die alles bestätigen. Trotzdem zögern die Eltern, Anzeige zu erstatten, um sich den Skandal zu ersparen.

Nico Naldini, ein Vetter Pasolinis, kümmert sich um die Angelegenheit und spricht mit dem kurz zuvor als Abgeordneter der Democrazia Cristiana ins Parlament gewählten ehemaligen Direktor des Gymnasiums, das er besucht hat. Dieser erklärt unverblümt, die DC sei bereit, die Sache zu regeln, unter der Bedingung, dass Pasolini die Finger von der Politik lässt. Offenbar ahnten die Christdemokraten, dass sie es bei dem harmlosen Junglehrer in Wahrheit mit einem gefährlichen Gegner zu tun hatten, und wollten ihn loswerden.

Pasolini lehnt rundweg ab. Kurz darauf wird er von den Carabinieri in Padua vernommen und gibt zu Protokoll: „Die Aussagen der Jungen entsprechen, zumindest äußerlich, der Wahrheit." Die Nachricht verbreitet sich in Windeseile und gelangt sofort in die örtliche Presse.

Die Reaktion der DC ist nicht weiter verwunderlich – eher schon die der Kommunisten: Am 26. Oktober, noch sind die Ermittlungen nicht abgeschlossen, tritt der Regionalrat des PCI in Udine zu einer außerordentlichen Sitzung zusammen und beschließt den sofortigen Ausschluss Pasolinis aus der Kommunistischen Partei Italiens.

Zu diesem Zeitpunkt gibt es weder eine Anzeige noch Beweise oder gar ein Gerichtsurteil, doch die „Genossen" attestieren dem Dichter bereits, der Mitgliedschaft in der Partei „moralisch nicht würdig" zu sein. Am 8. April 1952 wird Pasolini schließlich aus Mangel an Beweisen freigesprochen, muss zuvor aber drei Gerichtsverhandlungen über sich ergehen lassen. Seine Anstellung als Lehrer, die man ihm entzogen hat, wird er nie zurückerhalten, sein geliebtes Friaul, ein Arkadien, in dem er seiner „Berufung als Pädagoge" folgen wollte, hat er mittlerweile verlassen. Seine Kollegen und Schüler haben ihn nie vergessen.

Gianni Borgna

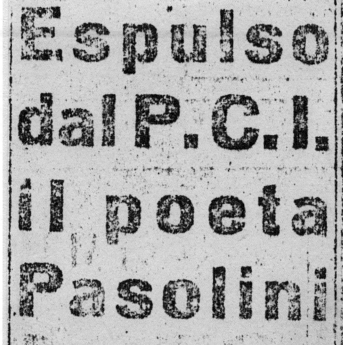

L'Unità, 29. Oktober 1949

An Ferdinando Mautino[x]
– Udine

[Casarsa,
31. Oktober 1949]

Lieber Carlino,

vor etwa drei Monaten bin ich, wie Du vielleicht weißt, von einem Priester
erpresst worden: entweder ich hörte auf mit dem Kommunismus, oder
meine Laufbahn als Lehrer wäre ruiniert. Ich habe diesem Priester durch
die kluge Frau, die als Vermittlerin aufgetreten war, antworten lassen,
wie er es verdiente. Vor einem Monat ließ mich ein mit Nico befreunde-
ter christdemokratischer Abgeordneter auf sehr indirektem Wege wissen, dass die Christdemokraten meinen Ruin vorbereiteten: Aus reinem
odium theologicum – das sind seine Worte – warteten sie wie die Hyänen
auf den Skandal, den einige Gerüchte vorausahnen ließen. In der Tat, sowie das Ramuscello-Manöver geglückt ist, ebenfalls aus *odium theologicum* (sonst hätte es sich um eine nebensächliche Kleinigkeit gehandelt,
eine Erfahrung, die jeder machen kann, im Sinn einer gänzlich inneren
Angelegenheit), hat vermutlich der Befehlshaber der Carabinieri von
Casarsa die Befehle ausgeführt, die er von der DC erhalten hatte, und
sogleich die Parteioberen in Kenntnis gesetzt, die im Schulamt und in
der Presse einen Skandal entfacht haben. Meine Mutter war gestern
früh kurz davor durchzudrehen, mein Vater ist in einem unbeschreibli-
chen Zustand: Ich habe ihn die ganze Nacht weinen und seufzen gehört.
Ich bin ohne Stelle, das heißt, aufs Betteln verwiesen. Das alles einfach,
weil ich *Kommunist bin*. Die teuflische christdemokratische Perfidie wundert mich nicht, was mich wundert, ist Eure Unmenschlichkeit; Du verstehst wohl, dass es Idiotie ist, von ideologischer Abweichung zu sprechen[xx]. Trotz Eurer Meinung bin und bleibe ich Kommunist, im authen-
tischsten Sinne dieses Wortes. Aber was rede ich, in diesem Augenblick
habe ich keine Zukunft. Bis heute morgen hielt mich der Gedanke aufrecht, dass ich meine Person und meine Karriere der Treue zu einem Ideal geopfert hätte; nun habe ich nichts mehr, worauf ich mich stützen
kann. Ein anderer an meiner Stelle würde sich umbringen; ich muss un-
glücklicherweise für meine Mutter weiterleben. Ich wünsche Euch, dass
Ihr mit Klarsicht und Leidenschaft arbeitet; ich habe versucht, es zu tun.
Deshalb habe ich meine Klasse und das, was Ihr meine bürgerliche Erzie-
hung nennt, verraten; nun haben sich die Verratenen auf unbarmher-
zigste und schrecklichste Weise gerächt. Und ich bin mit dem tödlichen
Schmerz meines Vaters und meiner Mutter allein geblieben.
Ich umarme Dich

Pier Paolo

[x] Funktionär des Kommunistischen Verbands von Udine
[xx] Anspielung auf den Kommentar von Mautino (Carlino)
in *L'Unità* vom 29. Oktober 1949

An Luciano Serra
– Bologna

[Casarsa,
Juli 1941]

[...]

Habe eine ganze Reihe von Zeichnungen fertig und
ein Bild (mein bestes) mit dem Titel *Estate velata
(Verhüllter Sommer):* keine Allegorien, sondern
pure, schlichte Landschaft, ein wenig im Stile De
Pisis'.

[...]

An Luciano Serra
– Bologna

[Casarsa,
August 1941]

[...]

Lese wenig und male statt dessen: bisher sechs Bilder von unterschiedlicher Qualität, zumindest zwei
scheinen mir gut gelungen, meine besten.
Habe meine eigene Farbpalette gefunden und auch
meine eigene Malweise. Hoffe, an dieser Malweise
ohne törichte dilettantische Änderungen weiterarbeiten zu können.

[...]

An Luciano Serra
– Bologna

[Casarsa,
20. August 1941]

[...]

Male weiter und bin weiter ziemlich zufrieden mit
den Bildern, mit denen ich die nackten Wände meines „Bohemezimmers" anfülle.

[...]

P. S. Wichtig: Macht Euch in allen Geschäften in Bologna für mich auf die Suche nach zwei Tuben „In-
disch Rot", und schickt sie mir bitte ganz schnell!

An Luciano Serra
– Sassuolo

[Bologna,
Dezember 1942]

[...]

Arcangeli[x] hat sich meine Zeichnungen angesehen
und sie auf für mich sehr schmeichelhafte Weise ge-
lobt.

[...]

[x] Francesco Arcangeli, Kunsthistoriker und Dichter,
war Anfang der 1940er-Jahre Assistent von
Roberto Longhi, als Pasolini die Universität von
Bologna besuchte.

Pier Paolo Pasolini,
Ragazza (Mädchen),
1943

Pier Paolo Pasolini,
Donna alla toletta (Frau bei der Toilette),
1943

Pier Paolo Pasolini,
Al piccolo Giotto il suo Cimabue
(Cimabue für den kleinen Giotto), 1946

Pier Paolo Pasolini,
Ohne Titel [Guido Pasolini],
[1943]

Pier Paolo Pasolini, *Ohne Titel* [Selbstbildnis mit Blume im Mund], 1947

Alain Bergala – Sie haben Pasolinis Jugend und Studienjahre aus nächster Nähe miterlebt. Was bedeutete Rom damals für ihn? Besaß es die Faszination der großen Kulturstadt für den Provinzler, der er ja damals noch war? Oder war Rom für ihn – den streitbaren friaulischen Dichter – das Sinnbild der Staatsmacht und ihrer herrschenden Sprache?

Nico Naldini – Auf den Ausdruck „provinziell" möchte ich näher eingehen. Man könnte denken, dass Pasolini in den Jahren, als er seine kulturelle Prägung erhielt, noch von der Provinz beeinflusst wurde, aber das stimmt nicht. Mit 17 ging er nach Bologna an die Universität. Damals herrschte in den tonangebenden Kreisen dort ein Geist des kulturellen Widerstandes, der sozusagen unbewusst gegen das faschistische Regime gerichtet war. So kamen Pasolini und einige seiner Freunde mit der modernen europäischen Kultur in Berührung – zumindest mit dem wenigen, das durch die Maschen der staatlichen Zensur gelangte. Hinter vorgehaltener Hand wurde erzählt, dass der bekannte Kunsthistoriker Francesco Arcangeli, Assistent bei Roberto Longhi, Mitglied einer politischen Geheimpartei sei. Longhi selbst machte nie einen Hehl aus seiner Vorliebe für die französische Kultur; wenn ein neuer Film von Jean Renoir ins Kino kam, setzte er sich in den Zug und fuhr nach Paris, um ihn zu sehen.

Verglichen damit besaß Rom, die Stadt des Mussolini-Regimes, für die intelligenteren Studenten kaum Anziehungskraft. Die vielbeschworene Neubegründung einer modernen italienischen Nationalsprache, aufbauend auf der Achse Rom–Florenz, interessierte in diesen Kreisen niemanden – dort war man gerade dabei, die europäische Bandbreite der romanischen Sprachen zu entdecken, man las Peire Vidal, Ungaretti, Montale oder García Lorca, und ein Gedichtbändchen von Rimbaud schien uns nicht weniger auf der Flucht vor den Autoritäten der Gegenwart als denen der Vergangenheit.

Außerdem war Pasolini Ende der 30er-Jahre noch weit entfernt von der Entdeckung des Friaulischen als Sprache der Dichtung. Auch wenn die Wiederbegegnung mit der bäuerlichen Welt und ihrer Sprache immer schon vorgezeichnet war, allein durch sein Umfeld, durch seine Mutter mit ihren Erinnerungen an das Leben auf dem Dorf und in der Familie und durch seine Freundschaften aus der Zeit in Casarsa.

Also noch einmal: Rom stellte für Pasolini in den Jahren der flammenden Reden und der Versammlungen in keiner Weise einen kulturellen Anziehungspunkt

Alain Bergala
im Gespräch mit Nico Naldini,
Januar 2013

dar. Das einzige, was die Pasolini-Söhne in Rom anzog, war vielleicht die großzügige Wohnung eines Bruders ihrer Mutter voller Teppiche und Gemälde, darunter auch ein falscher Leonardo, über den Pasolini gern bei Longhi seine Abschlussarbeit geschrieben hätte, was ihm jedoch nur den Spott des großen Kunstkenners einbrachte.

A. B. – Wie war in seinen ersten Jahren in Rom Pasolinis Verhältnis zu seiner friaulischen Heimat? Fuhr er oft dorthin? Hatte er Heimweh, oder fühlte er sich eher abgestoßen? Sie haben damals sicher häufig Gelegenheit gehabt, mit ihm über Rom zu sprechen und was er dort an Neuem und Aufregendem entdeckt hatte. Erinnern Sie sich noch?

N. N. – Im Januar 1950 brachen Pier Paolo und seine Mutter von Casarsa nach Rom auf, ich brachte sie damals zum Bahnhof. Die Situation war äußerst angespannt, denn in Wahrheit war es eine Flucht, eine Flucht vor dem Gatten und Vater, Graf Carlo Alberto, der sich in einem Zustand anhaltender Nervenzerrüttung befand und alkoholkrank war. Der letzte Akt einer ganzen Reihe von Vorfällen, die den vergangenen Sommer überschattet hatten: Pasolinis Anzeige wegen Verführung Minderjähriger, sein Ausschluss aus der Kommunistischen Partei, überhaupt die ganze Atmosphäre der Ablehnung gegenüber einem zuvor hoch angesehenen Intellektuellen.

Das Friaul, das für Pasolini hinter der letzten Gleiskurve verschwand, besaß noch immer die Schönheit der Felder und die Klarheit seiner Flüsse, aber es war ein Ort, den es nun zu verlassen galt, vielleicht auch, damit andere Erinnerungen ihn einstmals wieder zum Leben erwecken würden. Jedoch in diesem Moment, und noch für einige weitere Jahre, war das Friaul der Ort, an den Pasolini keine nostalgischen Gefühle riefen, sondern Vorladungen vor Gericht, ein Ort, an dem über ihn gerichtet wurde, auch wenn es zu keiner wirklichen Verurteilung kam.

In Rom wartet die Armut eines Zimmers zur Untermiete auf Pasolini, Linderung bringt nur die Unterstützung von Verwandten und der Verdienst der Mutter, die als Gouvernante bei einer Familie mit Kindern arbeitete. Pasolini schreibt unter Pseudonym für rechtsgerichtete Zeitungen und sucht vergebens nach Privatschülern. Dann kommt ein neuer Sommer, die Not hat ein Ende, und an die Stelle der Traurigkeit tritt das Glück, das Pier Paolo an den Ufern des Tiber findet. Hunderte Jungen in Badelaune, die fast alle zu erotischen Begegnungen der verschiedensten Art bereit sind. Nach den Burschen des Friaul, denen nur mit der langen Geduld der Liebe ein Kuss zu entlocken war, dann aber verbunden mit einer starken Umarmung, hier nun die jungen Römer, spöttisch, immer eilig und doch nie bereit, alles zu geben. Also muss eine zweite Begegnung her, eine dritte und noch tausende mehr; morgen dann beginnt der Reigen von vorn. Dazu das Glück, auf den schwimmenden Badestegen in der Sonne zu liegen, der Tiber fließt gleißend vorbei, und der Dichter Sandro Penna plaudert im Gras, um ihn eine Schar junger Verehrer.

A. B. – Später hat Pasolini sich kritisch über den Wandel der Hauptstadt geäußert, die Veränderungen im Klassengefüge, aber auch im römischen Stadtbild. Er begann, an andere Orte zu fliehen, in den italienischen Süden, in die Dritte Welt. Wie hat er mit Ihnen über Rom und über seine Enttäuschung durch die Stadt Rom gesprochen?

N. N. – Auf den dritten Punkt muss ich etwas genauer eingehen. Seit Mitte der 50er-Jahre verschwand das Rom der Vorstädte im Schlund der Bodenspekulation, Mietskasernen machten sich breit. Aber bevor Pasolini die Menschen in der Dritten Welt kennenlernte, wollte er noch auf poetische Art Zeugnis von seinem Rom ablegen.

Das Volk der Vorstädte, der Borgate, lebte in Baracken. Jeder baute auf eigene Faust, manchmal nutzte man sogar die Bögen antiker Aquädukte als Dach, der Fußboden bestand fast immer nur aus gestampfter Erde, ein einziger Raum mit einem großen Bett in der Mitte musste für die ganze Familie reichen. Aber ein Gast war immer willkommen, und man setzte zu seinen Ehren ein Kännchen Kaffee auf. Die neuen Mietshäuser wirkten vielleicht nicht mehr so freundlich und großzügig, aber die Physiognomien blieben die gleichen, vor allem die der jungen Leute, und auf die kam es Pasolini besonders an. Man gab ihm ein kleines Kamerateam, und er fing an, Gesichter und Drehorte aufzunehmen. So entstand Pasolinis persönliches Archiv, aus dem er für einige Filme schöpfen konnte, etwa *Accattone – Wer nie sein Brot mit Tränen aß*, ein Film der Gesichter, und dann *Mamma Roma*. Pasolinis Liebe zur Vergangenheit speist sich aus diesen Bildern.

A. B. – Was glauben Sie, warum Pasolini für sein „letztes" Zuhause gerade das bürgerliche, ziemlich langweilige und architektonisch triste EUR-Viertel gewählt hat? Vor allem seiner Mutter wegen?

N. N. – Nach der Mietwohnung in der Via Giacinto Carini, im selben Haus, in dem auch der Dichter Attilio Bertolucci wohnte, wollte Pier Paolo von seinen ersten sicheren Einkünften etwas Eigenes kaufen und sah sich Wohnungen im historischen Zentrum von Rom in alten restaurierten Palazzi an, die man ihm anbot. Entscheidend war aber, dass er ein ideales Umfeld für seine Mutter suchte, ein Haus mit Garten, in dem Susanna Pasolini Blumen ziehen konnte, aber auch Obst und Gemüse wie früher in Casarsa. Seine Mutter hatte das Wissen ihrer bäuerlichen Welt bewahrt und besaß ein Händchen für zarte Pflanzen. Sie war auch im hohen Alter stets sehr sorgfältig angezogen und trug Kleider, die Pier Paolo in römischen Boutiquen für sie gekauft hatte. Die Arbeit im Garten, an frischer Luft, sollte ihrer Gesundheit gut tun, und so fiel die Wahl auf einen Neubau mit Hochparterre und großem Garten im EUR-Viertel mit einer Kirchenkuppel direkt daneben (die man aber nach einiger Zeit gar nicht mehr sieht). Zunächst kümmerte sich Susannas Bruder, ein Fachmann für antike Möbel, um die Einrichtung, dann gab der Bühnenbildner Dante Ferretti der Wohnung den letzten Schliff.

A. B. – Ich vermute, Sie sind auch in dem Dichter- und Malerhaus gewesen, das Pasolini sich zu Füßen des Turms von Chia bauen ließ. Was war dieses Haus für ihn, ein großer Wurf oder eher ein Rückzugsort?

N. N. – Träumen nicht alle Kinder davon, in einem Schloss zu wohnen? Der Turm von Chia ist kein Schloss, sondern eine Art Karawanserei mit einem Aussichtsturm und Teilen einer Ringmauer, wo seit Jahrhunderten nur die Ziegen weideten. Pasolini hat ihn bei der Drehortsuche für das *Il Vangelo secondo Matteo (Das 1. Evangelium – Matthäus)* entdeckt. Der innere Teil der Anlage liegt am Chia-Bach, der zwischen großen Felsblöcken vorbeibraust. Das Ganze ist der Inbegriff dessen, was die alte römische Campagna ausmacht. Unter der Ägide von Dante Ferretti wurde die Anlage restauriert und ein Wohngebäude entlang der alten Mauern gebaut, dessen große Fenster auf den Wildbach gehen. Ferretti hat das Bühnenbild für fast alle von Pasolinis Filmen gemacht, auf ihn konnte er sich verlassen, er arbeitete immer ganz diskret im Hintergrund, und niemand konnte ahnen, dass er einmal so viel Erfolg auf der internationalen Bühne haben würde. Ganz neu gebaut wurde ein grüner Holzpavillon, gut getarnt im Wildwuchs der Vegetation; darin, um einen kleinen Kamin gruppiert, breite Sofas und ein großer Arbeitstisch. Auf ihm hat Pasolini die geheimnisvollen Grafiken gezeichnet, die – man weiß nicht genau, in welcher Form – in *Petrolio* abgedruckt werden sollten.

Als die großzügige Inneneinrichtung fertig war, besaß Pier Paolo ein elegantes, sicheres Refugium, in das er sich dann häufig zu kurzen Aufenthalten zurückzog. Mittags und abends ging er in ein benachbartes Lokal essen. Das Anwesen war am Eingangstor und an den Mauern mit einem hochmodernen Alarmsystem versehen, und man hatte Pasolini höchste Sicherheitsstandards versprochen, aber zu seinem großen Leidwesen kam es ständig zu Einbrüchen und Diebstählen.

Die Natur dieses Ortes war wild und unwegsam und bot doch immer wieder den Anblick wunderbarer Unbeschwertheit und Ursprünglichkeit. Hier begegnet Pasolini dem 18-jährigen Claudio, dem Sohn des Turmwärters. Ein pickelgesichtiger Bursche, aber mit den sanften Zügen eines Jünglings. Pasolini verliebte sich in ihn, und wir sehen ihn in einigen Szenen von *Salò o le 120 giornate di Sodoma (Die 120 Tage von Sodom)* im Kostüm eines jungen Faschisten wieder. Aber natürlich war der erste, den er in sein Herz geschlossen hatte und der für immer dort bleiben sollte, sein nicht weniger pickelgesichtiger Ninetto. Wenn Ninetto im Prenestino das Haus verließ und zu Pasolini in den Wagen stieg, verkörperte er für ihn die im Verschwinden begriffene Welt der römischen Vorstädte.

Alain Bergala – Zuerst interessiert mich, was Sie und die anderen Schüler in Ciampino gedacht haben, als ein neuer Lehrer namens Pasolini in die Klasse kam.

Vincenco Cerami – Es war eine große Überraschung. 1951 kommt dieser junge Lehrer mit seiner sanften Stimme, gerade 29 Jahre alt, zu uns Kindern von Einwanderern aus dem Süden. Wir haben ihn angesehen, als käme er vom Mars, wie einen vom Himmel gefallenen Engel. Er war ganz anders als die übrigen Lehrer, nicht streng und abweisend, er war wie wir, und er zog sich auch ein wenig an wie wir. Natürlich trug er eine Krawatte, denn die war für Lehrer obligatorisch, aber sein Jackett war abgetragen und fadenscheinig, sein Schlips trist und grau. Außerdem konnte er wunderbar Fußball spielen. Wir warteten immer schon auf die Pause, 20 Minuten auf dem Schulhof, seine Schüsse waren perfekt. Wir gingen oft mit ihm nach Fiorano hinter der Via Appia, wo es weite Wiesen gab, dort spielten wir dann stundenlang.

Pasolini unterrichtete uns nicht nur in Latein und Geschichte, Geografie, sondern er zeigte uns auch, wie man den Fuß aufsetzen muss, wenn man eine Flanke treten will. Am Pult wirkte er dann wieder sehr ernsthaft, als wollte er sagen: „Konzentration, jetzt wird es ernst!" Bei ihm hat das Lernen großen Spaß gemacht, er brachte Süßigkeiten von zu Hause mit und häufte sie auf dem Pult auf. Dann gab er uns lateinische Sätze zu übersetzen und veranstaltete ein Turnier: Wer am besten war, bekam den ersten Preis und so fort. Auch bei den Wettbewerben während des Schuljahrs schenkte er uns seine Bücher, denn damals hatte man kein Geld.

A. B. – Aus welcher Gesellschaftsschicht kamen die Schüler auf Ihrer Schule?

V. C. – Unsere Eltern waren Bauern und Kleinbürger, viele von ihnen Zuwanderer aus dem Süden Italiens. Und dann gab es damals schon den Flughafen Ciampino mit seinen Flügen ins Ausland, wo viele Väter arbeiteten, meist als Mechaniker oder sonst als einfache Arbeiter. Wir hatten nur einen in der Klasse, der etwas Besseres war und deshalb von den anderen aufgezogen wurde. Er war irgendwie seltsam, der einzige, der ein besonderes Schicksal hatte, er endete als Bettler, als Clochard, und starb vor ein paar Jahren auf der Straße, dabei war er in der Schule sehr gut.

Um die Wahrheit zu sagen, wir waren halbe Analphabeten. Alle machten ständig Fehler, auch ich machte beim Schreiben viele Fehler, denn wir spra-

Alain Bergala
im Gespräch mit Vincenzo Cerami,
Januar 2013

chen Dialekt und konnten mit dem Italienischen noch nicht so gut umgehen. Mein Vater war aus Sizilien, meine Mutter aus Bari, andere in der Klasse hatten Eltern, die aus den Abruzzen kamen. Unsere Sätze waren schief und krumm, aber erstaunlicherweise strich Pasolini, unser „Herr Lehrer", Grammatikfehler nie rot an, sie schienen ihn nicht weiter zu stören. Was er unverzeihlich fand, waren ethische Verfehlungen – um es einmal so auszudrücken –, etwa wenn wir uns wie Halunken benahmen, Lügen erzählten, dann konnte er richtig böse werden. Unsere Fehler ließ er einfach stehen und beschränkte sich darauf, uns zu zeigen, worin sie bestanden.

Damals arbeitete Pasolini an einer Anthologie von Gedichten im Dialekt und bat uns, unsere Eltern und Großeltern nach Gedichten, Liedern, Redensarten und Sprichwörtern für seine Sammlung zu fragen, die wir dann in unsere Schulhefte schrieben und ihm mitbrachten, alles Texte in süditalienischem Dialekt, wir hatten keine Norditaliener in der Klasse, wir lebten ja in einem kleinen Ort am Flughafen, 13 Kilometer vor den Toren Roms.

A. B. – Wussten Sie damals, dass Pasolini aus dem Friaul stammte und dass er Gedichte schrieb?

V. C. – Wir wussten, dass Pier Paolo Dichter war, weil er seine Gedichtbände als Belohnung verschenkte. Ich habe heute noch eines seiner Bücher mit Gedichten im friaulischen Dialekt, von denen ich kein Wort verstehe. Außerdem hatten wir entdeckt, dass er manchmal seine Gedichte im Radio vortrug, und waren stolz, die sanfte Stimme unseres Lehrers dort zu hören, auch wenn wir am Anfang noch nicht genau wussten, was das war, ein „Dichter", das haben wir dann im Laufe des Schuljahres gelernt. Mit zwölf las ich Giorgio Caproni, Attilio Bertolucci, Alfonso Gatto, Eugenio Montale, Sandro Penna, alles Autoren, die damals in den 40ern waren, Pasolini hat uns mit der zeitgenössischen Literatur vertraut gemacht. Wir lasen bei ihm auch Dante, und er mochte es sehr, wenn wir etwas daraus aufsagen konnten. Wenn Sie wollen, trage ich Ihnen etwas aus der *Göttlichen Komödie* vor, damals habe ich einiges auswendig gelernt!

A. B. – Wie kam es zu Ihrem besonderen persönlichen Verhältnis zu Pasolini?

V. C. – Mein Verhältnis zu Pasolini war aus mehreren Gründen ein besonderes. Als ich in die sechste Klasse ging, bekam ich Diphtherie und musste lange zu Hause bleiben, weil ich in der Folge zeitweise nicht sehen konnte. Als ich dann wieder zur Schule kam, war ich verschüchtert, verwirrt und nervlich wohl auch etwas angeschlagen, und ich gab keine Antwort mehr. Wenn morgens „Cerami" aufgerufen wurde, sagte ich nichts, bis ich schließlich selbst dachte: „Dieser Cerami kommt wohl nie zur Schule!" Das Ergebnis war, dass ich sitzenblieb.

Ich musste das Jahr wiederholen und bekam Pasolini als Lehrer. Meine Mutter ging zu ihm, um mit ihm zu sprechen und ihm zu erklären, dass ich sehr schüchtern sei. Er war sehr aufmerksam und hat mir nie das Gefühl vermittelt, krank zu sein oder anders als die anderen. Manchmal gab er mir einen freundlichen Klaps, er achtete auf mich. Dann bekam er heraus, dass ich gern Geschichten schrieb, „freie Aufsätze", wie man damals sagte. Ich hatte große Freude am freien Aufsatz, denn damit konnte ich meinem Lehrer zeigen, dass es mir nicht die Sprache verschlagen hatte und ich nicht der Idiot in der letzten Reihe war. Am Tag, als ich meinen ersten Aufsatz abgab, war ich ganz aufgeregt, endlich konnte ich von mir erzählen! Das Thema hieß „Ein Sonntag in den Bergen", also erfand ich – ich war noch nie in den Bergen gewesen – einen Feiertagsausflug in die Berge. Ich wusste, dass der Augenblick kommen würde, in dem wir allein miteinander sein würden, nur er und ich, und zwar durch die Literatur. Er hatte meinen Aufsatz, der ganz unterhaltsam war, dann vor der Klasse vorgelesen. Pasolini lachte gern, deshalb schrieb ich Dinge, die ein bisschen lustig waren. Ich konnte den nächsten freien Aufsatz kaum abwarten. Im Grunde habe ich bis heute habe nie aufgehört, freie Aufsätze zu schreiben.

A. B. – Wussten seine Schüler, dass Pasolini in Rebibbia wohnte?

V. C. – Ja, das wussten wir, aber es beeindruckte uns nicht, wir lebten ja selbst in einer vom Krieg heimgesuchten Gegend, bei uns gab es noch Häuser mit Kriegsschäden, Flüchtlinge, Menschen, die in einer ausgebombten Kaserne schliefen, bei uns hatte die Nachkriegszeit noch nicht aufgehört. Wir wussten, dass Pasolini morgens zweimal den Bus wechseln und dann noch einen Vorortzug nehmen musste. Ein paar von uns warteten an der Bahnhaltestelle auf ihn und gingen mit ihm zusammen bis zu unserer kleinen Schule, zur Francesco-Petrarca-Schule in Ciampino.

A. B. – Und als Pasolini nicht mehr Ihr Lehrer war?

V. C. – Ich hatte drei Jahre lang bei ihm Unterricht, im letzten Trimester verließ er die Schule, und sein Vetter

Nico Naldini übernahm seine Klasse bis zum Schuljahresende. Pier Paolo hatte damals gerade begonnen, Filme zu machen, schrieb Drehbücher und verdiente nach drei Jahren unter wirklich elenden Bedingungen sein erstes Geld. Trotzdem haben einige von uns den Kontakt aufrechterhalten und ihn in Rom besucht, waren oft auch bei ihm zu Hause. Einmal sind wir mit ihm nach Neapel gefahren.

A. B. – Damals wohnte er schon nicht mehr in Rebibbia, sondern in Monteverde.

V. C. – In Monteverde Vecchio, in der Via Fonteiana, später in der Via Carini, in Rebibbia sind wir nie gewesen. Mit der Zeit war ich der einzige, der noch Kontakt zu ihm hatte, denn wie mein Lehrer schrieb ich nun Gedichte, die ich ihm vorlegte. Alle drei Wochen ging ich zu ihm nach Hause. Seine Mutter Susanna machte uns einen Tee, und ich plauderte etwas mit den beiden, dann ließ ich ihn meine Gedichte vorlesen, und er schrieb kleine Bemerkungen an den Rand. Ich habe diese Blätter noch heute. Später begann ich dann, Erzählungen zu schreiben.

Wenn ich zu ihm ging, um ihm zu zeigen, was ich geschrieben hatte, und Pier Paolo hatte eine Verabredung, nahm er mich einfach in seinem Auto mit. Er gab mir auch weiter Autoren wie Caproni und Moravia zu lesen, die später meine Freunde geworden sind.

A. B. – Wussten Sie damals schon, was Sie einmal werden wollten?

V. C. – Nein, das wusste ich nicht, ich kannte keine Bücher. Mein Vater war beim Militär, Unteroffizier bei der Luftwaffe, wir hatten zu Hause keine Bücher.

A. B. – Wie Pasolini, dessen Vater auch beim Militär war.

V. C. – Ja, aber sein Vater war Oberst, meiner nur Unteroffizier, und bei uns zu Hause gab es nur Zeitschriften. Eine hieß *L'Aquilone*, darin ging es nur um die Luftwaffe und um Flugzeuge. Auch ich sollte die Militärlaufbahn einschlagen, wie später mein Bruder. Weil wir ja in Ciampino wohnten, dachte ich, ich könnte vielleicht Pilot werden, aber als ich dann aufs Gymnasium ging, interessierten mich vor allem die naturwissenschaftlichen Fächer; seltsamerweise war ich besonders gut in Physik und Mathematik, also habe ich mich an der Universität für Physik eingeschrieben und später auch eine Zeit lang in der Industrie gearbeitet. Soldat konnte ich nicht werden, weil ich ein Magengeschwür hatte. Damals fing ich an, bei Pier Paolos Filmen mitzuarbeiten, zunächst als Praktikant bei den Aufnahmen zum *Il Vangelo secondo Matteo (Das I. Evangelium – Matthäus)*, bei *Uccellacci e uccellini (Große Vögel, kleine Vögel)* dann als Regieassistent. Auch beim Skript zu *Teorema – Geometrie der Liebe* habe ich Pasolini geholfen. Na ja, nicht direkt „geholfen", aber ich habe seine Berichte auf Band aufgenommen und anschließend abgetippt. Wenn es Punkte gab, zu denen ich Fragen hatte, trafen wir uns, und er erklärte mir die Stelle, wobei er über manches noch einmal nachdachte und den Text ergänzte. Diese Zusammenarbeit hat mir sehr geholfen zu verstehen, wie ein Drehbuch gemacht sein muss. Bei den Dreharbeiten mit Pasolini habe ich auch gelernt, was die Quintessenz des filmischen Erzählens und die Sprache des Kinos ausmacht.

Später habe ich dann auf eigene Faust weitergemacht, mehrfach als Regieassistent gearbeitet und dann Vorlagen und Drehbücher geschrieben. Gleichzeitig schrieb ich Geschichten und Gedichte, und Pasolini half mir, sie in *Paragone*, der bekannten Literaturzeitschrift aus Florenz, zu veröffentlichen. Eines Tages ging ich zu ihm, um ihm fünf Erzählungen zu zeigen, die ich als Ergebnis einer „Studie" über das Leben der Kleinbürger geschrieben hatte, und Pier Paolo sagte zu mir: „Die anderen vier kannst du in den Papierkorb werfen, aber an dieser hier musst du weiterarbeiten, die gefällt mir." Das war der Roman *Un borghese piccolo piccolo (Nur ein Kleinbürger)*, nach dem Monicelli später den Film mit Alberto Sordi gedreht hat.

A. B. – Worin bestand Ihre Mitarbeit an Pasolinis Filmen? Sind Sie zusammen auf Drehortsuche gegangen?

V. C. – Pier Paolo sah sich die Drehorte alle persönlich an. Das Rom, das man in *Accattone – Wer nie sein Brot mit Tränen aß* sieht, hatte er sehr genau studiert. Dabei half ihm Sergio Citti, er kannte die römischen Außenbezirke wie seine Westentasche, eine gottverlassene Welt, aber voller Leben, manchmal grausam, oft stark und wild und widersprüchlich, sehr zart und zugleich gewalttätig.

Meine Aufgabe bestand darin, zusammen mit Sergio Citti nach Gesichtern und Gestalten zu suchen, die zu der Geschichte passten, vor allem nach Nebendarstellern, denn die Hauptrollen hatte Pasolini natürlich schon selbst besetzt.

Citti und ich konnten das ein oder andere Mal auch bei den Aufnahmen helfen. Manchmal vergaß Pasolini, dass seine Figuren echte Römer sein sollten, dann korrigierten Sergio und ich, wie die Darsteller reden und sich aufführen mussten. Man merkte, dass Pasolini noch kein echter Römer war, das ist er erst später geworden.

A. B. – Hat Rom sich in den zwei Jahrzehnten wirklich so verändert, oder war es Pasolinis Verhältnis zu Rom, das sich veränderte?

V. C. – Pier Paolo war hingerissen von Rom. Er kam aus der „kleinen Heimat" des Friaul, wie er sie in seinen Feuilletons und seinen Texten auf Italienisch und im friaulischen Dialekt beschrieben hat. In Rom entdeckte er die Welt. Und die größte, mitreißendste Entdeckung, die er dort machte, war das einfache römische Volk. Die Römer wurden für ihn zum Sinnbild des einfachen Volkes überhaupt, wie er es dann in Afrika wiedergefunden hat. Er war tief bewegt, wenn er diese Menschen sah, die außerhalb der Geschichte lebten, die keinem vorgeschriebenen Verhaltenskodex folgten, während in ganz Italien das Kleinbürgertum zum Verhaltensmodell erhoben wurde und die Obrigkeit darauf achtete, dass alle sich konform verhielten und den kleinbürgerlichen Mustern entsprachen. Pasolini besaß ein tiefes Empfinden für die Heiligkeit des Volkes, seine Reinheit, seine Unschuld und Unverstelltheit, seine Kreatürlichkeit, wie der heilige Franz es ausgedrückt hätte, also auch für die religiöse Dimension dieser an den Rand gedrängten Menschen. Sie waren wie aus der Geschichte gefallen, hatten seit Jahrtausende Geschichte immer nur erduldet.

Ich erinnere mich an das *Il Vangelo secondo Matteo*, die Szene auf dem Kalvarienberg, dort sieht man einen Bus wie ein Würmchen oben durchs Bild kriechen. Dem Kamerateam war das nicht aufgefallen, aber als wir mit Nino Bargagli, dem Cutter des Films, an der Schneidmaschine saßen, herrschte helle Aufregung, weil es nur diese eine Aufnahme gab und man die Szene nicht nachdrehen konnte. Da sagte Pasolini: „Auch wenn darin von Christus zur Zeit Christi erzählt wird, spielt der Film in Matera, und ich meine das Heute!" Der Bus störte ihn überhaupt nicht, er war für ihn ein kleiner Punkt, der am Horizont vorbeikroch.

Später dann kam es zu einem Bruch in Pasolinis Verhältnis zu Rom und den Römern, der unumkehrbar wurde, als Pier Paolo seinen Widerruf auf die *Trilogia della vita (Trilogie des Lebens)* verfasste. Dort sagt er ohne Umschweife, dass die Menschen, die er geliebt hatte, ihm zwar unschuldig schienen, es aber nicht waren, sie lebten lediglich in „heiliger" Unschuld, da sie keine andere Möglichkeit hatten, aber sie waren von Grund auf verdorben.

Eigentlich hat Pasolini das Bürgertum in seinen Werken immer abgelehnt. Er lehnte die bürgerliche Sprache ab und hat nie einen bürgerlichen Roman geschrieben. Seine Romane haben immer etwas Pikareskes und sind episodisch aufgebaut; die romantische Struktur des Romans hat er nie benutzt und seine Figuren nie in der Sprache und nach den Regeln eines Romans beschrieben. Eine vollkommene Ablehnung, deshalb der Bezug auf das Paradigmatische, wie in *Medea* und *Edipo re – Bett der Gewalt*. Tatsächlich aber, wenn man näher hinschaut, hat Pasolini sich schon zur Zeit von *Teorema*, als ich für ihn gearbeitet habe, mit dem Bürgertum beschäftigt. Betrachtet man heute, aus dem Abstand vieler Jahre heraus, Pasolinis Ablehnung des Bürgerlichen, dann, so fürchte ich, verlief sie nicht ohne Schmerzen, ich glaube, sie war durchaus schmerzhaft für ihn, sehr schmerzhaft sogar.

A. B. – Wie erklären Sie sich, dass Pasolinis Wahl beim Kauf einer Wohnung auf das EUR-Viertel weit weg vom quirligen Leben der römischen Innenstadt fiel?

V. C. – Eigentlich hat er die Wohnung im EUR gekauft, als dort noch gebaut wurde und manches anders war als heute. Auf der anderen Seite der Straße mit seinem Haus erstreckte sich nur Brachland. Dort haben wir auch einige Szenen für *Uccellacci e uccellini* gedreht, zum Beispiel die, in der Totò bei seinen Mietern Geld eintreibt: die Einstellung, in der die Kinder Schwalbennester essen müssen. Pasolinis Haus war ein ruhiges Plätzchen mit einem Garten, an dem vor allem seine Mutter ihre Freude haben sollte. Aber Pier Paolo war privat nie in diesem Viertel unterwegs. Mittags aß er zu Hause, Susanna war eine gute Köchin, sie kümmerte sich um ihn, hob die Zeitungen und Zeitschriften auf, in denen etwas über ihren Sohn stand. Gegen Abend setzte Pier Paolo sich ins Auto und fuhr weg, niemand wusste wohin. Spät nachts kam er zurück, so war es immer.

A. B. – Pasolini kam als Provinzler an Ihre Schule in Ciampino und wurde dann zum Römer – war es so?

V. C. – Pier Paolo wurde zum Römer, aber nicht ohne sprachlich-kritische Distanz. Er hat sich mit dem Romanesco, dem römischen Dialekt, intensiv beschäftigt, aber natürlich sprach er ihn nicht wie Sergio Citti oder wie ich. Er gebrauchte ihn literarisch, das heißt, er benutzte eine Art freier indirekter Rede nach dem Muster Gaddas, eine Art nachgeahmten Dialekt. Er verlieh seinen Texten das Flair jener Welt, aber sie sind keine naturalistischen Schilderungen.

Pasolini sagt selbst, dass er mit dem Herzen auf der Seite seines Volkes steht, das er liebt. Aber „verräterisch gegen sein Vaterland" – wie er in *Le ceneri di Gramsci (Gramsci's Asche)* schreibt – ist er auch gegen dieses Volk. Es bestand ein Zwiespalt, ein tiefsitzender Konflikt zwischen Pasolinis narzisstischem bürgerlichen Ich und dem Ich, das sich danach sehnt, aus der Falle der Bürgerlichkeit auszubrechen und sich in eine Welt hineinzustürzen, die er als heilig betrachtete. Auf diesem Widerspruch gründet im Grunde Pasolinis gesamte Poetik.

Pasolini – Kapitel II

Mit der Veröffentlichung seines Romans *Ragazzi di vita* im Jahr 1955 taucht Pasolini plötzlich wie ein Komet am Himmel des intellektuellen und künstlerischen römischen Lebens auf. Er führt neben dem Dialekt der Ganoven und Prostituierten in den Borgate auch den „Romanesco" genannten römischen Volksdialekt in die italienische Literatur ein. Das Buch erregt einen Skandal, aber seine neuen Schriftstellerfreunde kommen ihm zu Hilfe und verteidigen ihn. In dieser Zeit beginnt er, an den Drehbüchern von Soldati, Fellini, Bolognini und anderen zu arbeiten. Die Regisseure erwarten sich von ihm Dialoge, in denen die Lebensweise und die Sprache des römischen Subproletariats zum Ausdruck kommt, auch wenn der erste Film, an dem er arbeitet, *La donna del fiume (Die Frau vom Fluss)* des Schriftstellers und Regisseurs Mario Soldati 1954, noch nicht in Rom spielt.

Er knüpft Beziehungen zu den Menschen an, die seine engsten und treuesten Freunde werden sollen, Alberto Moravia und Elsa Morante. Und er macht die Bekanntschaft einer jungen Sängerin und Schauspielerin, Laura Betti, die ihn sein Leben lang begleiten, in seinen Filmen und Theaterstücken spielen und der Mittelpunkt seines gesellschaftlichen römischen Lebens werden wird. Zu einem späteren Zeitpunkt wird er in einem Brief an Godard von ihr als seiner „nicht fleischlichen" Frau sprechen.

Seine Einkünfte gestatten ihm, sein erstes Automobil zu kaufen, einen Fiat 600, und aus der weit entfernten Vorstadt Rebibbia in das Viertel Monteverde umzuziehen, wo er sich 1954 mit seiner Mutter und seinem Vater in der Via Fonteiana niederlässt. Fünf Jahre später wechselt er zwar nicht eigentlich das Viertel, aber er zieht in die Via Carini in ein Haus, in dem schon Attilio Bertolucci – ein Dichter, den er bewundert – zusammen mit seiner Familie wohnt. Der junge Bernardo Bertolucci wird sein Schüler und später sein Assistent bei der Arbeit an *Accattone – Wer nie sein Brot mit Tränen aß*, bevor er mit 21 Jahren seinen Erstlingsfilm über ein Thema realisiert, das Pasolini anfänglich für sich selbst geschrieben hatte, *La comare secca (Die dürre Gevatterin)*.

Pasolini ist nun regelmäßig im pulsierenden Zentrum Roms, der Piazza Navona, der Piazza del Popolo und der Piazza Campo de' Fiori zu finden, wo seine neuen Freunde wohnen: Alberto Moravia und Elsa Morante, Giorgio Bassani, Federico Fellini, Laura Betti – sie alle sind eifrige Besucher der Bars und Restaurants des römischen intellektuellen Lebens.

Die Stadt Rom, in der er zusammen mit seiner Mutter im Heiligen Jahr 1950 angekommen war, ist auch die Stadt des Vatikans. Papst Pius XII. stirbt im Oktober 1958, nach 19 Jahren des Pontifikats. Kurz danach veröffentlicht Pasolini ein Epigramm mit dem Titel *A un Papa (An einen Papst)*, in dem er den Pontifex schuldhafter Passivität gegenüber der Ungerechtigkeit des Elends der Armen anklagt. Das Gedicht löst einen Skandal aus und bewirkt die Einstellung der Literaturzeitschrift *Officina*, die er 1955 mit Francesco Leonetti, Roberto Roversi und Franco Fortini gegründet hat.

Sein gesellschaftliches Leben hat sich also in Richtung auf das Zentrum von Rom verlagert, wo er den ganzen Tag arbeitet, aber in der Nacht, so schreibt er 1960, „verbringe ich den wesentlichen Teil meiner Zeit jenseits der Stadtgrenzen, hinter den Endstationen [...]. Ich liebe das Leben so wild, so verzweifelt, dass mir daraus nichts Gutes erwachsen kann: Ich meine damit die physischen Gaben des Lebens, die Sonne, das Gras, die Jugend; das ist ein schlimmeres Laster als die Abhängigkeit von Kokain, es kostet mich nichts und ist in grenzenlosem Überfluss ohne Einschränkungen vorhanden: und ich verschlinge und verschlinge ... Wie wird das enden? Ich weiß es nicht ..."

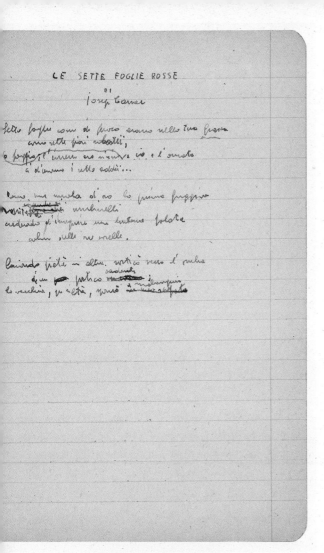

Seiten aus einem Heft,
in dem Pasolini Verse katalanischer
Dichter übersetzt

Pasolini engagiert sich für einen ambitionierten Einsatz der friaulischen oder furlanischen Sprache, die in der Heimat seiner Mutter, dem italienischen Friaul, verwurzelt ist. Wenn sie in gesprochener oder geschriebener Form in poetischen Texten gebraucht wird, gibt diese Sprache die Wirklichkeit in realistischer Unmittelbarkeit als absolute Erfahrung wieder. Pasolinis Eintreten für das Friaulische ist auch eine Form politischen Widerstands gegen den Faschismus, ein Regime, das die Vereinheitlichung der italienischen Sprache als Ausdruck seiner Autorität versteht. Mit seinem Engagement für das Friaulische und andere missachtete romanische Sprachen widersetzt er sich einer damit einhergehenden kulturellen Vereinheitlichung – dies ist einer der großen Kämpfe, die er sein ganzes Leben hindurch führen wird. Er schreibt Gedichte in dieser Sprache und gründet die *Academiuta di lenga furlana* (1945). Die Zeitschrift der Academiuta veröffentlicht ins Friaulische übersetzte Beiträge aus anderen Sprachen. Sie betont die Notwendigkeit, die vom Untergang bedrohten romanischen Sprachen zu retten und die für ihre Entwicklung und Bewahrung so grundlegend wichtige politische Autonomie zu gewährleisten.

Pasolini interessiert sich besonders für die Frage des Katalanischen, einer Sprache, die durch das Franco-Regime politisch verfolgt wird, die aber dank ihrer literarischen Tradition überleben kann.

Ein Editorial der Zeitschrift fasst den Tatbestand zusammen: „Die faschistische Diktatur Francos hat die katalanische Sprache zum denkbar härtesten Ostrazismus verdammt, indem sie diese nicht nur von den Schulen und den Gerichten verwies, sondern auch vom Rednerpult, aus dem Radio, der Zeitung, dem Buch, sogar aus der Kirche ...

POETI CATALANI

BALLATA
DI
Joan Rois de Corella

Non posso dal mio mal guarire
se non mi guardate
con occhi che (mi) facciano dire
che più non vi piace
che, per voi, io m'abbia a morire.

E per voi morisse, allora, crederete
all' amor che vi porto,
e, forse, ... piangerete
la ... triste morte
di ... che ora non volete.

Non posso dal mio male sfuggire
se non guardate
i vostri occhi, che mi vogliano dire
che più non vi piace
ch'io, per voi, mi abbia a morire.

SPINE
(Jacint Verdaguer

Ella è china a baciare
il Fanciullo gentile;
e ... le gote ...
...
... lieche ...
...
e piange e sospira.

... i fiori sorridendo
... dicono el ...
perchè piange tanto?

Ella è china a cullare
il Fanciullo gentile,
e ...
... le braccia
...
e piange e sospira.

L'uccelletto che canta
vicino a suo pianto
risponde ...

Ella è china a allattare
il Fanciullo gentile,
allattandolo mira
nelle dolci labbra
...
e piange e sospira.

Dessen ungeachtet arbeiten die katalanischen Schriftsteller in den Katakomben weiter – in Erwartung des vielleicht gar nicht so weit entfernten Tages, an dem die Sonne der Freiheit wieder strahlend über dieser Sprache aufgeht, der Erbin des Provenzalischen, die im Mittelalter – nach dem Italienischen – die zweitwichtigste Sprache war."

Im dritten Band der Zeitschrift der Academiuta, *Quaderno romanzo*, veröffentlicht Pasolini eine Anthologie mit dem Titel *Fiore di poeti catalani (Blütenlese katalanischer Gedichte*, 1947) mit Gedichten von Jacint Verdaguer, Carles Riba, Josep Carner, Roís de Corella und Joan Maragall in der Übersetzung des Dichters Carles Cardó, die Pasolini überwacht und korrigiert, um sie flüssi-

Quaderno romanzo (Romanisches Heft) Nr. 3, 1947

FIORE DI POETI CATALANI

JOAN ROIS DE CORELLA
(Valencia 1425-1500)

BALADA

Del mal que pas no puc guarir
  si no em mirau
ab los ulls tals que puga dir
  que ja no us plau
que jo per vós haja a morir.

Si muir per vós, llavors creureu
  l'amor que us port,
e no es pot fer que no ploreu
  la trista mort
d'aquell que ara no voleu.

Que el mal que pas no em pot jaquir
  si no girau
los vostres ulls, que em vullen dir
  que ja no us plau
que jo per vós haja morir.

10

BALLATA

Del mal che soffro non posso guarire — se non mi guardate — con
  occhi tali che io possa dire — che non vi piace più — che io
  per voi abbia a morire.
Se muoio per voi, allora crederete — all'amore che vi porto — e non
  può darsi che non piangiate — la triste morte — di quel che
  adesso non amate.
Che il mal che soffro non può laciarmi — se non volgete — i
  vostri occhi sì che voglian dirmi — che non vi piace più — che
  io per voi abbia a morire.

JACINT VERDAGUER
(1845-1902)

ESPINES

Ella està besant
l'amorós Infant;
i ses galtes mira
que els llavis de Judas
també besaran,
i plora i sospira.

Les flors que somriuen
una a l'altra es diuen:
per què plora tant?

Ella està bressant
l'amorós Infant;
tot bressant-lo mira
aquells peus i braços
que en creu clavaran,
i plora i sospira.

11

---

ger zu gestalten. In Rom angekommen, widmet er sich mit demselben Interesse dem „Romanesco"; diesen römischen Dialekt des Volkes führt er in seinem Romandebüt *Ragazzi di vita* und anderen Texten als eine wiedererschaffene, in stilistischer Hinsicht teilweise neu erfundene Sprache ein. Er sieht in ihr eine natürliche Art, die Realität unmittelbar wiederzugeben. Und tatsächlich bliebe der Charakter der von ihm geschilderten Figuren blass und farblos ohne das sprachliche Register, das jedem seiner Protagonisten eigentümlich ist.

Anlässlich der Beschreibung seiner „Arbeitsmethode" berichtet Pasolini detailliert von der Wichtigkeit seiner linguistischen Untersuchungen in den römischen Vorstädten, den Borgate, und dem Einfluss von Sergio Citti, der für ihn „mein wandelndes Wörterbuch" ist und ihm die Möglichkeit gibt, sein eigenes Register zu erstellen.

Angezogen von seinem so stark von der Sprache des Volkes geprägten dichterischen Werk, möchten sich einige Filmregisseure der Mitarbeit Pasolinis versichern, damit ihre Filme die gleiche vitale sprachliche Aufrichtigkeit erlangen. Tatsächlich zeichnete Pasolini bei zwei Filmen von Fellini für die Dialoge im römischen Dialekt verantwortlich, nämlich bei *Le notti di Cabiria (Die Nächte der Cabiria)* und *La dolce vita (Das süße Leben)*.

Das politische Interesse Pasolinis für spezifische und ganz unterschiedliche Sprachen wird sein gesamtes Schaffen durchziehen, das literarische ebenso wie das filmische, und auf ganz besondere Art das auf das Theater bezogene. In *Irrealtà accademica del parlato teatrale (Die akademische Irrealität der Theatersprache*, 1965) äußert er Gedanken über das Thema der Sprache auf der Suche nach der vom Wort ausgehenden szenisch übermittelten Wahrheit. Dieser Text sollte im Mittelpunkt seines *Manifesto per un nuovo teatro (Manifest für ein neues Theater*, 1968) stehen.

Jordi Balló

STROLIGUT

DI CÀ DA L'AGA

*CIASARSA
AVRIL MCMXLIV*

PRIMON
San Vito al Tagliamento
1944

**QUADERNO
ROMANZO**

N. 3

PUBBLICAZIONI DELL'ACCADEMIUTA
*CASARSA, IN FRIULI
GIUGNO MCMXLVII*

*Quaderno romanzo
(Romanisches Heft)* Nr. 3, 1947,
Originalumschlag

*Stroligùt di cà da l'aga
(Almanach von dieser Seite des Wassers)*, April 1944,
Originalumschlag

Aus *Stroligùt di cà da l'aga (Almanach von dieser Seite des Wassers)*, April 1944

Dialekt, Sprache und Stil[x]

[...]

Der Dialekt ist die bescheidenste, die gewöhnlichste Ausdrucksweise, er wird nur gesprochen, keinem fällt ein, ihn zu schreiben. Doch wenn jemand auf diese Idee käme? Ich meine, mit dem Dialekt seine Gefühle, seine Leidenschaften auszudrücken? Wohlgemerkt, nicht, um die Leute mit Dummheiten zum Lachen zu bringen oder ein paar alte Geschichten aus seinem Heimatdorf zu erzählen (denn dann bleibt der Dialekt, was er ist, nichts ändert sich), sondern mit dem Ehrgeiz, anspruchsvollere, schwierigere Dinge zu sagen; wenn jemand also glaubt, sich mit dem Dialekt seiner Heimat besser ausdrücken zu können, neuer, frischer, stärker als in der Hochsprache, die er aus Büchern lernte? Wenn jemand diese Idee gut umsetzt und andere, die denselben Dialekt sprechen, seinem Beispiel folgen, und so allmählich eine Menge schriftliches Material zusammenkommt, dann wird dieser Dialekt zur „Sprache". So wäre die Sprache ein Dialekt, in dem geschrieben wurde, um die höchsten und geheimsten Gefühle auszudrücken.

Ihr müsst wissen, dass – zum Beispiel – auch die italienische Sprache vor vielen Jahrhunderten nur ein Dialekt der armen Leute, der Bauern, Tagelöhner und ihrer Familien war, während die Reichen und Gebildeten Latein sprachen und schrieben.

Latein war also das, was für uns heute die italienische Sprache ist, und Italienisch (wie Französisch, Spanisch, Portugiesisch) war ein Dialekt des Lateinischen, wie jetzt für uns Emilianisch, Sizilianisch, Lombardisch ... Dialekte des Italienischen sind.

[...]

Aus *Il Stroligùt (Der Almanach)* Nr. I, Casarsa, August 1945

Academiuta di lenga furlana (Akademie für friaulische Sprache)

Das Wappen der Akademie ist ein Büschel Feldsalat, mit dem Motto: O cristian Furlanut / Plen di veça salut (Oh christlicher kleiner Friauler, voll alter Gesundheit).

Das Friaul gehört mit seiner fruchtlosen Geschichte und seinem unschuldigen, bebenden Verlangen nach Poesie zur Provence, zu Katalonien, Graubünden, Rumänien und allen anderen kleinen Heimatländern der romanischen Sprache.

Die Akademie hat noch keine lange Geschichte. (Sie wurde von Pier Paolo Pasolini, Cesare Bortotto, Nico Naldini, Bruno Bruni, Ovidio und Ermes Colus, Fedele Ghirart, Pina Kalz, Rico De Rocco und Virgilio Tramontin am 18. Februar 1945 in Versuta gegründet.) Dem gingen die *Poesie a Casarsa* und zwei Nummern *Stroligùt* voraus.

Unsere poetische Sprache ist das westliche Friaulisch, das bis jetzt nur gesprochen wurde, die weibliche Endung auf -a und Einflüsse aus Venezien unterscheiden es von dem, was als die friaulische „Sprache" gelten könnte, wenn deren Dichter nicht nur Dialektdichter wären. In unserem Friaulisch finden wir eine Lebendigkeit, eine Einfachheit und einen christlichen Geist, die es von seiner trostlosen poetischen Vorgeschichte befreien können.

[...]

[x] Originaltext im friulanischen Dialekt

Aus *Il Stroligùt (Der Almanach) Nr. 2, Casarsa,* April 1946

An den friaulischen Leser

Im April 1944 erschien ein kleines Werk mit dem Titel *Stroligùt di cò da l'aga;* im August desselben Jahres folgte ein zweites Heftchen mit demselben Titel, aber mit mehr Seiten. Versehen mit der Nummer 1, wenn auch ohne Jahrgang, erschien nach der Befreiung im August 45 die erste regelmäßige Ausgabe dieser Poetikanthologie, jedoch war sie noch ganz auf Friaulisch. Damals zeigten wir Ihnen die Gründung der „Academiuta di lenga furlana" an und verhehlten dabei, unter Berufung auf die Provence, Katalonien und Rumänien, nicht unsere starken Ambitionen. Denn eigentlich sollte hier vom Friaulischen als einer Sprache und nicht mehr bloß als einem Dialekt die Rede sein. Die Auswirkungen dieses Perspektivwechsels, nicht nur philologisch, sondern vor allem ästhetisch, beschränken sich nun nicht mehr auf den Umkreis der Poesie. Aufgrund subtiler Zusammenhänge bleibt uns nichts anderes übrig, als uns mit dem Friaul als Heimat zu beschäftigen: ein Problem, das aufs Engste mit dem des Dichterischen verbunden ist.

[...]

Aus *La meglio gioventù (Die bessere Jugend),* 1954

Vilotta[x]

Oh Tamarisken! Äcker, fern!
Frei sing' ich, und frei geh' ich,
ganz Euer Jüngling, antiquiert,
an toten Ufern steh' ich.

(1941–1943)

[x] Friulanisches Tanzlied

An Gianfranco Contini
– Domodossola

Aus *La meglio gioventi* (*Die bessere Jugend*), 1954

Diebe

Versuta,
7. Mai 1946

Sehr geehrter Herr Contini,

Ich weiß: Was mir nottäte, wäre ein langes persönliches Gespräch mit Ihnen und Sie können es sich vorstellen, wie sehr ich es mir wünsche. Ich war in der ersten oder zweiten Gymnasialklasse, als ich das erste Mal etwas von Ihnen gelesen habe, und ich erinnere mich noch an den tiefen, erregenden Eindruck, den das auf mich machte. Etwas Unfassbares wurde für mich erkennbar; noch „fremdartiger" als bei Montale oder Caradelli, die ich in jenen Tagen zu lesen begann. Doch verzeihen Sie mir diese Erinnerungen; was ich Ihnen sagen wollte, ist, dass ich nun wirklich gern mit Ihnen sprechen und Sie persönlich kennen lernen würde.

Vor ein oder zwei Tagen habe ich Ihnen die letzte Nummer des *Stroligùt* mit Ihrem Text[×] geschickt; sollten Sie weitere Exemplare wünschen, sagen Sie es mir. Ich möchte Sie auch bitten, mir einige Adressaten zu nennen, die sich vielleicht für die Lektüre der Zeitschrift interessieren, um sie ihnen zu schicken.

An den katalanischen Dichter Carles Cardó habe ich bereits geschrieben mit Bitte um seine Mitarbeit und die anderer katalanischer Dichter. Und die Ladiner? Besteht die Möglichkeit, dass Sie da etwas finden? Neben Gedichten könnten im *Stroligùt* auch philologische Texte oder Aufsätze zur ladinischen Volksdichtung erscheinen.

Für die nächsten Ausgaben von *Stroligùt* (dessen Titel ich ändern werde) versuche ich eine Gesellschaft ins Leben zu rufen, die Mittel bereitstellt, um Druck und Vertrieb an einen Verlag zu geben.

Falls Sie mir auch in dieser Hinsicht einen Rat geben könnten, wäre ich sehr dankbar.

Herzliche Grüße und Wünsche,
Ihr sehr ergebener

Pier Paolo Pasolini

[×] Die Rezension von Contini mit dem Titel „Al limite della poesia dialettale" („An der Grenze der Dialektpoesie") war im *Almanach* Nr. 2, Casarsa, April 1946 erschienen.

Wirst Du auf Deinen Lippen,
zuhaus bei Deiner Mutter,
noch meine Küsse spüren,
die ich Dir gab als Dieb?

Ach, Diebe war'n wir beide!
War's nicht dunkel im Gras?
Stahlen wir nicht unter Pappeln
Schatten in Deine Tasche?

Es bleiben die Kaninchen
ganz ohne Gras am Abend,
und Deine Lippen küssen
diebisch den ersten Stern ...

(1949)

Jean Duflot, *Entretiens avec Pier Paolo Pasolini (Gespräche mit Pier Paolo Pasolini)*, Pierre Belfond, Paris 1970[x]

[...]

Pier Paolo Pasolini – Betrachten Sie meine Ablehnung des Autoritären meinetwegen als Ausdruck einer inneren, tiefer sitzenden Haltung ... Der „Freudsche" Charakter dieser erneuten Auflehnung spielt hier keine Rolle, ich konnte nicht anders handeln. Zur gleichen Zeit, in den Jahren 1948/49, entdeckte ich Gramsci, und Gramsci ermöglichte mir, die Bilanz meiner persönlichen Situation zu ziehen, durch ihn konnte ich nun die Stellung des Intellektuellen – Kleinbürger durch Geburt oder Adoption – zwischen der Partei und den Massen bestimmen und den Intellektuellen als regelrechten Dreh- und Angelpunkt der Vermittlung zwischen den Klassen verstehen. Vor allem begriff ich durch Gramsci auf der Ebene der Theorie die Bedeutung der bäuerlichen Welt für die revolutionäre Perspektive. Das Echo, das Gramscis Schriften in mir auslöste, war ganz entscheidend.

Jean Duflot – Aus dem bitteren Tonfall von *Le ceneri di Gramsci (Gramsci's Asche)*, Ihrer Gedichtsammlung aus dem Jahr 1957, lässt sich heraushören, dass Ihre Verbindung zu dem marxistischen Autor weit über eine intellektuelle Anhängerschaft hinausgeht. Er ist eher eine Komplizenschaft, eine tief empfundene Brüderlichkeit. Vielleicht hängt diese Nähe mit einer bestimmten Sicht auf das Volk zusammen, eine weniger abstrakte, affektivere Sicht, nicht die Sicht des offiziellen Kommunismus.

Pasolini – Ich habe Ihnen ja von meiner Zeit im Friaul nach dem Krieg erzählt. In dieser Zeit, als ich, in Absetzung von dem, was ich ablehnte, zu den Quellen einer ursprüngliche Sprache zurückkehrte, führten die Bauern des Friaul einen harten Kampf gegen die großen Landbesitzer der Region. Damals habe ich das erste Mal erlebt, was Klassenkampf ist. Der Kampf der Landarbeiter weckte in mir eine große Sehnsucht nach Gerechtigkeit, und dies zu einer Zeit, als ich meiner Neigung zur Dichtung zu folgen begann. Die Idee des Kommunismus verband sich also ganz von selbst mit den Kämpfen der Bauern und mit der Erfahrung der Erde. Es kann sogar sein, dass mein Beitritt zur Partei von dieser Erfahrung gefühlsmäßig mitbestimmt war ... Ich will das nicht leugnen ... Und es scheint mir auch nicht im Widerspruch zu einer marxistischen Entwicklung zu stehen. Zumindest in Italien, vor allem aber in den Ländern der Dritten Welt, wo die Revolution von den Bauern für die Bauern gemacht wurde oder wird. Sie müssen bedenken, dass Italien um 1945 herum zu den am wenigsten industrialisierten Ländern Europas zählte. Außerdem stellt die Welt der „Felder" noch heute bei weitem die Mehrheit. Sie ist es, die dem gesellschaftlichen und politischen Leben dieses Landes ihren Stempel aufdrückt.

[...]

[x] Interview von 1969, erschienen 1983 in Italien bei Editori Riuniti unter dem Titel *Il sogno del centauro (Der Traum des Zentauren)*, Einleitung von Gian Carlo Ferretti

An einen Papst

Wenige Tage, ehe Du starbst, hatte der Tod
      seinen Blick gewendet auf einen, der gleich alt war wie Du:
mit zwanzig warst Du Student, ein Handlanger er,
      Du adelig, reich, er ein armer Bursch aus dem Volk:
Doch die gleichen goldenen Tage haben über Euch
      erleuchtet das alte Rom, das wieder so sehr sich verjüngte.
Ich habe seine sterblichen Reste gesehen, armer Zucchetto.
      Er streunte betrunken des nachts um den Großmarkt,
und eine Tram aus Richtung San Paolo hat ihn überfahren
      und, entlang den Platanen, ein Stück auf den Schienen geschleift:
einige Stunden blieb er dort liegen, unter den Rädern:
      ein paar Leute liefen zusammen, schweigend,
um ihn zu sehen: es war spät, unterwegs nur wenig Passanten.
      Einer der Männer, die es gibt, weil es Dich gibt,
ein alter Polizist, brutal und verschlampt,
      schrie jeden an, der zu nah kam: „Verschwinde, Du Arsch!"
Dann kam ein Krankenwagen und lud ihn auf:
      Die Leute gingen davon, hier und dort blieb ein Fetzen,
und die Frau einer Stehbar weiter vorn,
      die ihn kannte, sagte zu einem, der gerade eintrat,
dass Zucchetto unter die Trambahn geraten und es aus mit ihm sei.
      Ein paar Tage später war's aus mit Dir: Zucchetto war einer
aus Deiner großen römischen und menschlichen Herde,
      ein armer Säufer, ohne Bett und Familie,
der nachts umherstrich und wer weiß wovon lebte.
      Von ihm wusstest Du nichts: wie Du nichts wusstest
von weiteren tausend und tausenden armer Sünder wie er.
      Ist es vermessen, wenn ich mich frage, warum
ein Mensch wie Zucchetto nicht würdig war Deiner Liebe?
      Es gibt schändliche Orte, wo Mütter und Kinder
leben in uraltem Schmutz, im Schlamm vergangener Zeiten.
      Nicht weit von dort, wo Du lebtest,
mit dem Blick auf die herrliche Kuppel Sankt Peters,
      liegt eins dieser Viertel: Gelsomino ...
Ein Hügel, von einem Steinbruch zerteilt, und darunter,
      zwischen morastigem Graben und einer Zeile neuer Mietblocks,
ein Haufen elender Bauten, nicht Häuser, Koben vielmehr.
      Eine Geste von Dir, ein Wort nur hätte genügt,
auf dass diese Deine Söhne hätten eine Wohnstatt bekommen.
      Du hast die Hand nicht gerührt, hast das Wort nicht gesprochen.
Nicht dass Du Marx vergebest, hat man verlangt! Eine Welle,
      die sich riesig seit Lebensjahrtausenden türmt,
trennt Dich von ihm, von seinem Glauben:
      Aber spricht denn Dein Glaube nicht auch von Erbarmen?
Unter Deinem Pontifikat haben vieltausend Menschen,
      vor Deinen Augen, gelebt in Ställen und Koben.
Du wusstest genau: Sündigen heißt nicht, Böses zu tun:
      Das Gute nicht tun, ist Sünde.
Wieviel Gutes konntest Du tun! Und tatest es nicht:
      Es gab keinen größeren Sünder als Dich.

˟ Dieses Epigramm erscheint im Februar 1959 in der ersten Ausgabe der neuen Reihe der *Officina* bei Bompiani. Es verursacht einen Skandal, der Verlag wird von der Kirchenleitung gerügt. Die Redaktion ist uneins, wie man reagieren soll, und entscheidet sich schließlich, die Reihe einzustellen.

Dieser Roman[x] ist die Biografie von der Kindheit bis zur Jugend einiger Jungen aus der römischen Unterwelt. Riccetto, die Hauptfigur, war elf Jahre alt, als die angloamerikanischen Truppen in Rom einmarschierten, er ist 18, wenn das Buch mitten im Koreakrieg und dem Niedergang der De-Gasperi-Phase endet. Das „wirkliche" Umfeld (die römischen Borgate, die mit ihren Parzellen, ihren Dörfern aus elenden Hütten die Hauptstadt umgeben), die „wirklichen" Figuren, wie aus einem Dokumentarfilm, die Situationen, die so „wirklich" sind, dass sie aus den Lokalnachrichten römischer Zeitungen stammen könnten, mögen diese Biografie Ricettos und seiner Altersgenossen wie ein Produkt des Neorealismus erscheinen lassen, aber so ist es nicht. Dieser Realismus ist zu brutal. Und der Autor, der diese Art von Erzählung einführt, hatte echtere, absolute Vorbilder vor Augen: Abgesehen vom spanischen Schelmenroman haben ihn wahrscheinlich manche Nebenfiguren aus Dantes *Inferno* angeregt, manche Elendsviertel im *Decamerone*, Manzonis Mailand der Tumulte und Leichenträger oder das armselige Lumpenproletariat bei Belli oder Verga ... Freilich denke man trotz der manchmal fast barocken Gewandtheit und Komplexität des Stils nicht an Literatur. Die Aktualität dieses Dokuments – das kein Bild der Nachkriegszeit mehr zeigt, sondern des heutigen Italien am Ende der Nachkriegszeit – ist zu dominant, sie impliziert eine Passion und ein Mitleiden, die weit mehr sind als literarisch. Zudem ist der ganze Roman in einem heiteren Ton geschrieben, er ist Spaß, Abenteuer: so wie das Leben in den römischen Borgate, wo das Laster oder die Verwahrlosung sich in den fröhlichen Sätzen des Jargons ausdrücken, wo Krankheit, Hunger und Tod von lustig auf der Leine flatternder Wäsche, von Liedchen und der Sonne kommentiert werden.

[x] Einleitungstext zu einer frühen Version des Romans *Ragazzi di vita*

Pasolini mit seiner Mutter, Via Giacinto Carini, Rom, 1960

Erstausgabe von *Ragazzi di vita*,
Garzanti, Mailand 1955

Via Fonteiana, 1957

An Livio Garzanti
– Mailand

[Rom,
November 1954]

Sehr geehrter Garzanti,

von vielen Seiten habe ich Komplimente für *Regazzi de vita* bekommen: aber das Vergnügen, das Sie mir bereitet haben, mit dem distanzierten und beiläufigen Ton des Verlegers, hat mir sonst keiner gemacht ... Und entsprechend wächst meine Sorge um die zukünftigen Entwicklungen ... In großen Linien ist der Roman fertig: in meinem Kopf ist alles ganz klar (leider: denn so entsteht ein Missverhältnis zwischen der Seite, die ich schon im Kopf habe, und der Seite beim Akt des Geschriebenwerdens). Um genau zu sein: Der Roman besteht aus neun Kapiteln, von denen das I., das IV. *(Regazzi de vita)*, das VI. vollständig sind; das III., das V., das VII. und das VIII. sind geschrieben, müssen aber noch in Ordnung gebracht und vervollständigt werden: das II. und das letzte müssen fast ganz noch ausgeführt werden. Da ich mich (und geben Sie acht, ich bin nicht faul) und diese Art Arbeit kenne, denke ich, dass ich noch etwa fünf bis sechs Monate brauchen werde *(melius abundare)*, denn diesen Monat kann ich weniger daran arbeiten, weil ich andere Sachen fertigmachen muss.

Erschrecken Sie nicht (vom kommerziellen Standpunkt her): Aber es ist unmöglich, die Handlung von *Ferrobedò* anständig zusammenzufassen, weil es keine Handlung im herkömmlichen Sinn gibt. Würde man zusammenfassen, bestünde die Gefahr, eine Reihe von Fakten aufzuzählen, und man bekäme den Eindruck eines Bilderteppichs. Meine erzählerische „Poetik" besteht (wie Sie in *Regazzi de vita* gesehen haben) darin, die Aufmerksamkeit mit unmittelbaren Angaben zu fesseln. Und das gelingt mir, weil diese unmittelbaren Angaben in einen idealen erzählerischen Aufbau oder Bogen eingepasst sind, der dann mit dem moralischen Inhalt des Romans übereinstimmt.

Diesen Aufbau könnte man mit dem allgemeinen Tenor erläutern: die Nachkriegszeit in Rom, ein Bogen vom hoffnungsvollen Chaos der ersten Tage nach der Befreiung bis zur Reaktion der Jahre 50 bis 51. Es ist ein genauer Zeitabschnitt, der den Übergang des Protagonisten und seiner Gefährten (Riccetto, Alduccio usw.) vom Kindheitsalter bis zur frühen Jugend umfasst: oder vielmehr (und hier ist die Übereinstimmung vollkommen) vom heroischen und amoralischen Alter zum schon prosaischen und unmoralischen Alter. „Prosaisch und unmoralisch" wird das Leben dieser Jungen (die der faschistische Krieg hat aufwachsen lassen wie die Wilden: als Analphabeten und Delinquenten) durch die Gesellschaft, die auf ihren Lebensdrang noch einmal autoritär reagiert: indem sie ihre moralische Ideologie oktroyiert.

[...]

Pier Paolo Pasolini

× Aus diesem Text, veröffentlicht in *Paragone* im Oktober 1953, wird später das vierte Kapitel des Romans *Ragazzi di vita*.

An Vittorio Sereni
– Mailand

Rom,
9. Mai 1955

Lieber Sereni,

seit Tagen schiebe ich es vor mir her, Dir zu schreiben, Du weißt, wie
das ist ... Außerdem lebe ich gerade in einer Art Alptraum (und noch
ist er nicht ganz vorbei): Garzanti sind im letzten Augenblick moralische Skrupel gekommen, und der Mut hat ihn verlassen, und so stehe ich nun mit halbtoten Fahnen in den Händen da, die es zu korrigie-
ren und kastrieren gilt. Es ist wirklich zum Verzweifeln, ich glaube,
ich habe mich literarisch noch nie in so schrecklichen Umständen
befunden ... Dazu noch der Zeitverlust, die Verzögerung beim Premio
Strega ... Was soll ich sagen ... Verzeih, wenn ich so viel von meinen
Angelegenheiten erzähle.

[...]

Pier Paolo Pasolini

An Livio Garzanti
– Mailand

Rom,
11. Mai 1955

Sehr geehrter Garzanti,

hoffentlich erhalten Sie diesen Eilbrief und den begleitenden Eilbrief
mit den geänderten Fahnen, bevor Sie nach Rom aufbrechen, damit
keine Zeit verlorengeht.

Wie Sie sehen, habe ich alle unflätigen Wörter streng einheitlich
durch Pünktchen ersetzt. Ich habe die gewagtesten Episoden abgemildert (Nadia in Ostia usw.: aber nicht die mit dem „Schwulen", weil
mir alle Freunde dazu geraten haben, und auch aus innerster Überzeugung), ich habe beachtlich gekürzt (aus dem II. Kapitel habe ich
zwei oder drei Seiten – die kleinen Geschichten vom Riccetto – her-
ausgenommen, aus dem VI. zwei Seiten und die ganze kurze Episode
mit der kleinen Nutte im VII.), ich habe den Titel „Il Dio C..." gestri-
chen und das VIII. Kapitel mit dem davor verschmolzen. Kurz, ich
habe alles getan, was ich tun konnte, mit viel gutem Willen. Ich hoffe,
dass Sie mir das anrechnen. Dann habe ich dazu beigetragen, die Erzählung zu verdeutlichen (so dass sie weniger bestürzend und also
weniger schwerverdaulich wirkt), mit kleinen Hinzufügungen, Daten
usw. Abschließend: was den kommerziellen Erfolg angeht, weiß ich
nicht, was ich sagen soll, da bin ich nicht bewandert: ich kann Ihnen
aber sagen, dass ich Ihren plötzlichen Pessimismus hinsichtlich der,
sagen wir so, handwerklich-stilistischen Realisierung nicht teile. Es
ist ein Fehler zu glauben, dass der Roman stark gekürzt werden müsse (über die vernünftigen Streichungen, die ich vorgenommen habe,
hinaus}, weil gerade seine wuchtige und obsessive Konstitution entscheidend wichtig ist (vom künstlerischen Standpunkt her gesprochen): mit verringertem Umfang würde er ein neorealistisches Produkt, „abgespeckt", wie Gadda sagt. Haben Sie Vertrauen: Wenn er
nicht die Auflage von Parise[x] erreicht, wird er doch ein vieldiskutier-
ter Roman und somit nicht nur von Feinschmeckern gelesen werden.
Es wird auf jeden Fall ein guter verlegerischer Coup (wenn auch
nicht unter rein quantitativem Gesichtspunkt. Andererseits ... alle
guten Dinge sind drei ... hoffentlich ...). Sowohl Sie als auch ich haben
in diesen Tagen (für mich waren sie geradezu dramatisch: Denken
Sie nur, dass ich die Schule aufgegeben habe, ohne Arbeit dastehe
und dieser Roman mein einziger Hoffnungsschimmer war ...) Erfahrungen gesammelt mit dem Für und dem Wider: beide sehr heftig.
Es wird ein aufregendes Abenteuer werden.
Empfangen Sie die herzlichsten Grüße von Ihrem

Pier Paolo Pasolini

[x] *Il prete bello (Der schöne Priester)*, Garzanti, Mailand 1954

An Livio Garzanti
– Mailand

Rom,
2. Juli 1955

Lieber Garzanti,

gerade erhalte ich zwei Exemplare der zweiten Auflage und will mich beeilen, Ihnen noch einmal zu danken. Und Ihnen auf Ihren freundlichen ermunternden Brief von vor einigen Tagen zu antworten. Ich arbeite bereits am zweiten Buch (vorläufiger Titel: *Una vita violenta*, vielleicht auch *Morte di un ragazzo di vita*, in einem Interview, zu dem ein paar Leute von der Agentur Italia bei mir aufgetaucht sind, schon angekündigt), nicht so heiter vielleicht, aber erzählerisch stärker auf eine Figur konzentriert. Habe mit Bedauern den bösen, feindseligen Verriss von Cecchetti[x] gelesen. Alle finden ihn ungerecht, und viele, darunter Debenedetti, haben es ihm auch zu verstehen gegeben. Auf jeden Fall wird Montag die Diskussion im Centro del Libro stattfinden (es sprechen Piccioni, Gadda, Salinari, Vicari, Luigi Zampa; die Gesprächsleitung hat Moravia), dort wird Cecchis Verriss hoffentlich endgültig beerdigt. Wie dem auch sei, suchten Sie nicht einen Verkaufsslogan? Cecchi hat uns einen sehr schönen und, wie mir scheint, auch sehr werbewirksamen Slogan beschert (ohne es zu wollen, versteht sich): „*Cuore*[xx] in Schwarz "... mit Cecchis Namenszug sollte das wunderbar funktionieren. Ich grüße Sie sehr herzlich, ebenso Ihre Mitarbeiter,
    Ihr

        Pier Paolo Pasolini

[x] In *Corriere della Sera*, 28. Juni 1955
[xx] Eine Anspielung auf das berühmte Buch *Cuore (Herz)* von Edmondo De Amicis

An Franco Fortini
– Mailand

Rom,
3. September 1955

Lieber Fortini,

vor allem danke ich Dir für Deine wunderschöne Rezension von *Ragazzi di vita*[*]: und sie erscheint mir umso schöner, da sie als letzte kommt, nach einer Reihe von Artikeln, die mehr oder weniger plump oder zustimmend damit ringen, glanzlos und konformistisch die Richtung einzuschlagen, die Du mit soviel klarem und sprühendem Verstand vertreten hast. In sehr vielen Dingen hast Du recht: Nur den Begriff von „Volk", den Du mir zuschreibst, möchte ich mit Dir diskutieren. Ich müsste mehr Zeit haben (wie immer, seit einiger Zeit, leider, schreibe ich Dir beinahe heimlich; ich arbeite immer noch im Höllenkreis des Films), aber einstweilen will ich Dir folgendes sagen: was in *Ragazzi di vita* vorkommt, ist nicht das Volk, sondern das Lumpenproletariat: in Bologna oder in Mailand ist das etwas völlig anderes, und es würde mir nicht im Traum einfallen, es mit soviel treulosem Leichtsinn darzustellen: es gibt eine norditalienische „kommunale" Kultur und eine mittel- und süditalienische papistische oder byzantinische oder monarchische Kultur: das weißt Du genau. Ich weiß nicht, ob Du je in *Paragone* mein kleines Poem *L'umile Italia* gelesen hast, das genau diesen Unterschied zum Gegenstand hat. Das Volk, das im *Canto popolare* singt, ist das Volk, wie es vor der Industriekultur war: Während der Schlussgesang (der Schlager) dessen, der „das ist, was er nicht weiß", sich eben auf das Lumpenproletariat an der Schwelle zum Klassenbewusstsein bezieht, das zwischen dem Aniene und Eboli lebt ...

[...]

Pier Paolo Pasolini

[*] In *Comunità*, Juni 1955

An Livio Garzanti
– Mailand

Rom,
25. Juni 1956

Lieber Garzanti,

der 4. Juli naht mit großen Schritten, und ich bin schon ganz aufgeregt, wenn ich nur an den Gerichtssaal und die Anklagebank denke ... Bitte lassen Sie oder Ihr Anwalt mich wissen, was genau zu tun ist. Ihr Anwalt sollte in diesen Tagen die Abschrift des Urteils aus meinem anderen Verfahren erhalten haben, das ich ihm aus dem Friaul schicken ließ. De Robertis habe ich wegen des Stücks aus *Il tempo* geschrieben; hoffen wir, dass es rechtzeitig rausgeht ... An Contini habe ich wegen seiner Aussage geschrieben, und er hat wie folgt geantwortet: „Liebster Pasolini, der Termin konnte gewissermaßen nicht schlechter gewählt sein. Ich habe Ihnen nicht sofort geantwortet, denn ich erhielt Ihr Schreiben am Montag, als ich mich gerade im Aufbruch nach Perugia befand; zu diesem Zeitpunkt hatte man mir die genauen Termine für die Examensprüfungen noch nicht mitgeteilt. Ich habe nun darauf gedrungen, dass sie vom 2. bis zum 4. stattfinden (eine davon wird in meinem Fach sein), danach werde ich nur noch nach Domo[dossola] fahren können. Es tut mir sehr leid, dass ich nicht vor Gericht wiederholen kann, was ich im Radio gesagt habe und was ja glücklicherweise auch gedruckt vorliegt (vorausgesetzt, der Richter hätte mich als Zeugen überhaupt zugelassen). Ich bitte um Nachsicht; und vielen Dank für die Verse. Viel Glück usw."
Der 4. Juli hätte tatsächlich nicht schlechter gewählt sein können. Unter anderem weil am Abend der Premio Strega verliehen wird. Ungaretti und Schiaffini habe ich erst heute geschrieben, denn erst heute bekam ich Antwort von Contini. Nun weiß ich nicht, was Schiaffini und Ungaretti mir antworten werden. Hoffen wir das Beste. Könnten Sie in Mailand nicht Bo an Stelle von Contini angehen? Bitte schreiben Sie mir baldmöglichst und seien Sie sehr herzlich gegrüßt von Ihrem

Pier Paolo Pasolini

PER IL ROMANZO "RAGAZZI DI VITA.,

Lo scrittore Pasolini e Garzanti davanti al Tribunale di Milano

Una singolare denuncia della Presidenza del Consiglio

DAL NOSTAO CORRISPONDENTE
MILANO, 18 (D.P.). — E' stato chiamato oggi alla IV sezione del tribunale penale, il processo per direttissima contro il giovane romanziere bolognese Pier Paolo Pasolini dimorante a Roma e l'editore Garzanti.

Come si ricorderà il 31 dicembre scorso su denuncia della Presidenza del Consiglio, servizio spettacoli, informazioni e proprietà intellettuali, furono citati in giudizio dalla Procura della Repubblica di Milano, sia lo scrittore, autore del romanzo «Ragazzi di vita», che l'editore milanese che ha stampato il romanzo. Al libro di Pasolini il 9 ottobre scorso era stato assegnato il Premio letterario istituito per onorare la memoria di un altro giovane scrittore, Maio Colombi Guidotti, tragicamente perito in un incidente automobilistico. La giuria che aveva

assegnato il premio Guidotti al Pasolini era presieduta dal noto critico letterario Giuseppe De Rubertis, professore universitario, e composta di Mario Luzzi, Piero Bigonciani, Aldo Borlenghi, Carlo Bo, Attilio Bertolucci, Francesco Squarcia e Oreste Macrì. Nessuno dei componenti la giuria aveva naturalmente rilevato alcunché di osceno nelle pagine del romanzo. La denuncia invece ha ravvisato gli estremi del contenuto osceno in almeno una decina di pagine del romanzo stesso e specificatamente nelle pagine: 47, 48, 101, 130, 174, 227, 231, 252.

Oggi in apertura di udienza la difesa ha sollevato alcune eccezioni sulle quali il Tribunale deve pronunciarsi.

Previsioni del tempo

Un afflusso di aria calda e umida interessa principalmente la Sardegna e le regioni settentrionali, provocando annuvolamenti estesi e precipitazioni sparse specie su Toscana, Umbria, Piemonte e Lombardia. Sulle regioni meridionali e sulla Sicilia cielo nuvoloso tendente a molto nuvoloso con possibilità di qualche isolata precipitazione. Nebbia ancora persistente sulla Val Padana e sul litorale marchigiano. Temperatura stazionaria. Mari: Tirreno, mari di Sardegna, Mar Ligure e Canale di Sicilia da poco mossi a localmente molto mossi; mossi gli altri mari.

Ferita dal marito con una fucilata

BENEVENTO, 17. — E' stata ricoverata questa mattina in gravissime condizioni allo ospedale di Benevento la ventottenne Giosella De Palma di Pago Vaiano la quale era rimasta colpita da un colpo di fucile sparato dal marito Saverio Cardone di Pietralcina. Costui, fermato dai carabinie-

ri, ha detto che il colpo era partito inavvertitamente dal fucile mentre lo stava ripulendo.

Identificati i due uomini carbonizzati nell'auto

SIENA, 17 (W.S.). — I due occupanti della «600» Fiat, targata Foggia, che ieri, al Km. 217 della Via Cassia, per cause imprecisate è andata ad urtare violentemente contro un camion incendiandosi, sono stati identificati. Si tratta del 29enne Francesco Gamberini, comandante del Corpo dei vigili giurati, e di Esperino Emeridi, produttore del Corpo stesso. I due poveretti, come è noto, sono rimasti prigionieri della vettura per cui sono morti bruciati, nonostante i disperati tentativi dei soccorritori.

Paese Sera, 18. Januar 1956:
Artikel zum Prozess gegen Pasolini und Garzanti,
der am 4. Juli 1956 vor dem Mailänder Gericht stattfinden wird

Livio Garzanti, Paolo Volponi und Pasolini,
1960

An Italo Calvino
– Turin

Rom,
6. März 1956

Liebster Calvino,

Deine beiden Briefe, der „offizielle Verlagsbrief" und der „persönliche", haben mich mit Freude erfüllt. Was den ersten betrifft, muss ich allerdings leider ablehnen: ich habe mit Mondadori für die Reihe *Specchio* vor einem Jahr einen Vertrag für ein Buch, *L'umile Italia*, unterschrieben, das genau die sieben kleinen Poeme von *L'Appennino* bis *Le ceneri* enthält: nun habe ich dieses Buch zwei oder drei Tage vor Ablauf des Termins leider schon an Mondadori geschickt. Und ich habe es bereut, denn auch Garzanti, dem ich sehr eng verbunden hin (er zahlt mir ein Gehalt, damit ich an dem zweiten Roman weiterschreiben kann), will es jetzt um jeden Preis haben. Es hat sich so ergeben, was soll man da machen! Und dabei war es während der Adoleszenz mein ganzer Traum, meine Verse bei Einaudi zu publizieren (damals waren die *Occasioni* erschienen und Pintors Rilke). Was Deinen zweiten Brief angeht, so müsste meine Antwort einen ganzen Band füllen. Aber ich überspringe alles, was ich Dir zur Anthologie sagen könnte, die Du als Dichter in ihren Absichten verstanden hast. Nur eine Bemerkung über eine gewisse Schwierigkeit meiner Schreibweise als Kritiker. Ich glaube, dass sie wenig gemein hat mit Garboli, Citati usw., was den Ursprung betrifft: denn ich habe 40 bis 41 begonnen, kritische Sachen zu schreiben, nicht erst ein paar Jahre nach 45. Wie Du siehst, arbeite ich schon sehr lange und bestimmte Traumata aus der Zeit, in der man sich literarisch geformt hat, sind schwer heilbar: Das „Allusiv-Hermetische", das Du in meiner Kritik noch durchhörst, ist vorerst, glaube ich, ein unvermeidliches Merkmal, das nur langsam erlöschen wird. Zudem bringt mein Hang zur Stilkritik – Spitzer, Devoto, Contini – mich ebenso unvermeidlich zu einer gewissen Schwierigkeit für nicht in die Fachsprache Eingeweihte (die jedoch sehr bequem ist und einem lange ungefähre Umschreibungen erspart). Zu *Le ceneri di Gramsci (Gramsci's Asche)* hast Du sehr richtige Sachen gesagt: Der Gramsci und Togliatti innewohnende Shelleyismus und der meridional-römische Geschmack der gesamten italienischen Arbeiterbewegung (Verschmelzungen und Zwitter, die die Antithese vereiteln würden, die ich in dem Gedicht gerade als Gegensatz dramatisch ausgedrückt habe) sind etwas, das ich als objektiv real akzeptiere. Nur dass es für Dich auch in Deinem Innersten gilt, subjektiv, und für mich

nicht. Und nicht wegen größeren Moralismus meinerseits, aus dem heraus ich keinen Kompromiss, keinen Zwitter, keine Versöhnung akzeptieren kann. In gewissem Sinne bist Du viel rigider und moralistischer als ich. Aber in Dir hat eben, sei es aufgrund Deiner Psychologie und auch Deiner persönlichen Geschichte, ein solcher Kontrast keinen Sinn, er stellt sich als zwecklose Zeitverschwendung dar. Doch an einer solchen Vorurteilslosigkeit hemmen mich: 1.) Eine literarische Ausbildung, die vielleicht früher begann als Deine: Ich war ab 37 schon mitten in der hermetisch-dekadenten Initiation, und zwar mit meiner üblichen Heftigkeit und Unersättlichkeit. 2.) Die Außergewöhnlichkeit meines Eros, der während meiner gesamten Adoleszenz und frühen Jugend ein massives und schweres Trauma darstellte. Tatsachen, dieses I. und II., die schwindelerregend rasch das bisschen Shelleyismus ansteigen lassen, das in Dir vorhanden sein kann – wie in Gramsci und Togliatti ... Bis daraus nicht mehr eine vernachlässigbare Komponente, sondern eben eine antithetische „Quantität" wird. 3.) Die Tatsache, dass mein Bruder von den Kommunisten getötet worden ist, und sei es auch von Titos oder zu Tito übergelaufenen. Mein Bruder war das hochherzigste Geschöpf, das ich je gekannt habe. Er war noch keine 19 Jahre alt, als er zu den Partisanen ging, aus reiner Begeisterung und reinem Glauben an die Sache (nicht um zu fliehen, wie es so viele getan haben: Er hatte noch keine militärischen Verpflichtungen, denen es zu entkommen galt). Er war mit kommunistischen Gefühlen aufgebrochen, dann war er dort oben im Gebirge durch eine Reihe von Umständen dem Kampfverband der „Osoppo" beigetreten und hatte sich in die Aktionspartei eingeschrieben. Natürlich hat er sich, mit der Osoppo, den Absichten Titos widersetzt, der sich Julisch Venetien und Friaul nehmen wollte, und nachdem er heldenhaft gegen Deutsche und Mongolen gekämpft hatte, ist er schließlich als Held gestorben, getötet von den verrückt gewordenen wilden Kommunisten. Deshalb ist für mich – der ich immer den PCI gewählt habe und mich als Kommunist fühle – die regelrechte Entscheidung, die uneingeschränkte Entscheidung so dramatisch und schwierig. Du musst *Le ceneri di Gramsci* als etwas Persönliches von mir nehmen, nicht als etwas Paradigmatisches. Was die Adjektive angeht, hast Du recht, tausendmal recht. Zwischen ihnen und mir besteht ein dumpfer Kampf, der oft mit meiner Niederlage endet: Ich bin so schwach, dass ich einen gewissen Manierismus akzeptiere und einrechne, obgleich ich mich dafür schäme.

Ich umarme Dich mit Zuneigung, Dein

Pier Paolo Pasolini

Meine Peripherie[×]

Aus *Città Aperta*, II, Nr. 7–8, Rom, April–Mai 1958

[...]

In meiner Arbeit gibt es keine Methode, die von außen angewendet wird. Ich verfahre ausschließlich stilistisch, also von innen. Natürlich gibt es Tatsachen, die für sich genommen die oberflächliche, anekdotische Vorstellung einer „angewandten" Methode „nach Rezept" suggerieren könnten.

[...]

Würde man mich beschatten, wäre ich oft in irgendeiner Pizzeria in Torpignattara, in der Borgata Alessandrina, in Torre Maura oder Pietralata zu finden, wo ich auf einem Stück Papier idiomatische Redeweisen, ausdrucksvolle oder farbige Wendungen, Vokabeln des Jargons notiere, die ich aus erster Hand von eigens zum Reden aufgeforderten „Sprechern" bekommen habe. Das geschieht natürlich bei bestimmten Gelegenheiten. Zum Beispiel stiehlt eine meiner Figuren irgendwann in der Geschichte einen Koffer und ein paar Taschen: Gibt es im Jargon einen Ausdruck für Koffer und Tasche? Klar doch! Koffer heißt „cricca", Tasche „campana", das Diebesgut allgemein außer „morto" auch „riboncia" usw. (statt „usw." oder „Dinge dieser Art" werde ich in meinem kleinen Roman immer „und sämtliche Heilige" oder „und sämtliche Selige" sagen, statt des weniger farbigen „und viele schöne Dinge"). Nicht immer schreibe ich dieses auf sehr niedrigem Niveau zweckdienliche und ganz spezielle Material direkt auf: Das tue ich nur, wenn ich bei der einsamen Arbeit am Schreibtisch auf Schwierigkeiten oder eine stilistische Notwendigkeit stoße. Dann überspringe ich den Teil, dem es an Ausdruckskraft mangelt, und mache meine meist kurze und erfolgreiche Recherche (in der Maranella habe ich einen Freund, den Maler Sergio Citti, der meine Fragen, auch die spitzfindigsten, bis jetzt immer beantworten konnte). Es gibt auch eine generelle Leidenschaft für die Sprache: Dann mache ich mir, von einer plötzlichen, unbekannten Wendung wie vom Blitz getroffen, vielleicht sogar heimlich Notizen. Diese werden dann zum Reservematerial, das ich mir für alle Fälle zur Seite lege, damit ich nicht in die Maranella muss, falls ein lebendiger Ausdruck fehlt. Hinten in der Kladde des Romans habe ich also eine Menge Seiten mit idiomatischen Wendungen, einen kleinen lexikalischen Schatz, gesammelt.

Darin erschöpft sich die „Farbigkeit" meiner Arbeitsweise. Alles andere geschieht in der Einsamkeit meines Arbeitszimmers, das inzwischen in einem bürgerlichen Viertel hinter dem Gianicolo liegt.

[...]

[×] Nach der Veröffentlichung von *Ragazzi di vita* verfasst Pasolini einen Text, in dem er drei Fragen beantwortet, die ihm gestellt worden waren: die erste über die Zusammenhänge von *Ragazzi di vita* und *Vita violenta*; die zweite zu den Beziehungen zwischen Sprache, Dialekt und Figuren; die dritte, Gegenstand dieses Textes, zu seiner Arbeitsmethode.

Crediamo che non ci sia lettore che, pur ~~xxx~~
imbattendosi per la prima volta in ~~xxxxxxxxxxxxxxxxxxxxxxxxxxxxxxxxxxxxxxxx~~ qualcuna delle paro-
le del gergo della malavita o della plebe romana,
non ne afferri o non ne intuisca il significato:
tuttavia più per scrupolo e curiosità, che per
effettiva utilità, ne elenchiamo qui un certo
numero con la sua traduzione:

Abbioccato: appartato, serio - Alberi pizzu-
ti: cipressi (annà all'- : morire) - Allaccas-
se: stancarsi - Alliscià: accarezzare - Al-
lumà: guardare - Arzà porvere: fare chiasso,
provocare - Ammoppito: fiacco, demoralizzato
- Ammorgià: tacere - Ammucchiato: addossato
- Ammusato (ammusolito): imbronciato - Appiop-
pato: appoggiato di peso - Arrazzato: eccitato
sensualmente - Arruzzonito: arrugginito - At-
toppato: brillo - Avvizziato: viziato.

Baiaffa: arma - Balordo: infido - Bocchis-
siere: pugile - Bozzo: ammaccatura; gonfiore
- Brecola: pietruzza; lira.

Calata: pronuncia - Callara (a -): a tutta
forza - Campana(esse in -): esser pronto - ~~Ca~~
Cannofiena: altalena - Caracca: spinta, carica
- Carubba: carabinieri - Capà: scegliere -
Caparelli: capezzoli - Caposotto: tuffo - Ca-
strà: portar via i soldi, pelare - Chiarina
(dormì alla -): dormire all'aperto - Chirichet-
to: un quarto di vino - Cica (tenesse la -):
starsene zitti - Ciufega: cosa schifosa -
Coccia: buccia - Corpo: biglietto da mille lire - Comare Secca: la Morte (de strada Giulia,
perché in Via Giulia c'è la Chiesa della Morte)

Dindarolo: salvadanaio - Dislombito: sfiancato.

Fà la bella: andarsene - Farda: punto del
corpo dove termina la giacca - Fardona: ragazza ben fornita - Fascio (mannà ar -): eufemi-
smo per mannà aff... - Fette: piedi - ~~Fxxxxxx~~
~~xxxxx~~ Ficcà: andare a genio - Fronna:lira -

Fugge: corsa - **Fusto**: di corporatura muscolosa. x

Gessetto: vigile urbano in divisa estiva - **Giobbà**: simulare, imbrogliare - **Gioiosa**: ragazza - **Groncio**: stanco, fiacco - **Imbrosà**: possedere - **Impappolato**: instupidito - **Impaturgnato**: seccato - **Incarcà**: pigiare - **Incassà**: cozzare - **Incerà**: imbonire (?) - **Incollà**: caricarsi sulle spalle - **Infagottato**: pieno di soldi - **Ingranato**: idem - **Ingrifato**: eccitato fino all'erezione - **Intigne**: usare il coito - **Intuzzà**: sbattere contro - **Inzifonà**: usare il coito - **Làllera**: bicchiere di vino - **Lavà**: sfottere - **Linto e pinto**: in ghingheri - **Lungo**: disteso.

Mammatrone (me prenne er -): mi commuovo - **Mannà pell'ossa**: usare il coito - **Mecca**: ragazza - **Micco**: fesso - **Moina**: sfottitura; gazzarra; vanteria - **Mollichella**: malloppetto. x

Neno: vecchio - **Nerchia**: membro - **Nocchia**: noce; ano - **Nun pagà manco li cechi**: non avere un soldo.

Paccà: tastare - **Paccata** (fà na -): usare il coito - **Palanca**: spanna - **Parata**: rete metallica - **Pecogna**: danaro - **Pedagna** (a -): a piedi - **Pelle** (fà na -): usare il coito - **Pennello**: tuffo in piedi - **Picchio co la zagaia**: trottola con lo spago - **Piotta**: biglietto da cento - **Pippinara**: mucchio di ragazzini - **Portà l'orecchini ar naso**: essere ingenui. xxxRx

Ramata: stecconata - **Riocà**: ripetere, rifarci - **Rimorchià**: rimediare una compagnia.

Sacco (saccata): biglietto da mille - **Santa Calla** (annasse a ripone a -): ritirarsi all'ospizio - **Sbarellà**: vacillare - **Sbiellà**: perdere l'equilibrio - **Sbolognà**: svignarsela; farla franca; rifilare - **Sbragalone** (calzoni a -):

VII

calzoni col cavallo alle ginocchia - **Sbrillentato**: smagliato, lacero - **Scalarola**: cancello degli orti - **Scaja**: passeggiatrice notturna - **Scavicchiato**: smidollato, cascante - **Scucchia**: mento - **Sderenato**: sfiancato - **Sercio**: ciottolo - **Servatica**: serva - **Sfangà**: farcela - **Sformà**: restarci male - **Sgamà (svagà)**: accorgersi - **Sgobbo**: lavoro - **Smandrappato**: scalcinato, strappato - **Smagrà**: far brutta figura - **Smiccià**: guardare - **Smorzà**: piantarla - **Smucinà**: rimestare, mescolare - **Solco**: spiazzo erboso tra la zolla e il fosso - **Spagheggio**: fifa - **Sparata**: battuta di spirito, uscita, spacconata - **Spesà**: andarsene - **Sprangà**: darci sotto - **Stozza**: elemosina - **Stramiciato**: scamiciato - **Sturbà**: perdere i sensi - **Sonà la comparcita**: battere i denti. x

Te va l'acqua pell'orto: gli affari ti vanno bene - **Treppio**: mucchio di gente - **Tropea**: sbronza - **Tubo**: litro di vino.

Urtoso: infastidito.

Zanoida: prostituta - **Zaccagna**: pustoletta; lira - **Zagaià**: balbettare - **Zeppo**: stecco - **Zella**: sporcizia - **Zinalino**: grembiulino - **Zinna**; seno - **Zoccola**: prostituta.

Pasolini, fotografiert von Henri Cartier-Bresson
im Mandrione-Viertel, Rom, 1959

Das erste Drehbuch, an dem Pasolini mitarbeitet, ist *La donna del fiume (Die Frau vom Fluss)* aus dem Jahr 1954, ein Film von Mario Soldati, der in der Poebene spielt. Doch aufgrund der aufsehenerregenden Resonanz seines ersten Romans, *Ragazzi di vita*, halten die Regisseure ihn für geeignet, als Kenner des Milieus der Subproletarier in den Borgate, der Zuhälter, der Prostituierten und ihrer Sprache, die einschlägigen Dialoge zu schreiben.

Diese Aufträge haben ihm nach seinen eigenen Worten erlaubt, dem Elend zu entkommen und seinen Posten als Lehrer an der Schule von Ciampino aufzugeben. Er macht sich zwar Gedanken darüber, dass eine derartige Arbeit ihn der Literatur entfremden könnte, weiß aber auch zu schätzen, dass er mit neuen narrativen Techniken experimentieren kann. Er erklärt sogar, dass einige seiner Drehbücher wie etwa das von *La notte brava (Wir von der Straße)*, das er für Bolognini schrieb, „zu den besten literarischen Sachen gehören", die er je gemacht habe.

Für einige dieser Filmdrehbücher schreibt er eine aus mehreren Seiten bestehende Synopsis, für andere präzise festgelegte Szenen oder auch Dialoge, je nachdem, was die Regisseure von ihm verlangen. Das Drehbuch von *La notte brava* ist das erste, das zur Gänze von Pasolini konzipiert und geschrieben wurde. Für *Le notti di Cabiria (Die Nächte der Cabiria)* soll er auf Wunsch Fellinis die Dialoge schreiben, um seinen Figuren aus den Borgate im Hintergrund „Lokalkolorit" zu verleihen; daneben soll er auch die Szene des falschen Wunders genau festlegen.

Diese neue Aktivität gestattet es Pasolini, mit Filmschaffenden in Kontakt zu kommen, wie etwa Bolognini und Fellini, die für ihn sehr wichtig sein werden. Zwischen 1957 und 1960 arbeitet er an einer beeindruckenden Anzahl von Drehbüchern, unter ihnen fünf für Bolognini und zwei für Fellini, so *La dolce vita (Das süße Leben)* ...

Vorstadt Quarticciolo,
Rom, 1960

Mauro Bolognini und Pasolini
am Set des Films *La notte brava*
(Wir von der Straße), 1959

Marcello Mastroianni, Anouk Aimée und Pasolini
am Set des Films *La dolce vita*
(Das süße Leben), 1959

Beim Schreiben der Drehbücher für andere kommt ihm die Idee, ein Skript für
sich selbst zu verfassen, das zu seinem
ersten Film werden könnte: *La comare
secca (Die dürre Gevatterin)*, ein Projekt, das er nach der Fertigstellung von
*Accattone – Wer nie sein Brot mit Tränen
aß* schließlich doch fallen lässt, um
Mamma Roma den Vorzug zu geben.
Dem jungen Bernardo Bertolucci überlässt er das Drehbuch. Später, Anfang
der 1970er-Jahre, schreibt Pasolini zwei
Drehbücher *(Ostia* und *Storie scellerate)*
für Sergio Citti, der zuvor für ihn nach
seiner Ankunft in Rom eine so wichtige
Rolle gespielt hat, indem er ihn mit dem
Milieu und der Sprache der Borgate
vertraut machte.

A. B.

Alain Bergala – Erinnern Sie sich, wie Pasolini das erste Mal zu Ihnen nach Hause in die Via Carini kam, wo Sie mit Ihrem Bruder, Ihrer Mutter und Ihrem Vater Attilio Bertolucci wohnten, dem bekannten und geschätzten Dichter? Waren sich Pasolini und Ihr Vater zuvor schon begegnet, oder hatten sie sich nur geschrieben?

Bernardo Bertolucci – Ich glaube, sie waren sich schon einmal begegnet, aber zu Hause hatte ich noch nie von ihm gehört. Eines Sonntagsnachmittags, meine Eltern hatten sich wie immer nach dem Essen ein wenig hingelegt, mein Bruder und ich – ich muss damals gerade 14 oder 15 gewesen sein – lasen, denn wir hatten keinen Fernseher, klingelt es plötzlich an der Tür.

Ich gehe nachsehen, und vor mir steht ein junger Mann im dunklen Sonntagsanzug mit weißem Hemd. Er fragt: „Ist Herr Bertolucci daheim? Ich bin mit ihm verabredet." „Ich weiß nicht, ich geh' mal nachschauen", antwortete ich, und statt ihn hereinzubitten, ließ ich ihn auf dem Treppenabsatz stehen, lief zu meinem Vater und rief: „Papa, wach auf! Da ist jemand, der dich sprechen will, aber ich glaube, er ist ein Dieb." „Hat er dir seinen Namen gesagt?" „Ja, er sagt, er heißt Pasolini." „Aber was fällt dir ein, lass ihn sofort eintreten, Pasolini ist ein großer Dichter." Offenbar habe ich von Anfang an etwas sehr Starkes, fast Bedrohliches in Pier Paolos Gesicht wahrgenommen ...

Ich glaube, er wohnte damals noch in der Via Fonteiana, nicht weit von unserem Haus in Monteverde Vecchio, in einer sehr einfachen Gegend, aus der die Mittelschicht von früher weggezogen war.

Ich erinnere mich, dass wir ihn in der Via Fonteiana besucht haben, als sein Vater starb. Seine Mutter war da und betete mit zwei Frauen in Schwarz eine Art Rosenkranz für den Verstorbenen. Wir saßen im Wohnzimmer und sprachen beide kein Wort, bis ich den Mut fand, ihm zu sagen: „Pier Paolo, ich bin wirklich traurig, dass dein Vater tot ist." „Ich nicht", war seine Antwort, „mein Vater war ein faschistischer Unteroffizier." Ich war bestürzt, wie konnte man so von seinem eigenen Vater sprechen, der ein paar Meter weiter auf dem Totenbett lag?

A. B. – Trotzdem hat Pasolini vor seinem Tod erklärt, er verdanke auch seinem Vater, was er geworden sei. Vielleicht kam seine Lebenskraft daher, dass er gegen ihn hatte kämpfen müssen.

B. B. – Das wusste ich nicht. Für mich war es wie ein Sakrileg, ich hätte so etwas nie für möglich gehalten. Auf dem Nachhauseweg habe ich das erste Mal gedacht: Man kann also auch seinen Vater hassen ...

A. B. – Damals hatten Sie schon die ersten Gedichte geschrieben. Dachten Sie mit 16 oder 17 daran, dem Beispiel Ihres Vaters zu folgen und Dichter zu werden, oder interessierte Sie mehr das Kino?

B. B. – Ich habe angefangen, Gedichte zu verfassen, als ich schreiben lernte, da war ich sieben. Ich las sie meinem Vater vor, und sie gefielen ihm sehr. Mit 17 oder 18 schrieb ich immer noch Gedichte. Dann stieg ich vom fünften in den ersten Stock, wo seine Wohnung war, um sie Pier Paolo zu zeigen. Früher hatte ich sie immer sofort meinem Vater gezeigt. Jetzt nicht mehr, jetzt gab ich sie Pier Paolo zu lesen, und er sagte mir, was er davon hielt.

Mit 20 stellte ich einige Gedichte zusammen, und Pier Paolo meinte, ich sollte sie in einem Mailänder Verlag veröffentlichen, der eine kleine Reihe mit Lyrik von Elsa Morante und ihm selbst herausgab ... Pier Paolo war für mich als Autorität neben meinen Vater getreten. Ein Gedicht von ihm trägt den Titel *A un ragazzo (An einen Jungen)*, darin erzählt er die tragische Geschichte seines Bruders Guido, der aufbricht, um sich der Resistenza anzuschließen. Dort heißt es in etwa: „Ich sah, dass er in einem Buch von Montale einen Revolver versteckt hatte." Ein sehr schönes Bild: Montale und ein Revolver. In einer Anmerkung zu diesem Gedicht schreibt Pasolini: „Der Junge ist Bernardo Bertolucci, Sohn des Dichters Attilio Bertolucci und schon selbst ein sehr guter Dichter."

Mit 19, als ich noch nicht wusste, dass ich einmal Filme machen würde, bin ich nach dem Abitur mit meinem Vetter Giovanni nach Paris gefahren, von Parma aus in einem Fiat Cinquecento für einen ganzen Monat. In dem Jahr kam *À bout de souffle (Außer Atem)* ins Kino, und mir wurde klar, dass es in unserer Familie schon einen Dichter gab und ich nie so gut sein würde wie er. Als Kind war mein Vater oft mit mir ins Kino gegangen, um sich neue Filme anzusehen, denn er schrieb Filmkritiken für die *Gazzetta di Parma*.

Pier Paolo wurde immer bekannter und brachte einige Bücher heraus. Mein Vater half ihm, *Ragazzi di vita* zu veröffentlichen. Pasolini wurde wegen des Buchs angezeigt, und es kam zu einem der ersten Prozesse gegen ihn. Mein Vater hat ihn immer unterstützt, denn er mochte ihn sehr.

Eines Tages – ich muss 19 oder 20 gewesen sein – fragte Pier Paolo mich: „Du willst doch zum Film, hab' ich recht?" „Ja", sagte ich, und er erwiderte: „Gut,

Alain Bergala
im Gespräch mit Bernardo Bertolucci
am 15. Januar 2013

ich werde einen Film drehen, und du wirst mein Regieassistent." „Aber Pier Paolo, das hab' ich noch nie gemacht, ich weiß gar nicht, wie das geht." „Ich habe auch noch nie Regie geführt", antwortete er, „wir werden es zusammen lernen."

Die Aufnahmen zu *Accattone – Wer nie sein Brot mit Tränen aß* entstanden zu der Zeit, als Pasolini im selben Haus wie wir in der Via Carini wohnte. Morgens klopfte ich gegen halb acht bei ihm an die Tür, er kam, noch etwas verschlafen, heraus, und wir gingen zu der Garage, wo seine Giulietta parkte. So hat Pier Paolo *Accattone* gedreht, und so habe ich durch ihn die Außenbezirke von Rom kennengelernt; da war ich gerade 20.

A. B. – Wann kam Ihre Familie von Parma nach Rom?

B. B. – 1952, ich war elf.

A. B. – War für Sie damals Parma oder Rom Ihre Heimat?

B. B. – In Rom fühlte ich mich wie in der Verbannung. Warum? Weil ich, bis ich elf war, auf dem Land gelebt hatte. Da gab es Tiere, Kühe, eine Scheune und Bauersleute. Auf meine Schule in Rom gingen nur Kleinbürgerkinder. Ich fand die Römer verglichen mit den Bauern meiner Kindheit hässlich. Nach ein paar Jahren habe ich mich daran gewöhnt, aber es hat einige Zeit gebraucht. Mein Vater hatte ein Parma erfunden, das vielleicht nie existiert hat, eine kleine Hauptstadt vergangener Zeiten, mit einem starken französischen Einschlag.

A. B. – Parma war für Sie also das, was Casarsa für Pasolini war? Die Vorstellung, in Rom zu leben, aber von anderswoher zu kommen, aus einer bäuerlichen Welt ...

B. B. – Ja, aber Pasolini hatte außer Casarsa noch Bologna.

A. B. – Wo er studiert hatte ...

B. B. – Richtig, wie mein Vater studierte er bei dem großen Kunsthistoriker Roberto Longhi, mit dem mein Vater eng befreundet war. Mit ihm und Anna Banti (Giorgio Bassani war, glaube ich, auch dabei) hat er die angesehene Literaturzeitschrift *Paragone* gegründet. Ich denke, Pier Paolo kannte die Geschichte der Kunst sehr genau. *Accattone* hat er in einer heruntergekommenen Vorstadtsiedlung gedreht (die Borgata, dort sah es aus wie in einer Favela in Rio), an Plätzen, an denen das Gras wie verbrannt aussah. Dort filmte er auch *Accattones* Freunde, die Zuhälter. An solchen

Orten stand ihm der Goldgrund der frühen Toskanischen Malerschule vor Augen. In *Accattone* nutzte er die Nahaufnahmen dieser jungen Leute und verwandelte sie, so wie er auch die heruntergekommenen Orte verwandelte, an denen er drehte. Manchmal war der Gestank dort ganz fürchterlich, wie aus einer offenen Kloake in einem Dritte-Welt-Land.

Bei den Drehortbesichtigungen mit Pasolini habe ich die Welt der römischen Vorstädte erst richtig kennengelernt. Wir fuhren jeden Tag in seiner Giulietta zum Dreh, und unterwegs redeten wir. Die Fahrt dauerte eine gute Dreiviertelstunde, manchmal eine Stunde, ich stellte ihm Fragen über den Film, und er redete. Wenn er gute Laune hatte, erzählte er mir auch, was er nachts geträumt hatte.

A. B. – Ich möchte ein wenig über Ihren Film *La comare secca (Die dürre Gevatterin)* sprechen und was er mit Rom und mit Pasolini zu tun hat. Ihren endgültigen Durchbruch beim Film hatten Sie mit *Prima della rivoluzione (Vor der Revolution)*. *La comare secca* dagegen ist ein seltsamer Film, eine Art Vorhölle zu Ihrem Kino. Wenn man ihn heute anschaut, meint man, Orte und Figuren wie von Pasolini zu sehen ... Aber es gibt da auch etwas, das mit Pasolini überhaupt nichts zu tun hat, etwas sozusagen Kalligrafisches. Erzählen Sie, wie war das mit Pasolini?

B. B. – Der Produzent Tonino Cervi hatte einige interessante Filme mit Pasolini gemacht, mit Bolognini als Regisseur und Pasolini als Drehbuchautor *(La notte brava [Wir von der Straße], La giornata balorda [Wenn das Leben lockt])*, und hatte nun von ihm einen Drehbuchentwurf mit dem Titel *La comare secca* gekauft.

Nach *Accattone* (der sogar ein gewisser Publikumserfolg war) sagte Tonino zu Pasolini: „Und jetzt machen wir *La comare secca*!" Aber Pier Paolo ließ nicht mit sich reden: „Nein, ich kann nicht, ich hab' mich in eine Geschichte mit dem Titel *Mamma Roma* verliebt." „Und was fange ich jetzt mit dem Stoff an?" „Lass ihn doch von meinem Assistenten – das war ich – und von Sergio Citti ausarbeiten!" Also sind Sergio und ich nach Parma gefahren und haben in dem Haus, das unsere Familie dort besaß, auf der Grundlage von Pier Paolos Exposé jeden Tag etliche Seiten am Drehbuch geschrieben. Eine Art Krimi, geschrieben für einen Regisseur, der ihn wie Pasolini machen würde, fast schon eine Imitation.

A. B. – Haben Sie und Citti das Drehbuch denn nicht für sich selbst geschrieben?

B. B. – Nein, ich war nicht mal 21, ich konnte mir gar nicht vorstellen, bei einem Film Regie zu führen. Als

Tonino Cervi das fertige Drehbuch dann gelesen hat, gefiel es ihm, und er fragte mich: „Willst du nicht die Regie machen? Regieassistent bist du ja schon." Ich habe ja gesagt, und er erwiderte: „Gut, dann führst du bei *La comare secca* Regie", und ich habe zu zittern angefangen und wäre fast vom Stuhl gefallen.

Sergio und ich sind dann zu Pier Paolo gegangen, und er hat uns ein paar Ratschläge gegeben, und dann haben wir mit den Vorbereitungen angefangen. Damals konnte man einen Film in einem oder anderthalb Monaten schreiben; dann zwei Wochen für die Vorbereitung, fünf oder sechs Wochen für den Dreh, länger nicht – in den 60ern war man schnell bei der Hand. Als erstes dachte ich, „nein, das ist nicht mein Film, das ist Pier Paolos Film", und fing an, das Drehbuch noch mal durchzugehen, um eine eigene Handschrift zu finden. Die Handlung spielte im Rom der einfachen Leute: Prostituierte, Zuhälter, eben die ganze Pasolini-Welt, und ich habe mich gefragt, wie ich einen Film machen konnte, der keine Kopie von *Accattone* wäre, vor allem, weil ich dort ja mit Pier Paolo am Set war. Also musste ich bei den Aufnahmen für *La comare secca* meine eigene Filmsprache finden, was ich dann durch den Kamerastil erreicht habe. Ich habe ihn jetzt länger nicht gesehen, kann sein, dass er manchmal etwas ästhetisierend wirkt.

A. B. – Ästhetisierend nicht, eher kalligrafisch. Man erkennt Arabesken in der filmischen Handschrift.

B. B. – Stimmt wohl.

A. B. – Die erste Szene zum Beispiel ist sehr kalligrafisch.

B. B. – Papierbogen wehen im Wind von einer Brücke, wir folgen ihnen am Ufer entlang, und dort liegt dann eine Leiche. In *Der Ghostwriter*, einem der letzten Filme von Roman Polanski, sieht man am Ende auch Papier durch die Luft segeln, das hat mich sehr an *La comare secca* erinnert. Es stimmt, der Film hat eine Art Frische und eine Faszination für die Bildsprache, die tatsächlich etwas kalligrafisch wirken mag.

Als ich erfuhr, dass ich bei *La comare secca* Regie führen würde, bin ich fast in Trance geraten. Und in diesem Zustand habe ich alle Aufnahmen gemacht. Schließlich war ich erst 21. Wie viele Studenten (ich hatte gerade erst mit dem Studium begonnen) lebte ich noch bei meinen Eltern. Morgens um sieben, halb acht stand ich auf und frühstückte mit meinem Vater, meiner Mutter und meinem Bruder, der noch zum Gymnasium ging. Aber sobald ich das Haus verließ, war ich Regisseur! *[lacht]* Ich war der Jüngste im ganzen Team. Am Anfang war es nicht einfach, da gab

es auch Misstrauen. Aber die Begeisterung, mit der ich das Filmemachen für mich entdeckte, half mir, die anderen im Team auf meine Seite zu ziehen.

A. B. – War Pasolini je am Set?

B. B. – Ich glaube, er kam mal vorbei. Als ich ihm den fertigen Film gezeigt habe, sagte er, er hätte ihm gefallen. Wie immer war auch Ninetto Davoli dabei, Pier Paolo liebte seine unverstellten, naiven Kommentare, die ihn oft zum Lachen brachten, und fragte ihn: „Und wie findest du den Film?" „Ganz nett", antwortete Ninetto, „ganz nett, aber zu viele Paronamas." Und er hatte recht! *[lacht]*

A. B. – Aber als es darum ging, Ihr ganz eigenes Kino zu erfinden, in *Prima della rivoluzione*, haben Sie das in Parma getan und nicht in Rom …

B. B. – Das stimmt, denn wenn man in jungen Jahren anfängt, Kino zu machen, hat man das Bedürfnis, die Zeit auszudehnen, indem man von der eigenen Vergangenheit erzählt. Man muss dann einen autobiografischen Film machen, um sich von etwas zu befreien, um die Luftblase der Adoleszenz zum Platzen zu bringen, in der man gelebt hat. Deshalb bin ich nach Parma zurückgekehrt, um mit Sergio Citti noch einmal im Haus unserer Familie am Drehbuch zu arbeiten. Es war Sommer, abends nach dem Essen ging ich mit Sergio zur Piazza Garibaldi, dem Hauptplatz der Stadt, und machte ihn mit all meinen Freunden aus Parma bekannt. Sergio wurde zu einer Art Attraktion, denn sie mussten über seinen römischen Dialekt lachen, weil er ihnen exotisch, südländisch vorkam. Weil das Drehbuch mein eigenes war und leicht autobiografisch gefärbt, hatte ich nicht mehr den Drang – wie noch bei *La comare secca* –, mich von Pasolini abzusetzen, ich besaß nun die Freiheit, alles zu tun, was ich immer schon tun wollte.

A. B. – Haben Sie später, als Sie die Filme drehten, die Sie berühmt gemacht haben, mit Pasolini darüber gesprochen?

B. B. – Ja, ich habe sie ihm gezeigt, wenn sie fertig waren. *Prima della rivoluzione* hat ihm sehr gefallen. Dann kamen *Partner (Partner)*, ein Film von dem ich nie genau weiß, was ich von ihm halten oder sagen soll, und *Strategia del ragno (Strategie der Spinne)*, der Pasolini auch sehr gefallen hat, wie auch *Il conformista (Der Große Irrtum)*. Gar nicht gefallen hat ihm *Ultimo tango a Parigi (Der letzte Tango in Paris)*: „Wie kann man in einem Film nur so eine Art Mann zeigen, mit einer solchen Virilität? Und dann dieser Marlon

Brando ..." Etwas an meinem Film muss ihn beleidigt haben. Ich hatte die Welt seines Kinos, in der die Darsteller von der Straße kamen, vollständig hinter mir gelassen und mit einem der weltweit größten Schauspieler gearbeitet; ich glaube, das hat ihn gestört. Als wäre ich nun endgültig seinen Fittichen entwachsen.

Da fällt mir eine Geschichte ein: Als wir *Accattone* drehten, kam in Italien *À bout de souffle* von Godard in die Kinos. Ich fand ihn wunderbar und erzählte Pasolini von Godard und sagte, er solle sich den Film unbedingt ansehen, aber er hatte keine Lust. Dann eines Tages sagte er plötzlich: „Oh, ich war in deinem Godard-Film. Du hättest mal meine Freunde hören sollen, wie sie gelacht und Witze über den Film gemacht haben!" Dass Pasolini sich auf diese Weise über Godard, der für mich eine Offenbarung, eine Revolution gewesen war, lustig machte, hat mich sehr verletzt.

Aber zwei oder drei Jahre später hat er in einem Gedicht – ich glaube, es war für die Callas – in einer Art wiederkehrendem Refrain dann geschrieben „... wie in einem Film von Godard ..." Das war für mich wie eine Revanche *[lacht]*.

Auch was Marlon Brando angeht, habe ich im Nachhinein recht bekommen. Im Frühjahr vor seiner Ermordung rief Pasolini mich an: „Bernardo, hast du noch Verbindung zu Marlon Brando?" „Nein, eigentlich nicht." „Schade, ich würde ihn nämlich gern in *San Paolo (Der heilige Paulus)* als Paulus haben." *[lacht]* Bei den Dreharbeiten zu *Accattone* konnte ich nicht nur miterleben, wie Pasolinis Filmsprache entstand, sondern auch, wie er das Filmemachen erfand. Es war sein erster Film, und er musste das Filmemachen jeden Tag neu erfinden.

A. B. – Pasolini hatte keine Ahnung von Filmtechnik, aber er wusste sehr genau ...

B. B. – Er wusste sehr wenig über Kino. Er mochte Dreyers *La Passion de Jeanne d'Arc (Die Passion der Jungfrau von Orléans)* – und Anna Karina in *Vivre sa vie (Die Geschichte der Nana S.)*, die weinen muss, als sie den Film sieht; damals sahen noch viele die Filme von Pudowkin und Eisenstein.

A. B. – Eisenstein gefiel Pasolini nicht ...

B. B. – Er sagte immer: „Ich hasse den Ästhetizismus bei Eisenstein, unerträglich!" In das Rom, das ich bei den Dreharbeiten zu *Accattone* kennen gelernt und in *La comare secca* geschildert habe, bin ich nur noch selten zurückgekehrt. Wo damals Favelas waren, stehen heute riesige Wohntürme. Sie haben alles tonnenweise mit Beton zugeschüttet.

A. B. – Pasolini hat also recht behalten, Rom ist zu einer restlos kleinbürgerlichen Stadt geworden, und die Gestalten, die er so sehr liebte, gibt es heute nicht mehr.

B. B. – Richtig, das Subproletariat, auf das er seine Hoffnung für unser Land setzte ... Gut ein Jahr vor seinem Tod hat er sehr schöne Texte dazu geschrieben, etwa die *Abiura dalla Trilogia (Widerruf auf die Trilogie)*, in der er sich von der *Trilogia della vita (Trilogie des Lebens)* lossagt und feststellt, dass diese Welt, auf die er hoffte, in Wirklichkeit nicht existierte, weil das Konsumdenken ihr den Garaus gemacht hatte.

A. B. – Richtig, er schreibt, dass er sich getäuscht habe und dass es keine unschuldigen Körper mehr gebe. Das alles sei vorbei ...

B. B. – ... und die Unschuld sei nur eine Projektion von ihm gewesen.

Aus dem Treatment von *La comare secca (Die dürre Gevatterin)*, 1962

[...]

Doch betrachten wir die Figuren: Was sie in der Gruppe tun, ihre eigene Wirklichkeit, wie sie sich tatsächlich abgespielt hat.

Sehen wir uns auch die zwei, drei Typen an, die bis jetzt verschwommen geblieben sind. Sie werden von Franco nicht ohne Schwierigkeiten, aber mit römischer Lebendigkeit beschrieben: der Deutsche und beiden neuen Jungen.

Der Deutsche ist blass, fast nicht existent, er spricht kaum. Einer der beiden Jungen ist brünett, sehr gewöhnlich, hübsch, mehr nicht; der andere ist blond, hat zwei schmale dunkle Augen, die geschminkt wirken, dünne Lippen, den blassen Teint des Sinnenmenschen, seine Gesichtszüge sind seinem Alter gemäß ausgeprägt und wie von einem tragischen Schicksal gezeichnet.
Das sind Francolicchio und Pipito.

Drittes Intermezzo

Auf einem freien Platz zwischen neuen Häusern und Baustellen an der Portuense spielen Francolicchio und Pipito mit Freunden Fußball.

Im Hintergrund sieht man den Tiber mit seinem weiten Bogen vor San Paolo, die späte Nachmittagssonne glüht.

Das Match verläuft friedlich und hitzig, eines der tausend Spiele, die um diese Zeit auf den kleinen Plätzen der Vorstädte ausgetragen werden.

Da kommt ein Junge gelaufen, etwa 14, ruft verzweifelt nach Francolicchio und Pipito. Erst beachten sie ihn nicht, doch er verschafft sich Gehör: Der Mannschaftswagen der Polizei hat vor ihrem Haus gehalten, jetzt suchen sie die Jungen.

Francolicchio kommt aus einer kleinbürgerlichen Familie, sein Vater arbeitet im Ministerium. Für ihn bedeutet das eine Tragödie. Weit weniger für Pipito, der ein „Ragazzo di vita" ist und hier in einer Baracke wohnte, bevor das neue Viertel erbaut wurde.

Francolicchio, dem der Gedanke, die Tragödie in seiner Familie austragen zu müssen, panischen Schrecken einjagt, will fliehen. Pipito ebenfalls, auch er ist schreckensbleich.

Da kommt der Mannschaftswagen angefahren, wahrscheinlich hat jemand den Polizisten gesagt, wo die Jungen sind.

Francolicchio und Pipito hauen ab, laufen quer über das Fußballfeld, hinter die letzten Häuser und Baustellen, Richtung Tiber.

Doch die Polizisten – darunter die zwei jungen Carabinieri, die wir kennen – sind ihnen auf den Fersen.

Verzweifelte Flucht und Verfolgungsjagd.

Die Jungen erreichen die ersten Böschungen am Fluss, wo eine schmutzige, stumme Herde weidet.

Sie laufen am Ufer entlang, gebückt, voller Angst, bald geht ihnen die Luft aus, sie können nicht mehr. Im Hintergrund die nahenden Polizisten.

Francolicchio erträgt die Vorstellung nicht, verhaftet zu werden, zu groß ist die Angst vor seinem Vater, vor dem Skandal.

In den Fluss zu springen ist die einzige Möglichkeit, der Verhaftung vielleicht zu entgehen. Er zieht sich Schuhe, Hemd und Hose aus. Pipito hat nicht den Mut mitzumachen. Er springt trotzdem, atemlos, verschwitzt.

Eine Weile schwimmt er, doch die Strömung ist stark, reißt ihn fort, in der Flussmitte beginnt er zu schreien, man hört seine Stimme kaum. Bald ist er nicht mehr zu sehen.

[...]

Szene 14
Valle Giulia außen – Nacht

58–64 (vgl. Drehbuch)

65, 66, 67, 68.

Maddalena lässt den Motor wieder an, fährt aber nicht los, als wüsste sie nicht, wohin sie fahren soll; dann schaltet sie die Scheinwerfer ein und startet.
Langsam, noch immer unsicher, fährt sie vor der dunklen Kulisse aus Bäumen, die die Straße säumen. Sie blickt sich um, gelangweilt, neugierig, unruhig.
Da sieht sie etwas: sie fährt langsam links ran und schaltet das Fernlicht ein. Vom Lichtschein brutal beleuchtet, erscheint ...
... ein riesiger Hintern, offenbar zu einer einfachen Frau gehörend, die sich mühsam bückt, da sie recht dick ist, um an ihren Schuhen zu nesteln.

Vom plötzlichen Lichtblitz erschreckt, richtet sie sich auf, wendet sich geblendet und gereizt um: Sie ist um die 40, ein fettes, dunkles, bleichgesichtiges Muttertier. Hinter ihr zeichnet sich die Silhouette eines rittlings auf einer Harley-Davidson sitzenden jungen Mannes ab, ein übler Typ.
Die Prostituierte ist ärgerlich, doch weil sie denkt, es sei ein Kunde, zügelt sie sich.

Prostituierte:
Heda, ihr Süßen, hier is' nichts mehr zu holen, kapiert?

Trotz des blendenden Lichts sieht sie, als sie sich die Augen mit der Hand abschirmt, dass am Steuer eine Frau sitzt. Da wird sie noch giftiger, schlüpft in den Schuh – denn damit war sie eben beschäftigt – und schreit:

Prostituierte:
Wer is'n das? He du, hier sind alle Plätze vergeben! Such dir n' andren! Kommst hier einfach so angeschlichen?

Wütend wickelt sie die Latschen, die sie sich ausgezogen hat, in ein Stück Zeitung, dabei beobachtet sie verstohlen das Auto. Noch hat sie die Hoffnung nicht aufgegeben, dass es Kunden sind, natürlich ziemlich dumme.

Maddalena blendet die Scheinwerfer ab, fährt langsam auf sie zu. Rasch wendet sich der Gauner auf

der Harley-Davidson an die Frau, bevor das Auto bei ihnen ankommt.

Zuhälter *(ärgerlich)*:
Den Wagen machst du noch, dann komm nach Hause! Gib mir das Geld, ich warte unten auf dich ...

Prostituierte *(schroff)*:
Du weißt doch, das bringt Unglück, auf'er Arbeit Geld geben!

Zuhälter *(ungeduldiger und böser)*:
Gib mir zwei Riesen, ich geh mit Bove essen, mach schon ...

Die Prostituierte steckt ihm blitzschnell 2 000 Lire zu, als das Auto schon dicht hinter ihnen ist. Der Nichtsnutz setzt die Harley-Davidson in Gang, und bevor er mit ohrenbetäubendem Dröhnen davonfährt, ermahnt er sie:

Zuhälter:
Hopp, an die Arbeit ...

Die Prostituierte steckt die Latschen in ihre Tasche und wendet sich beflissen zum Auto um, das jetzt zwei Schritt entfernt ist.

Maddalena betrachtet sie neugierig, erregt. Marcello fragt leise:

Marcello:
Wollen Sie sie kennenlernen?

Statt zu antworten, winkt Maddalena die Prostituierte zu sich heran. Die nähert sich, noch immer schmeichlerisch, gefügig.

Prostituierte:
Sagt nich', dass ich unverschämt bin ... Wie ist das, könnt ihr mich mitnehmen, wenn ihr Richtung Bahnhof fahrt ...

Maddalena:
Steigen Sie ein.

Erleichtert öffnet die Prostituierte die Tür und lässt sich mit sichtlichem Behagen auf dem breiten Sitz nieder. Maddalena fährt los.

Prostituierte:
Aaah... ihr habt mich gerettet! Eine wie ich, wennse nach acht Stunden da unten nachts um diese Zeit, nach eins, endlich zuhause is', die

weiß, wie sie sich fühlt! Abends kann ich's nich' erwarten, zuhause endlich 'n Fußbad zu nehmen!

Sie schlüpft in die Latschen, um sich noch wohler zu fühlen.

> Prostituierte:
> Entschuldigung vielmals, aber diese Füße können einfach nich' mehr!

Die Prostituierte blickt sich in dem luxuriösen Auto um.

> Prostituierte:
> Wem gehört das Auto? Ihnen?

> Maddalena:
> Ja ...

Die Prostituierte wendet sich mit wissendem Blick an Marcello.

> Prostituierte:
> Hast du ihr nicht geschenkt, nee?

Marcello lächelt.

> Marcello:
> Ihr Vater ...

> Prostituierte:
> Was für 'n Goldstück! Von meinem hab ich nur Schläge gekriegt ...

Ohne auf den Gast im Auto zu achten, wendet sich Maddalena an Marcello.

> Maddalena:
> Sie haben meinen Vater gekannt, nicht wahr?

> Marcello:
> Ja ... Sie haben ihn mir einmal vorgestellt ...

> Maddalena:
> Und wo leben Ihre Eltern? Ich erinnere mich nicht.

> Marcello:
> In Cesena.

> Maddalena:
> Das ist ein Strand, oder?

> Marcello:
> Nein.

[...]

Fragment des Drehbuchs von *La notte brava (Wir von der Straße)*, 1959, in *Filmcritica* Nr. 200, November–Dezember 1959

Eine Wiese hinter einer Böschung mit niedergetretenem Gras, Schilf und Gestrüpp, über dem ein paar Lumpen hängen.

Auf dem Gras schläft eine Frau, ihr Mund ist halb geöffnet, ihre Haare sind strohig, halb kastanienbraun, halb blond. Die Sonne sticht auf sie nieder, doch sie wacht davon nicht auf.

Eine andere Frau sitzt zwei bis drei Meter weiter.

Sie ist grimmig, hager, von der Sonne verbrannt, mit schwarzen Haaren und einem roten Kleid. Sie grübelt, das Kinn auf die Knie gestützt.

Rundherum ist ein wenig Bewegung: Etwas abseits zwei junge Flegel in Arbeiterhosen, zahm und brav und ganz Auge; ein älterer Mann steht mit einem Stück Wellblech in der Hand, eines von jenen, das man zum Decken der Baracken benützt; ein anderer Mann sitzt dreckig und zufrieden da und schaut, als würde er in sich hineinlachen.

Eine weitere Frau kommt, unter der Hitze stöhnend, die Böschung herauf: Eine Wasserstoffblonde mit einem grotesken Schornsteinfegergesicht unter den hellen Haaren. Es ist Supplizia. Kaum, dass Anna sie bemerkt hat, steht sie auf und geht mit bösem Gesicht auf sie zu, ganz, als suche sie Streit.

ANNA
Sag mal, was hast du eigentlich gestern abend gemacht? Mit wem bist du mit? Und wohin?

Supplizia schaut ganz unschuldig drein, wie eine, die mit erhobenem Kopf einherschreiten kann.

SUPPLIZIA
Was soll das? Mit wem soll ich schon mit sein? Natürlich mit dem, der mich zahlt!

ANNA
Zum Kotzen bist du! Komm her, ich parfümier dich 'n bisschen, Drecksau!

SUPPLIZIA
Wenn man dich erst anschaut, da wird's einem ganz anders!

ANNA
Und du, hast wohl nichts mehr zum Beißen, wenn du den anderen nicht die Kunden abschleppst! Schamlose!

Sie tritt noch näher auf sie zu, unterdrückt die Wut, die ihr fast die Sprache verschlägt, und schreit mit immer greller werdender Stimme:

ANNA
Wenn du uns nicht die Plätze stehlen würdest, würd' dir dein Bandwurm noch verrecken, vor Hunger!

Supplizia zuckt mit den Achseln, schaut die andere mitleidig an, ereifert sich jedoch auch allmählich.

SUPPLIZIA
Bist du vielleicht das Prinzesschen? Wer sagt denn, dass alle mit dir gehen müssen? Ich bind' denen doch keine Hundeleine um! Ich steh hier und geh mit dem, der mich zahlt. Und das Geld will ich vorher sehn!

ANNA
Du, du kannst mir gar nichts. Meinst du, man weiß nicht, was über dich geredet wird? Ich hab da meine Leute, die sagen mir alles!

SUPPLIZIA
Na, dann lass mal hören, los!

Anna, von der vornehmen Ruhe der anderen verletzt, zieht die Lider zu einem schmalen Schlitz zusammen und speit Gift und Galle:

ANNA
Nicht einmal als Müll im Seuchenhaus kann man dich Abgefickte brauchen! Du hast dem von mir gesagt, dass ich ihm den Geldbeutel abknöpfen würde, das hast du ihm gesagt!

Immer wütender wird ihr Blick, schließlich schleudert sie Supplizia entgegen:

ANNA
Und, dass ich das schon öfter gemacht habe, dass ich's oft probier und wenn's grad kommt, auch ein bisschen erpresse.

Starrt wütend auf Supplizia, als wolle sie sie verschlingen:

ANNA
Jetzt streit's ab! Sag nur, dass es nicht stimmt!

Supplizia antwortet nicht: Ganz plötzlich beugt sie ihren Körper, bückt sich, zieht einen Schuh aus und hält diesen wie eine Waffe fest in der Hand.

SUPPLIZIA

Du Drecksau, ach, so willst du mir kommen? Für
wen hältst du mich eigentlich? Trau dich ja nicht,
das auch nur im Traum zu denken! Pass bloß auf,
ich rupf dir alle Haare vom Kopf!

Der Alte, der etwas abseits sitzt, kichert vor sich
hin, seine Augen sind wässrig, das Kinn nach vorne
gezogen und der Kopf ganz rot vor Begeisterung.
Einer der beiden Jungen singt, ohne eine Miene
zu verziehen, leise einen Kampfmarsch vor sich hin,
seelenruhig mit unbeteiligter und beobachtender
Ironie.

ANNA

Ach ja? Ab heute abend wirst du dir sowieso 'n
andern Platz suchen: Hierher kommst du nämlich nicht mehr!

SUPPLIZIA

Wenn ich bis jetzt zwei Stunden hier stand, dann
werd ich ab heute vier Stunden hier bleiben. Ich
möcht grad sehen, was du dann machst.

[...]

An Susanna und Carlo Pasolini
– Rom

[Bari,
28. Januar 1955]

Ihr Lieben,

gestern bei der Abreise habe ich – *natürlich!* – vergessen, Euch zu sagen, dass ich Sonntagabend gerne Elsa Morante und Moravia mit Zigaina und (wahrscheinlich) den Bassanis zum Essen einladen möchte. Wir wären genauso viele wie an dem Abend, an dem die Longhis gekommen sind. Also: vor allem anderen soll Mama eine Gewissensprüfung vornehmen und abwägen, ob ihr danach ist, in Ruhe die neue Tour de Force anzugehen.

Dann müsste Papa sofort Elsa Morante anrufen und sie fragen, ob sie und Moravia am Sonntagabend frei und verfügbar sind (Zigaina muss Montag abreisen, und ihm – sag ihr das – läge sehr viel daran, noch einen Abend zusammen zu verbringen).

Ich schreibe Euch per Eilboten und hoffe, dass Ihr die Sache so morgen früh erfahrt, anstatt morgen nach dem Mittagessen bei meiner Ankunft (wegen des Einkaufens).

Die Reise war ausgezeichnet, die Typen aus Bari sehr sympathisch und die Borboni ein Schauspiel.

Ich küsse Euch
Pier Paolo

Als Pasolini 1950 nach Rom kam, sah das Kulturleben wesentlich anders aus als heute. Abgesehen von Einzelgängern wie Sandro Penna, der sich offen zu seiner Homosexualität bekannte und sich in seine Wohnung zurückzog, spielte dieses Leben sich größtenteils in den Zeitschriftenredaktionen oder in Lokalen ab. Die Schriftsteller trafen sich in den Restaurants an der Via dell'Oca und der Via della Penna, dem Bolognese an der Piazza del Popolo oder im Cesaretto an der Via della Croce, im Carbonara am Campo de' Fiori und in Cafés wie dem Rosati und dem Canova, ebenfalls an der Piazza del Popolo, im Doney und im Café de Paris an der Via Veneto.

Mittags ging man in die Trattoria Romana zwischen Via Frattina und Via Mario de' Fiori, dort trafen sich Film- und Theaterregisseure wie Mauro Bolognini, Franco Zeffirelli, Mario Missiroli, der Kostümbildner Piero Tosi, der viel für Visconti arbeitete, Schauspielerinnen wie Adriana Asti und Laura Betti.

Carlo Levi und Pasolini, 1960

Abends blieb man eher unter sich. Der Kreis um die Zeitschrift *Il Mondo* von Mario Pannunzio, zu dem der Schriftsteller Ercole Patti aus Sizilien, der Drehbuchautor Sandro De Feo und der junge Eugenio Scalfari, späterer Gründer der linksliberalen Tageszeitung *La Repubblica*, gehörten, traf sich an der Via Veneto. Pasolini, Moravia und Elsa Morante aßen gewöhnlich mit Laura Betti, Giorgio Bassani und dem Kritiker Cesare Garboli zu Abend, manchmal gesellten sich der damals sehr gefeierte Maler Renato Guttuso und Carlo Emilio Gadda, Autor der *Quer pasticciaccio brutto de Via Merulana (Die grässliche Bescherung in der Via Merulana)* dazu.

Meist traf man sich nach dem Theater oder nach einer Kinopremiere und unterhielt sich bis nach Mitternacht über das Tagesgeschehen oder über neue Bücher. Fellinis *La dolce vita (Das süße Leben)* schildert diese Kreise bei aller poetischen Verfremdung recht genau, und Alberto Arbasino stellte, nachdem er den Film gesehen hatte, fest: „Das sind wir!" Fellinis Film markiert den Höhepunkt und zugleich den Anfang vom Ende dieses Lebens, denn mit der Leichtigkeit des „süßen Lebens", wie es in den italienischen Wirtschaftswunderjahren herrschte, war es bald unwiederbringlich vorbei.

G. B.

Alberto Moravia, Pasolini und Laura Betti
in der Trattoria Da Cesaretto, 1961

Alberto Moravia, Pasolini und
Roberto Rossellini,
1961

Laura Betti in ihrem Haus,
1961

Pasolini, Laura Betti und Goffredo Parise
im Nymphäum der Villa Giulia
bei der Verleihung des Premio Strega, 1960

Textbuch des Stücks von Laura Betti,
*Giro a vuoto, All'Insegna del Pesce d'Oro (Leerlauf,
Im Zeichen des Goldfischs)*, Mailand 1960, Originalumschlag

Laura Betti in ihrem Haus
mit dem Plakat des Stücks *Giro a vuoto (Leerlauf)*,
1960

Aus *Giro a vuoto (Leerlauf)*, 1960

Walzer vom Dusel

Hab' mir 'n Viertel genehmigt
ist mir zu Kopf gestiegen,
Mann, was für 'n Dusel!
He Nina, Roscetta, Modesta,
lasst mich hier!

Guck mal die Bäume!
Guck mal der Mond!
Guck mal die Häuser!
Wer hat die je so gesehen?

Ich hab' Lust zu singen.

Lass mich in Ruh, geh zu 'ner andren,
nix zu machen, heute Abend, Süßer!
Außerdem bin ich alt, 30
und muss noch die ganze Welt sehn!

Mamma mia, was für Lichter
Um mich herum!
Die Straßen von Testaccio
sehn aus wie am Tag
wie die einer andren Stadt!

Guck mal die Türen!
Guck mal die Bars!
Guck mal die Leute!
Guck mal die Zweige,
die der Wind bewegt!

Hau ab, Junge, sei brav,
heute Abend genieß' ich meine Freiheit,
schieß los mit deinem Mofa und fahr nach Haus,
Deine Mama wartet schon auf Dich!

Ich hab mir einen Dusel angetrunken
und jetzt bin ich glücklich!
Tot umfallen will ich, wenn's nicht stimmt:
Ich fühl mich wieder wie eine Blüte
an Jungfräulichkeit!
Jungfräulichkeit! Jungfräulichkeit!
Ich bin ganz Jungfräulichkeit!
So wird's sein!
So wird's sein!
So wird's sein!

Musik von Piero Umiliani

Aus *La religione del mio tempo (Die Religion meiner Zeit)*, 1961

Auch ich bin unterwegs zu den Caracalla-Thermen,
und denke nach – kraft meines alten, meines
herrlichen Privilegs zu denken ...
(Und immer noch mag es ein Gott sein, der verlassen,
schwach und kindlich in mir denkt:
doch seine Stimme ist so menschlich,
beinahe einem Lied gleich.) Ach, ausbrechen
aus diesem Elends-Gefängnis!
Sich befreien von dem Verlangen, das
diese antiken Nächte so großartig macht!
Etwas verbindet diejenigen, die dieses Verlangen kennen,
mit denen, die es nicht kennen:
Der Mensch hat bescheidene Ansprüche.
Allem voran, ein weißes Hemd!
Allem voran, ein gutes Schuhwerk,
ordentliche Kleidung! Und eine Wohnung, in Bezirken,
wo die Leute einen in Ruhe lassen,
eine Wohnung im sonnigsten Stockwerk,
mit drei, vier Zimmern und einer verlassenen
Terrasse, aber mit Rosen und Zitronenbäumen ...

Allein bis auf die Knochen habe auch ich Träume,
die mich noch in der Welt verankern,
auf der ich mich bewege, als wäre ich nur Auge.
Ich träume von meiner Wohnung, auf dem Gianicolo,
in Richtung Villa Pamphili, grün bis hin zum Meer:
eine Dachwohnung, erfüllt von der alten
und immer unbarmherzig neuen Sonne Roms;
auf der Terrasse möchte ich eine Glaswand errichten,
mit dunklen Vorhängen, aus hauchdünnem Stoff:
Und in eine Ecke würde ich einen Tisch stellen
eigens angefertigt, leicht, und mit tausend
Fächern, eines für jedes Manuskript,
um den hungrigen Hierarchien
meiner Inspiration nicht zuwiderzuhandeln ...
Ach, ein wenig Ordnung, ein wenig Süße,
in meiner Arbeit, und in meinem Leben ...
Um mich herum stünden ein paar Stühle und Lehnsessel,
mit einem antiken kleinen Tisch und ein paar
antiken Bildern brutaler Manieristen
mit goldenen Rahmen, gegen
die abstrakten Verstrebungen der Glaswände.
Im Schlafzimmer (ein einfaches
Bett, mit geblümten Decken
von kalabresischen oder sardischen Frauen gewebt)
würde ich meine Sammlung von Bildern
aufhängen, die ich immer noch liebe: An der Seite
meines Zigaina wünsche ich mir einen schönen Morandi,
einen Mafai aus den 1940ern, einen De Pisis,
einen kleinen Rosai, einen gewaltigen Guttuso ...

Filippo de Pisis, *Il nudino rosa (Nackter Junge in Rosa)*, 1931
—
Museo d'Arte Moderna e Contemporanea „Filippo de Pisis", Ferrara
Schenkung Franca Fenga Malabotta, 1996

Giorgio Morandi, *Natura morta (Stillleben)*, 1954
—
Fondazione di Studi di Storia dell'Arte Roberto Longhi, Florenz

Giorgio Morandi, *Natura morta (Stillleben)*, 1954

—

Privatsammlung

Renato Guttuso, *Fuga dall'Etna (Flucht vor dem Ätna)*, 1940
—
Galleria Nazionale d'Arte Moderna e Contemporanea, Rom
Mit Genehmigung des Ministero dei Beni e delle Attività Culturali e del Turismo

Mario Mafai, *Fantasia (Fantasie) n. II*, 1943

—

Privatsammlung

Ottone Rosai, *La Badiaccia (Kleine Abtei)*, 1938
—
Galleria Nazionale d'Arte Moderna e Contemporanea, Rom
Mit Genehmigung des Ministero dei Beni
e delle Attività Culturali e del Turismo

Giuseppe Zigaina, *Paesaggio del Friuli (Friulanische Landschaft)*, 1954
—
Privatsammlung, Rom

Pasolini habe ich durch die Zeitschrift *Officina* kennengelernt, aber nicht persönlich, sondern per Brief, als er dort in einer von ihm betreuten Rubrik Ende der 50er-Jahre Gedichte von mir publizierte (sie sind später in dem Band *Matinée* mit Quellenangabe wiederabgedruckt worden).

Zu unserer ersten direkten Begegnung, daran erinnere ich mich gut, kam es in Rom. Ich war mit ihm in einem Bootslokal auf dem Tiber, dem Ciriola vor der Engelsburg, verabredet, wo man baden konnte. Damals war ich jedesmal sehr kurz in Rom. Am selben Tag musste ich noch in die Redaktion von *Il Mondo* zu Pannunzio, Carandini, De Feo und den anderen, die dort immer ganz elegant mit Anzug und Krawatte hingingen, auch linksliberale Würdenträger wie der Großvater von Ferrara, der Anwalt Mario Ferrara etwa, waren alle sehr elegant gekleidet, trugen Schnurrbärte wie ein General und makellose Hemden. Also kam ich im Anzug zum Ciriola.

Pier Paolo fragte verwundert: „Wieso bist du so schick angezogen?", und ich antwortete ihm, wenn er wollte, könne ich das auch ausziehen, ich hatte nämlich eine von diesen bunten Badehosen dabei, wie man sie in den 50ern trug. Die Jungen, die da waren, riefen begeistert „Guck dir das mal an!", denn diese Badehosen waren der letzte Schrei, und man fiel auf damit, sehr amerikanisch, obschon man sie bei Battistoni kaufen konnte. Da hatte ich mich also gut verteidigt!

Später haben wir uns noch viele Male gesehen, im Bolognese, in der Via dell'Oca oder in der Via della Penna traf man sich gewöhnlich abends zum Essen, dann waren, wenn sie in Rom waren, Moravia mit Elsa Morante dort, die Piovenes und eigentlich immer die Guttusos, manchmal Gadda und Bassani, meistens auch Cesare Garboli und natürlich Pasolini.

Ich schrieb damals seit einiger Zeit für *Il Mondo* und machte Bücher, deshalb nahm man mich bereitwillig in die Runde auf, genauso wie später in der Via Veneto, wo ich den Kreis von *Il Mondo* traf (Patti, De Feo, Libonati, oft auch Franca Valeri und Nora Ricci, manchmal auch der spätere Staatspräsident Giuseppe Saragat). Dann kam Fellinis Film, und die Via Veneto war nicht mehr dieselbe; bald war sie nur noch eine Touristenattraktion.

Interessanterweise sprach man zu Pasolinis Lebzeiten noch nicht von Pädophilie, damals gab es viel mehr Toleranz. Zum Beispiel sagte Elsa Morante fast jeden Abend zu Pier Paolo, wenn sie sah, dass er unruhig zu werden begann: „Nun geh schon, sonst

warten sie nicht auf dich!" Gemeint waren seine Jungen. Ich habe mich immer gefragt, warum die Eltern nichts sagten, wenn Pier Paolo sie vor dem Haus in den Vororten von Capanelle oder Centocelle abholte. Vielleicht wird er ihnen auch etwas Geld geben, dachte ich mir. Außerdem gab es damals noch nicht die vielzitierte „Homologisierung", deshalb galt ein bisschen angeborene Bisexualität als ganz normal.

Aus Bologna kam Laura Betti, der „Jaguar", für die Pasolini mehrere Liedtexte schrieb. Sie wohnte in der Via del Babuino über Elémire Zolla, und weil die Essen bei ihr häufig bis tief in die Nacht dauerten, beklagten Zolla und Maria Luisa Spaziani sich oft über sie. Mit der Betti oder mit Adriana Asti und ein paar weniger bekannten Leuten trafen wir uns vor allem mittags. Niemand besaß damals viel Geld, aber man genoss zwei Mahlzeiten am Tag und danach ein Päuschen – heute gibt es das nicht mehr.

Meistens ging man in die Trattoria Romana in der Via Frattina, die es auch nicht mehr gibt (ich wohnte über dem Lokal, an der Ecke Via Frattina und Via Mario de' Fiori, und musste nur die Treppe runtersteigen). Dort konnte man zum Beispiel Zeffirelli treffen, Bolognini, Piero Tosi, Mario Missiroli, die Betti und die Asti und manchmal auch Pasolini, denn er arbeitete mit Bolognini zusammen. Dort habe ich sie im Grunde alle kennengelernt, lauter junge Regisseure, junge Drehbuchautoren, junge Bühnenbildner. Deshalb war immer was los, man war ausgelassen, machte Witze. Wenn man nach dem Mittagessen gegen drei Uhr das Lokal verließ, waren die Straßen praktisch wie leergefegt, die gesamte Innenstadt von Rom hielt Mittagsschlaf, und wir konnten auf der Piazza di Spagna nach Lust und Laune singen: „Nachmittags um drei spottet sich's ganz frei!" Abends gingen wir mit den Freunden aus der Via Veneto, Chiaromonte und „Lele" d'Amico erst ins Theater, dann essen und danach ins Rosati bis spät in die Nacht, erst um zwei oder drei gingen wir schlafen.

Das Leben in Rom war damals ganz anders als heute, viel geruhsamer. Morgens stand man spät auf, und wenn ich darüber nachdenke, weiß ich gar nicht, wie die Leute das geschafft haben, die viel arbeiteten, etwa Sandro De Feo, der für den *Corriere* und für *L'Espresso* schrieb; wahrscheinlich arbeiteten die nachmittags. Das Leben folgte damals einem viel langsameren Rhythmus, man hatte viel mehr Gelegenheit, nachzudenken und etwas zu entwickeln.

Alberto Arbasino,
Niederschrift eines Gesprächs mit Gianni Borgna,
2. Oktober 2012

Wir gingen auch nicht immer spät ins Bett, aßen oft bei Cesaretto in der Via della Croce zu Abend, und dann ging man früh schlafen. Häufig war Antonio Delfini aus Modena dort, der, wenn er in Rom war, immer sagte: „Lass uns was unternehmen!" Er schrieb für die Satirezeitschrift *Il Caffè* – ein lustiges Blatt, da konnte man alles Mögliche machen –, deren Redaktion direkt gegenüber lag. Im Cesaretto konnte man auch oft Raffaele La Capria sehen, Sandro Viola, der von allen der Jüngste war, Giovanni Urbani, immer sehr schick angezogen, oder Giovanni Comisso, wenn er am Cap Circeo war. Abends im Cesaretto war das Publikum ein wenig anders als mittags in der Via Frattina.

Die Bürgerlichen fanden Pasolini anstößig. Aber ich kannte niemanden aus dem römischen Bürgertum und hatte damit nichts zu tun. Für uns Intellektuelle war Pasolini nicht provokativ. Man muss wissen, dass in jenen Jahren nicht nur er im Fadenkreuz der Staatsanwälte stand. Auch auf Testoris *Arialda* in der Inszenierung von Luchino Visconti und auf Filme von Fellini, angefangen bei *La dolce vita (Das süße Leben)*, oder auf Antonioni hat die Zensur sich gestürzt, nicht nur auf Pasolini. Die Prozesse endeten aber jedes Mal mit Freispruch.

Zu den Leuten, die wir oft sahen, gehörte der Anwalt Adolfo Gatti. Er und Nicolò Carandini, also Persönlichkeiten von Rang, außerdem älter als wir, sagten immer, wir sollten das nicht so ernst nehmen. Im schlimmsten Fall musste man etwas herausschneiden, wie bei *Rocco e suoi fratelli (Rocco und seine Brüder)* von Visconti – das passierte also nicht nur Pasolini –, später auch bei Bertoluccis *Ultimo tango a Parigi (Der letzte Tango in Paris)*, heute kann man sich das gar nicht mehr vorstellen.

Ich war jedenfalls sehr froh, als Pasolini mit dem Kino anfing. Damals lag ich nach einem Unfall im Krankenhaus, aber ich verließ es jedesmal mit dem Brustkorb im Gips, um mir seine Filme anzuschauen.

Pasolini war ein gefeierter Filmemacher. Der erste Produzent, der an ihn glaubte, war Alfredo Bini. Als Pasolini dann mit der Callas den *Medea*-Film machen wollte, war es Franco Rossellini; der hatte auch die Idee, an diesen seltsam-faszinierenden Orten in der Türkei zu drehen. Als die Callas für den Film nach Rom kam, veranstalteten Rudy und Consuelo Crespi für sie einen Empfang, und ich erzählte ihr, wie gut mir vor vielen Jahren ihre *Medea* von Cherubini gefallen hatte. Sie antwortete in ihrem Singsang mit dem venezianischen Akzent, den ihr Italienisch hatte: „Ich kann mich an nichts mehr erinnern, an dem Abend habe ich nur darauf geachtet, bei jedem Schritt die Treppe herunter mit der Ferse laut aufzutreten." Margherita Wallmann, die Regisseurin, hatte nämlich eine Treppe aufbauen lassen, die sie herab-

steigen musste, während sie ihre Einzugsarie sang. „Das Kostüm war so schwer, und ich musste jedes Mal so stark mit der Ferse auf die Stufen schlagen – während die Wallmann mich beobachtete und prüfte, ob die Falten auch richtig wie bei einer griechischen Statue fielen, denn das sollten sie –, dass ich mich nur noch an die Mühe erinnern kann, die es machte, die Stufen herabzusteigen."

Um wieder auf Pasolini zurückzukommen: Seine Filme mag ich alle. Als Dichter gefällt mir von ihm am meisten *La religione del mio tempo* und besonders *Le ceneri di Gramsci (Gramsci's Asche)*. Als 1967 auf dem Filmfest in Venedig *Edipo Re – Bett der Gewalt* gezeigt wurde, fanden wir ihn von allen Filmen am schönsten, obschon auch Buñuels *Belle de jour (Schöne des Tages)*, der dann gewann, und Godards *La chinoise (Die Chinesin)* und Viscontis *Lo straniero (Der Fremde)* nach dem Buch von Camus im Wettbewerb liefen. In der Ca' Rezonico wurde ein Maskenball gegeben, Elizabeth Taylor und Grace Kelly waren da und trugen turmhohe Perücken. Richard Burton und Rainier von Monaco duckten sich zur Seite, weil sie nicht nass werden wollten, aber ihre Gattinnen standen aufrecht im Regen, um sich fotografieren zu lassen, während ihnen die Gondolieri und Motorbootführer auf Venezianisch unglaubliche Schimpfwörter zuriefen.

Nur bei *Salò o le 120 giornate di Sodoma (Die 120 Tage von Sodom)* habe ich meine Zweifel. Ein großer Essay, sicher, aber auf mich wirkt er irgendwie gestellt. Dabei fällt mir etwas Komisches ein: Damals pendelte Pasolini zwischen Rom und Mantua, wo die Dreharbeiten waren. Eines Abends traf ich ihn im Restaurant La Carbonara am Campo de' Fiori in Begleitung von Sandro Penna. Ich war mit Freunden dort, und kaum dass Pasolini uns hereinkommen sah, sagte er: „Kommt her, schnell!" Wir sahen gleich, dass er eine gute Tat hatte tun wollen, als er Sandro Penna zum Essen einlud, ihm aber schon bald die Lust daran vergangen war. Penna hatte damals ja schon angefangen, sich über alles und jeden zu beklagen. Einer seiner Exfreunde hatte einen Hund mitgenommen, an dem Penna sehr hing, und darüber jammerte er nun unentwegt. Eine gute Tat ist in Ordnung, aber das ging dann doch zu weit.

Wie jeder von uns erinnere ich mich noch sehr genau an den Tag, an dem wir von Pasolinis Tod erfuhren. Abends hörte ich die Nachricht im Autoradio und fuhr sofort in die Via Eufrate, dort waren Graziella und Pasolinis Mutter, dann rief ich Piero Ottone an, den Chefredakteur des *Corriere della Sera*, und sagte ihm, ich wolle unbedingt etwas darüber schreiben, was ich auch getan habe; der Artikel erschien zwei Tage später.

Pasolini fehlt mir sehr. Aber nicht nur er, auch andere aus meinem Alter – Parise, Calvino, Ottieri, Testori – die alle recht jung gestorben sind. Damals sagten wir immer, wir hätten zuviel zu tun, aber wenn wir alt wären, dann würden wir am Kamin bei Wein und Kastanien endlich über alles reden. Leider ist es dazu nie gekommen.

Kapitel III

Mit *Accattone – Wer nie sein Brot mit Tränen aß* (1961) betritt Pasolini, der Mann des geschriebenen Wortes, die Welt des Films als Regisseur. Er tut das mit großer Begeisterung für diese neue Bildsprache, die in seinen Augen „die von der Realität geschriebene Sprache" ist – jene Realität, die er leidenschaftlich liebt und die jede seiner Einstellungen zur Ikone zu machen und auf eine sakrale Ebene zu heben sucht.

Es wird schwierig für ihn, diesen ersten Film zu produzieren. Fellini lässt ihn zwei Szenen drehen und Standbilder machen, ist jedoch nach Durchsicht des vertonten und geschnittenen Materials davon nicht überzeugt und erteilt ihm eine Absage. Pasolini fühlt sich verletzt und reist nach Indien und Afrika, bevor ein anderer Produzent ihm ermöglicht, im Frühling 1961 mit seinen Dreharbeiten zu beginnen. Diese Reise legt den Grundstein für seine stetig zunehmende Liebe für die Dritte Welt. Als er diese Dreharbeiten beginnt, weiß er nichts von der Filmtechnik, aber er hat – ausgehend von der Malerei der Renaissance – eine sehr präzise Vorstellung von der Sprache und dem Stil, die er sich für seinen Film wünscht. Mit einem Schlag erfindet er „sein" Kino, das sich sowohl vom italienischen Neorealismus wie vom modernen Film der Nouvelle Vague unterscheidet. Seine römische Trilogie, *Accattone*, *Mamma Roma* und *La ricotta*, entspringt seiner Liebe zu den Menschen aus dem Subproletariat, die er in seinen ersten Romanen beschrieben hat und zu Wort kommen lässt. Die Stadtviertel Testaccio, Pigneto, Tuscolana, der Parco degli Acquedotti haben im italienischen Kino ihren poetischen Auftritt.

In seinem zweiten Film, *Mamma Roma* (1962), ruft er Anna Magnani an seine Seite, Inbegriff *der* Römerin des italienischen Films, die lange Zeit privat und beruflich mit Rosselini liiert gewesen war. Seine Hauptperson, eine Prostituierte mit dem großem Herzen einer Mutter, setzt alles daran, ihr volkstümliches Viertel Casal Bertone zu verlassen, um in die neue Trabantenstadt von INA-Casa del Tuscolano umzuziehen, die 1961 anlässlich der Fanfani-Gesetze entstanden ist. Doch wird der Wunsch der Mutter, ihrem Sohn zuliebe ein bürgerliches Leben aufzubauen, ihn nicht vor seinem Schicksal retten.

La ricotta (Der Weichkäse), der Film, den er Ende 1962 dreht, wird zum Gegenstand eines aufsehenerregenden Prozesses, in dem er wegen „Verunglimpfung der Religion" angeklagt wird. Rom wird für Pasolini von nun an und bis zu seiner Ermordung die Stadt der Tribunale und Gerichtshöfe sein, wo er sich in einer Fülle von Prozessen behaupten muss. Insgesamt sind es 33 Verfahren, die vor allem darauf abzielen, diese seine Stimme zum Schweigen zu bringen, die analysiert, kritisiert und unablässig polemisiert, dieses wachsame und hartnäckige Gewissen, das alles anprangert, was in Italien seine Empörung hervorruft.

Bei den Dreharbeiten zu *La ricotta* lernt er einen jungen Burschen aus den Borgate kennen, den Schreinerlehrling Ninetto Davoli, der die große Liebe seines Lebens werden soll und viel Freude und Fröhlichkeit in sein Leben bringen wird. Von nun an begleitet ihn Ninetto regelmäßig auf seinen Reisen und in seinen Filmen, wo er Rollen von unschuldigen Engeln mit lockigem Haar spielt.

Marilyn

Aus der Welt der Antike und der Welt der Zukunft
überlebte allein die Schönheit, und Du,
arme kleine Schwester,
die den großen Brüdern hinterherläuft,
mit ihnen weint und lacht, um sie nachzumachen,
und sich ihre Halstücher umbindet,

unbeobachtet ihre Bücher,
ihre Taschenmesser anfasst,
Du, kleine Schwester,
trugst diese Schönheit demütig am Leib,
und Deiner Seele, Seele einer Tochter kleiner Leute,
war nie bewusst, sie zu besitzen,
wäre es doch andernfalls
auch keine Schönheit gewesen.
Sie schwand dahin, wie goldener Staub

Die Welt hat sie Dir beigebracht.
So wurde Deine Schönheit zu der ihren.

Von der Dummheit der Welt der Antike
und der Tollheit der künftigen
war nur eine Schönheit geblieben,
die sich nicht schämte,
auf die kleinen Brüste des Schwesterchens anzuspielen,
das kleine Bäuchlein, das sich so leicht entblößt.
Und eben darum war sie Schönheit,
diejenige der süßen farbigen Bettlerinnen,
der Zigeunerinnen, der Töchter der Geschäftsleute,
die in Rom oder Miami Wettbewerbe gewinnen.

Schwand hin, wie ein goldenes Täubchen.
Die Welt hat sie Dir beigebracht,
und so hörte Deine Schönheit auf,
Schönheit zu sein.

Aber Du warst weiterhin Kind,
albern wie die Antike, grausam wie die Zukunft,
und zwischen Dich und Deine Schönheit,
von der die Macht Besitz ergriff,
schob sich die Dummheit und
die Grausamkeit der Gegenwart.
Du trugst sie immer in Dir,
wie ein Lächeln zwischen den Tränen,
schamlos aus Nachgiebigkeit,
unanständig aus Gehorsam.
Die Gehorsamkeit verlangt
viele heruntergeschluckte Tränen.
Das Sich-den-andern-Schenken,
zu viele fröhliche Blicke, die um ihr Erbarmen bitten.
Verschwand, wie ein weißgoldener Schatten.

Deine Schönheit, hervorgegangen aus der Welt der Antike,
eingeklagt von der zukünftigen, besessen
von der gegenwärtigen, wurde so zu einem Übel.

Nun wenden die älteren Brüder endlich die Köpfe,
halten einen Augenblick inne mit ihren verfluchten Spielen,
lassen ihre unerbittliche Zerstreutheit hinter sich
und fragen sich: „Ist es möglich, dass Marilyn,
die kleine Marilyn, uns den Weg gewiesen hat?"

Nun bist Du es, die erste, Du, kleine Schwester,
die nichts zählt, die arme, mit ihrem Lächeln,
nun bist Du die erste, die aus den Toren der Welt hinaustritt,
sich ihrem Todesschicksal überlässt.×

× Dieser Text, den Laura Betti 1962 sang,
ist auch Teil des Verskommentars zum Film
La rabbia – Der Zorn, 1963

Marilyn Monroe,
1945

Bilder von Schauplätzen für den Film *Accattone – Wer nie sein Brot mit Tränen aß*
(Fotos von Tazio Secchiaroli)

Das Auge des Spions, der alles sieht: ein dummes Gesicht, aufmerksam, wie das eines Gottesboten, der Accattones irdisches Treiben überwacht. Was sieht er?

Accattone, der zur Arbeit geht.

Na, das gibt ein Gelächter bei seinen Kumpanen in der Bar.

Gefolgt vom Auge, das ihn beobachtet, stellt Accattone sich in einer Werkstatt vor, wo sein jüngerer Bruder Sabino, ein blühender junger Mann, ihn eingeführt hat. Man fragt ihn, was er kann, nichts, man gibt ihm einen Arbeitsanzug, er zieht ihn an, ein richtiger Arbeiter, und zunächst schickt man ihn los, einen Bolzen kaufen. Einen Bolzen! Er kauft ihn bei seinem Bruder, der in einer Eisenwarenhandlung arbeitet. Er kehrt mit dem Bolzen zurück, nun soll er mit einem älteren Mann Eisen auf einen Kleintransporter laden. Accattone, folgsam: Nu fahr ich mit diesem Laster kreuz und quer durch Rom, und sowas is sogar 'ne Arbeit! Sie kommen zu einem Lager und fangen an, Eisenstangen aufzuladen. Die sollen sie zu einem Güterbahnhof in San Lorenzo bringen, wo ein verglastes Dach gebaut wird.

180 Doppelzentner! An einem Nachmittag!

Schließlich ist Accattone völlig kaputt, man erkennt ihn nicht wieder.

Unter dem Auge, das ihn überwacht, kehrt er nach Marranella zurück, kommt an der Bar vorbei. Wieder Hänseleien, er reagiert, ein Wort gibt das andere, sie schlagen sich: Und die alten Kameraden prügeln ihn halbtot.

Nicht wiederzuerkennen, überwacht vom dummen Auge, geht er nach Hause, in die Elendshütte im Pigneto, wo Stella ihn erwartet und Nannina mit all ihren Kindern, hungrig wie kleine Vögel. Er holt das Geld aus dem Beutel, das er an diesem Arbeitstag verdient hat: 1000 Lire. Erbitterter Streit der Frauen. Er geht raus – noch immer bespitzelt – und kehrt in der alten Schenke ein. Dort ist der Dieb, sein Freund Balilla, er besäuft sich mit ihm.

Das Auge beobachtet. Accattone, Balilla und Cartagine schieben eine Karre. Sie sind schon todmüde, obwohl es früh am Morgen ist. Immer weiter, immer weiter. Balilla, ein alter Mann mit Watschelgang, ist in Hochstimmung, voller Hoffnung auf die Zukunft. Die beiden jungen Männer sind sauer. Balilla ist ein Dieb vom alten Schlag, in der Zeit des Schwarzmarkts stehengeblieben: Er ist zufrieden, wenn er abends mit zwei Autoreifen für den Fiat 600 nach Hause kommt. Jedenfalls sind zwei Reifen für den 600-er besser als die 1000 Lire nach einem Arbeitstag mit 180 Doppelzentnern auf dem Buckel.

Und weiter, immer weiter.

Woher kommt dieser Strom von Menschen, zu Fuß und in der Tram, mit Blumensträußen, größer als sie selbst? Es ist Totensonntag, Accattone wusste es nicht mal. Die Totenglocken läuten.

Unter dem Auge, das ihnen folgt, kommen sie endlich zu einem Ort, wo sie Glück haben. Sie haben halb Rom zu Fuß durchquert und sind jetzt am Ponte Milvio.

Mit der Karre fahren sie an einen Transporter heran, der Salamis für eine Pizzeria auslädt. Im Nu, zack, zack, füllen sie die halbe Karre mit Salamis, bedecken sie, zack, zack, im Nu mit Blumen und fahren weiter.

Unterdessen hat sich das Auge in einen Finger und eine Stimme verwandelt, es ruft auf dem Polizeipräsidium an.

Voller Freude und wiedererwachtem Vertrauen ins Leben, schieben die drei beherzt die Karre voller Blumen (Accattone bekreuzigt sich vor einer Madonnenstatue) und wollen gerade auf die Milvio-Brücke einbiegen. Da kommt die Polizei. Den Alten fassen sie sofort, der brüllt und windet sich. Auch Cartagine wird am Ufer des Tibers zwischen den Dornbüschen geschnappt. Accattone flieht über die Brücke, es ist schon fast Nacht, alle Laternen brennen. Doch auch auf der anderen Seite der Brücke kommen die Bullen an. Da steigt Accattone auf die Brüstung, gerade als zwei Jungen vorübergehen. „Was für 'n Idiot", sagt einer von ihnen. Accattone springt von der Brücke, zähneknirschend, weinend. Er fliegt ins Wasser. Man sieht nichts, nur das schwarze, strömende Wasser, und Gutenacht.

Aus dem Treatment von *Accattone* – *Wer nie sein Brot mit Tränen aß*, 1960

Tagebuch
fürs Tonband

3. Mai 1962

[...]

Was zum Beispiel *Accattone – Wer nie sein Brot mit Tränen aß* betrifft, so fallen an diesem Film einige technische Merkmale stark auf, sowohl, weil sie fehlen, als auch, weil es sie gibt. Ich möchte ein paar Beispiele nennen. In *Accattone* fehlen sehr viele Techniken, die meistens eingesetzt werden: Es gibt in *Accattone* keine einzige Einstellung, ob in Nahaufnahme oder nicht, in der man eine Figur von hinten oder von der Seite sieht; nie tritt eine Figur ins Bild und geht dann aus dem Bild; nie wird ein Dolly mit seinen schlingernden „impressionistischen" Bewegungen benutzt; sehr selten gibt es Nahaufnahmen im Profil oder, wenn es sie gibt, nur in Bewegung. Und unendlich viele solcher technischen Einzelheiten mehr. Nun mag es für all das eine Erklärung geben. Doch eine Erklärung setzt eine analytische Haltung, eine philologische Durchdringung voraus.

Für mich verdanken sich all diese Merkmale, die ich hier rasch aufgezählt habe, der Tatsache, dass mein filmischer Geschmack nicht vom Film, sondern von der Malerei herrührt. Was mir als sichtbares Bild, als Blickfeld vorschwebt, sind die Fresken von Masaccio, von Giotto – meine Lieblingsmaler, neben einigen Manieristen (zum Beispiel Pontormo). Und ich kann Bilder, Landschaften, Figurengruppen nicht unabhängig von meiner ursprünglichen Leidenschaft für die Malerei des 14. Jahrhunderts wahrnehmen, wo der Mensch aus jeder Perspektive im Mittelpunkt steht. Wenn meine Bilder sich also bewegen, dann bewegen sie sich in etwa so, als würde die Kamera sich über sie wie über ein Gemälde bewegen. Den Hintergrund fasse ich immer als Hintergrund eines Gemäldes, als ein Bühnenbild auf, und darum gehe ich ihn immer frontal an. Vor diesem Hintergrund bewegen sich die Figuren immer so symmetrisch wie möglich: Nahaufnahme gegen Nahaufnahme, Panoramaschwenk von links gegen Panoramaschwenk von rechts, gleichmäßige (möglichst dreitaktige) Rhythmen der Bildfelder usw. Fast nie folgen Nahaufnahmen und Totalen schnell aufeinander. Die Figuren in der Totale sind Hintergrund, und die Figuren in der Nahaufnahme bewegen sich vor diesem Hintergrund, gefolgt von, ich wiederhole, fast immer symmetrischen Panoramaschwenks, als würde ich den Blick über ein Gemälde schweifen lassen – wo die Figuren eben nur statisch sein können –

um Einzelheiten genauer ins Auge zu fassen. Meine Kamera bewegt sich also über Hintergründe und Figuren, die im Grunde als unbewegt und als Chiaroscuro-Elemente empfunden werden.

Als Pasolini ihm von seinem *Accattone*-Projekt erzählt, schlägt ihm Fellini vor, diesen Film mit seiner Société Federiz zu produzieren. Pasolini lehnt dieses erste Angebot ab, da er zu dieser Zeit noch bezüglich eines anderen Filmprojekts – *La comare secca* – mit zwei jungen Produzenten, Cervi und Iacovoni, in Verhandlungen steht. Doch beide zögern und äußern Vorbehalte, weil er mit Unbekannten ohne schauspielerische Erfahrung zu drehen gedenkt.

Pasolini kehrt also wieder zu Fellini zurück, der ihm drei Tage für eine Art Probeaufnahmen vorschlägt. Mit fieberhaftem Eifer und Enthusiasmus geht Pasolini an diese ersten Dreharbeiten heran, für die Fellini seinen Bruder als verantwortlichen Produzenten einsetzt – man sieht ihn auf den meisten Fotos. Sobald die Probeaufnahmen vertont und geschnitten sind, lässt Fellini, der sich am Telefon verleugnen lässt, Pasolini ausrichten, dass er sie gesehen habe, aber noch einige Tage mit seiner Antwort warten möchte. Der angehende Filmemacher fühlt sich ein wenig einsam und im Stich gelassen. Dann macht Fellini der Sache ein Ende und sagt ihm, dass der Stil und der Rhythmus der Aufnahmen ihn nicht überzeugt hätten. Doch Pasolini, zutiefst von der Richtigkeit seines Vorgehens überzeugt, antwortet ihm, dass er nichts ändern würde, auch wenn er neu beginnen müsse. Schließlich ist es Alfredo Bini, der *Accattone* und die fünf langen Filme produzieren wird, die ab diesem Werk bis zu *Edipo Re – Bett der Gewalt* noch folgen sollen. Pasolini trägt Fellini diese Episode nicht nach, sondern wird bald darauf mit ihm Freundschaft schließen, und als der Film herauskommt, erhält er volle Unterstützung durch Fellini.

A. B.

Federico Fellini und Pasolini
bei den ersten Aufnahmen von *Accattone*,
1961

Pasolini bei den ersten Aufnahmen
von *Accattone*, 1961

Pasolini und Riccardo Fellini bei den Aufnahmen von *Accattone – Wer nie sein Brot mit Tränen aß*, 1961

Pasolini und Alfredo Bini am Set von *Accattone*, 1961

[...]

Um die Wahrheit zu sagen, hatte ich schon lange daran gedacht, einen Film zu machen. Eine Idee mit weit zurückliegenden Ursprüngen. Als Junge in Bologna liebte ich das Kino mindestens ebenso sehr wie Pietro Bianchi.[xx] Und im Abstand von vielen Jahren kann ich sagen, dass die Filme von Chaplin, von Dreyer und Eisenstein meinen Geschmack und meinen Stil im Grunde stärker beeinflusst haben als die gleichzeitigen literarischen Lehrjahre – abgesehen natürlich von den epischen Lektüren eines Jugendlichen, Shakespeare und Dostojewskij. In letzter Zeit hat es dann unmittelbare Gründe gegeben: eine Art launischer Unduldsamkeit gegenüber Regisseuren und Produzenten *(La notte brava [Wir von der Straße], Morte di un amico [Und zu leicht befunden])*, den Wunsch, Geschehnisse, Personen, Szenen genau so umgesetzt zu sehen, wie ich sie beim Schreiben vor mir sehe. Dieser Trotz hat sich dann in eine echte Inspiration verwandelt, die mir in den letzten Monaten keine Ruhe mehr lässt.

Den Film *Accattone – Wer nie sein Brot mit Tränen aß* sollte ich mit den Produzenten Cervi und Iacovoni machen. Anfang September sollte ich anfangen. Doch zu dem Zeitpunkt erschienen mir die beiden Produzenten plötzlich unsicher, zerstreut und abwesend, was allerdings nicht überraschend kam. Oder war ich derjenige, der ein schlechtes Gewissen hatte? Nicht ganz ungerechtfertigt, in Anbetracht meines, sagen wir, Zustands der Ungnade in der institutionellen und klerikalen Welt. Also wandte ich mich an Fellini. Der hatte im Sommer gerade mit Rizzoli die „Federiz" gegründet und mir mehrmals angeboten, meinen Film zusammen mit Fracassi zu produzieren. Er hatte sogar schon mit zwei jungen Männern von der Ajace Verhandlungen um eine Koproduktion geführt, freilich ohne Ergebnis. Bei meinem Vertrag mit Cervi und Iacovoni ging es jedoch um einen anderen Stoff, *La comare secca (Die dürre Gevatterin)*, den ich fallengelassen hatte. Ich hatte dafür keinen Vorschuss bekommen, darum war ich unabhängig. Der Sommer verstrich, meine Inspiration war, wie soll ich es ausdrücken, nicht verhandelbar. Ich ging also zu Fellini, der mich mit einer herzlichen Umarmung empfing. In jenen ersten Septembertagen richtete er gerade den neuen Sitz seiner Gesellschaft in der Via della Croce ein. Er tat das so begeistert und stolz wie ein kleiner Junge, natürlich auch mit ein wenig Koketterie. Wir umarmten uns und begannen mit der Arbeit.

Was dann folgte, waren die schönsten Tage meines Lebens, glaube ich. Fast alle meine Figuren waren versammelt, und ich ließ sie fotografieren, Dutzende Fotos. Von einem treuen Fotografen, den die Unschuld meiner Begeisterung mitriss, und von Bernardo, Bertoluccis Sohn, der ebenso mitgerissen war. Die Gesichter, die Körper, die Straßen, die Plätze, die Anhäufungen von Baracken, die Bruchstücke großer Palazzi, die schwarzen Wände der geborstenen Wolkenkratzer, den Schlamm, die Hecken, die mit Ziegelsteinen und Müll übersäten Wiesen der Vorstädte – all das zeigte sich in einem neuen, frischen, berauschenden Licht, es war ein unverfälschter und paradiesischer Anblick.

Accattone, Giorgio il Secco, der Scucchia, Alfredino, Peppe il Folie, der Sheriff, der Bassetto, der Gnaccia, dann das Pigneto-Viertel, die Via Formia, die Borgata Gordiani, die Straßen in Testaccio, die Frauen Maddalena, Ascensa, Stella, außerdem der Balilla und Cartagine – alle wurden mit prächtigen, ausgewählten Fotografien festgehalten. Immer frontal, als Vorderansicht, aber alles andere als stereotyp, aufgereiht in der Erwartung, sich bewegen, leben zu dürfen.

Dann habe ich auf Anraten Fellinis Probeaufnahmen gemacht, das heißt, ich habe zwei fast vollständige Szenen des Films gedreht.

Es waren herrliche Tage, der Sommer glühte noch in seiner ganzen Reinheit, nur im Inneren war ihm etwas von seiner Wut genommen. Die Via Fanfulla da Lodi mitten im Pigneto mit ihren kleinen Hütten, den bröckelnden Mäuerchen, besaß in ihrer unendlichen Armseligkeit eine körnige Erhabenheit. Ein armes, demütiges, unbekanntes Sträßchen, verloren unter der Sonne liegend, in einem Rom, das nicht Rom war.

Wir haben die Straße gefüllt: ein gutes Dutzend Schauspieler, der Kameramann, die Bühnenarbeiter, die Tontechniker. Doch da es keine „Gruppenbildung" gab – so etwas habe ich nie dulden wollen – herrschte bei dem Unternehmen eine friedliche Atmosphäre: Wir wirkten wie Arbeiter inmitten der anderen Arbeiter aus den kleinen Werkstätten im Pigneto.

Niemals hätte ich gedacht, dass die Regiearbeit so außergewöhnlich ist. Ich entschied mich für die schnellste und einfachste Form, um das darzustellen, was ich im Drehbuch geschrieben hatte. Kleine visuelle Blöcke, ordentlich, fast grob nebeneinander gesetzt. Ich hatte Dreyer im Kopf, aber in Wirklichkeit folgte ich einer Norm größter expressiver Schlichtheit. Es würde zu weit führen, ins Detail zu gehen: der Kampf mit dem Licht und seinem ständigen, hartnäckigen Wechsel, der Kampf mit der alten

Filmkamera, der Kampf mit meinen Schauspielern aus Torpignattara, alle, wie ich, zum ersten Mal an einem Set. Doch es waren Kämpfe, die immer mit kleinen, tröstlichen Siegen endeten.

Während der drei Drehtage habe ich keine Nacht geschlafen. Wie in einem lichterfüllten Alptraum dachte ich unablässig an den Film: Was mich im Abstand von wenigen Minuten jäh auffahren ließ, gleich kurzen angenehmen inneren Blutungen, die damit begannen, dass die Einstellungen einer Szene auftauchten, die ich am nächsten Tag drehen würde, oder ihre Fortsetzung oder die Einstellungen anderer Szenen, die mir nach und nach im Traum einfielen. Eine ganze Nacht habe ich, geblendet von der Sonne der Tiber-Badeanstalt Ciriola, unterhalb vom Castel Sant'Angelo verbracht, und da waren die Gesichter von Alfredino und Luciano, sie lachten, kniffen die Augen und die Fältchen um die Augen zusammen, wenn sie ihr schelmisches Lachen anstimmten, das mit seiner stoischen, antiken Fröhlichkeit alle Gesetze des Lebens aufhebt. Gesichter von Peonen, von Schiffsjungen auf der „Potemkin", von Mönchen.

[...]

Die Federiz ist leer und heißt den Besucher willkommen mit ihren schönen weißen, ganz umrandeten Vorhängen aus gutem Tuch, ihren Möbeln wie aus eine eleganten, luftigen Speisesaal. Ich trete ein, und da sind schon, ganz ohne Geheimnis, Riccardo Fellini, und, in seinem Büro, Fracassi. Als ich eintrete, kommt zufällig auch Fellini durch eine Innentür herein. Die mit schwarzer Schminke umrandeten Augen des großen Illusionisten können nicht verbergen, dass ich unerwartet, ein wenig verfrüht komme, doch er empfängt mich mit einer Umarmung. Er ist sauber, glatt, gesund wie ein wildes Tier im Käfig. Er führt mich in sein Arbeitszimmer. Und als er sich setzt, sagt er mir sofort, dass er ehrlich mit mir sein will (oh je), und dass das Material, das er gesehen hat, ihn nicht überzeugt ...

[...]

× Zuerst unter der Überschrift *Der 4. Oktober* in *Il Giorno* vom 16. Oktober 1960 erschienen; wiederabgedruckt 1961 in *Accattone*
×× Italienischer Filmkritiker (1909–1976); der Preis der Kritik des Filmfestivals von Venedig ist nach Bianchi benannt.

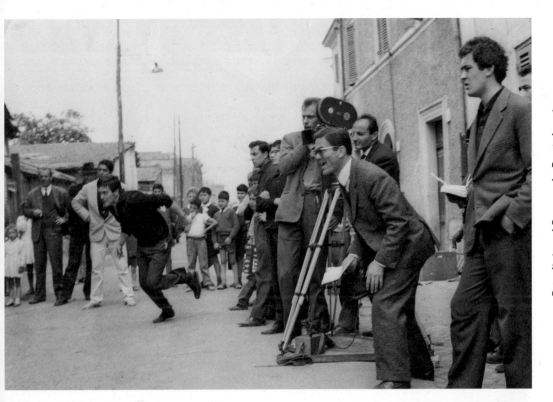

Pasolini und Bernardo Bertolucci
bei den Aufnahmen von *Accattone – Wer nie sein Brot
mit Tränen aß*, 1961

Pasolini, Federico Fellini und Alfredo Bini
bei einer Diskussion über die italienische Zensur
gegen den Film *Accattone*, 1961

Plakat des Films *Accattone*,
1961

Accattone, 1961

Pasolini, Anna Magnani und Roberto Rossellini
besuchen das Set von *Mamma Roma*,
1962

Pasolini und Anna Magnani
auf dem Set von *Mamma Roma*, 1962

Als Darstellerin für die Hauptrolle in *Mamma Roma* wählt Pasolini Anna Magnani, die seit dem Film *Roma, città aperta* (Rom, offene Stadt) von Roberto Rossellini als Archetypus der römischen Frau aus dem Volk Furore gemacht hat. Der Rabe in *Uccellacci e uccellini (Große Vögel, kleine Vögel)* erklärt allerdings: „Die Zeit Rossellinis ist vorbei." Wie steht es also um das Verhältnis zwischen Pasolini und dem Meister des neorealistischen Films? Den Rossellini von *Roma, città aperta* hat er bewundert, ist er doch im Friaul viele Kilometer mit dem Rad gefahren, um diesen Film zu sehen, auch widmet er ihm ein tief bewegtes Gedicht, als er in Rom durch sein Cinéma Nuovo erneut erschüttert wird. Die bescheidene Kuppel am Ende von *Mamma Roma* ist ein vorstädtisches Zitat der Kuppel des Vatikans aus der letzten Szene von *Roma, città aperta*. Gleichwohl ist es ein anderer Film Rossellinis, den er stets am höchsten von allen schätzen wird und der einen Vorgeschmack auf sein eigenes filmisches Schaffen erahnen lässt: *Francesco, giullare di Dio (Franziskus, der Gaukler Gottes)*. Seit seinem ersten Film ist Pasolini fest entschlossen, sich vom Erbe Rossellinis und De Sicas freizumachen: Er glaubt, dass der neorealistische Stil die Sicht auf eine Welt verkörpert, die zu Beginn der 1960er-Jahre vollkommen untergegangen ist.

Dem naturalistischen Dahinfließen der von den Neorealisten gefilmten Weltwirklichkeit widerspricht er mit seiner Vorliebe, die Dinge des Lebens zu isolieren und zur Ikone zu machen, um sie eines nach dem anderen zu heiligen oder zu entheiligen.

Der von Rossellini (zumindest dessen Worten nach) geforderten Sequenz von Bildeinstellungen als Garant der „nahtlos verbundenen" Kontinuität der

Realität stellt er als Gegenpol die filmische
Montage mit ihrer Kraft zur Zerlegung und
Synthese entgegen.

Diese zutiefst unterschiedliche Auffassung über filmische Dramaturgie und Bildsprache führt zu Auseinandersetzungen zwischen Pasolini und Anna Magnani, deren
Spielweise im neorealistischen Kino geformt
wurde. Pasolini hat bislang nur mit Laiendar-
stellern gearbeitet, und er tut sich schwer
mit der professionellen Rollengestaltung
Anna Magnanis und ihrer Obsession für eine
naturalistische Darstellung, die auf Imitation
der Realität beruht. Mitten in den Dreharbeiten musste Pasolini das Drehbuch verändern
und wegen einer Szene, in der die Magnani in
Gelächter ausbrechen sollte, einen improvi-
sierten Dialog mit ihm und seiner Diva durch
seinen Assistenten aufnehmen lassen.

    A. B.

Aufnahmen zu *Mamma Roma*,
1962

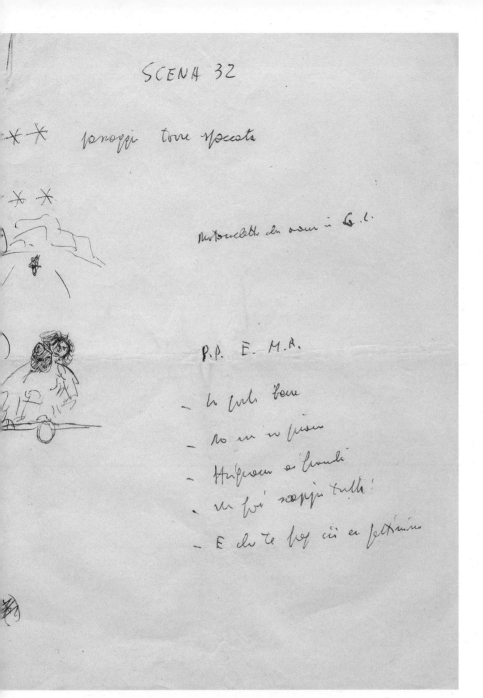

Von Pasolini gezeichnetes und kommentiertes
Storyboard für *Mamma Roma*

Anna Magnani und Ettore Garofolo
in *Mamma Roma*

Aufnahmen zu *Mamma Roma*,
1962

Tagebuch
fürs Tonband

4. Mai 1962

[...]

Vor einem Türchen, auf den Straßen von Cecafumo, sehe ich sie zusammenstehen, den Kameramann, das Skriptgirl, die Techniker, lauter Gesichter, die wissen, dass nichts mehr zu machen ist. Unter einem Sonnenschirm Di Carlo, mein Regieassistent, mit einigen der Jungen, die heute drehen müssen, und die Mitglieder der Truppe zwischen unaufgeräumten Arbeitstischen, zerlegten Werkzeugen. Eine Art Caporetto.

Jemand sagt mir, die Magnani wolle mich sprechen, ich gehe zu ihr hinauf in das Zimmerchen der Familie aus Cecafumo, wo sie einquartiert ist.

Große Entscheidungen liegen in der Luft. Das Problem ist eine Einstellung von gestern, die uns beiden aus unterschiedlichen Gründen Sorgen macht. In einem Punkt sind wir uns einig: Diese Einstellung muss wiederholt werden.

Die Magnani erklärt mir, was sie stört und das im Wesentlichen mit meiner Einschätzung übereinstimmt, doch bei ihr natürlich einen anderen Beweggrund hat.

Ich: Lass uns über diese Einstellung reden, Anna. Die Szene, in der du lachst und deinen Sohn fragst: „Ist das Motorrad schön, das ich dir gekauft habe? Ist es so wie du wolltest?" Dieses Lachen, sag mir was über dieses Lachen.

Anna: Du weißt besser als ich, dass man so ein Lachen ganz unterschiedlich gestalten kann, selbst dann, wenn es immer das wiedergibt, was du dir dabei gedacht hast. Das Lachen kann vorher oder nachher kommen, es kann verfrüht oder verspätet sein. Ich bin sehr empfindlich. Als ich anfing, die Szene zu spielen und du mir beim „Bitte" zugerufen hast: „Lach, Anna, lach!", kam ein dummes Lachen heraus. Ich denke, mein Lachen in dieser Einstellung ist unecht, und weil es nicht spontan war – darin stimmst du, glaube ich, mit mir überein – es hat mich bei den nächsten Sätzen aus dem Gleichgewicht gebracht. Ich spiele schlecht, ja, ich spiele schlecht, ich, die ich als erfahrene Schauspielerin gelte, ein alter Hase ...

Ich: Diese Einstellung ist misslungen, darin sind wir uns einig. Aber ich möchte dir etwas erklären, nicht in Bezug auf genau diese Einstellung, sondern auf viele andere, ähnliche. Wenn ich sage „Lach, Anna,

lach!", während du anfängst zu spielen, also mein Soufflieren von außen, dieser Aufruf zur Expressivität, das ist eine Gewohnheit, die ich angenommen habe, weil ich Laien schauspielern lasse. Ich muss ihren Gesichtern in dem Moment, in dem sie es am wenigsten erwarten, fast hinterrücks, einen Ausdruck einprägen. Diese Eingriffe musst du bitte verstehen und verzeihen und sie als das nehmen, was sie sind, eine Gewohnheit.

Anna: Sicher, darum sprechen wir ja auch so liebevoll und freundschaftlich darüber. Ich habe genau verstanden, wie du mit Schauspielern umgehst, du formst sie wie einen Rohstoff. Bei all ihrer instinktiven Intelligenz sind sie Roboter in deinen Händen. Nun bin ich kein Roboter, ich hatte dein Drehbuch drei Monate lang in Händen, ich habe es mindestens viermal gelesen und die kleinsten, die wichtigsten, die zartesten Stimmungen darin analysiert. Und als Schauspielerin (nein, ich hasse diese Bezeichnung!), als instinktives Wesen, das ich bin!, habe ich mich sofort in deine Figur hineinversetzt. Darum würde ich genauso gut automatisch für dich funktionieren – das ist allein dein Verdienst, das deines Drehbuchs! Aber ich bin etwas anderes als Mamma Roma. Darum rufst du „Lach, Anna!", „Ernster, Anna!" In meinem Inneren gibt es jetzt eine Art Kampf, um dich zufriedenzustellen. Einerseits fühle ich, dass ich trotzdem so funktionieren müsste, wie du willst, auch wenn ich mich nur auf meine darstellerischen Fähigkeiten verlasse, andererseits sehe ich, dass unsere Interpretationen deiner Figur nicht immer übereinstimmen: Darum habe ich das Gleichgewicht verloren. Also bin ich weder eine gute Schauspielerin (so Gott will, zum Glück!), noch ein gehorsamer Roboter. Ich müsste einfach nur furchtbar lebendig sein, um einen sehr gefährlichen Vergleich zu vermeiden, Pier Paolo. Die Jungs, die du lenkst, formst, manövrierst, sind viel echter als ich. Diesen Vergleich darf ich dem Publikum nicht erlauben.

Ich: Mit dieser Schwierigkeit hatte ich gerechnet, Anna. Dich mit den anderen zu mischen, war das Hauptproblem meiner neuen Regiearbeit: Das war mir zu Beginn der Dreharbeiten wohl bewusst. Wäre es nicht besser, nicht darüber zu sprechen?

Anna: Nein, ich glaube, kleine Konflikte zur Klärung sind notwendig. Zwei intelligente Menschen finden immer eine Möglichkeit der Verständigung. Übrigens habe ich das Gefühl zu funktionieren, ohne mir genau bewusst zu sein, was ich tue. Aber ich brauche dieses Bewusstsein unbedingt.

Ich: Darum bitte ich dich nicht nur, ich verlange es. Ich will nicht, dass dir in unserer Arbeit auch nur für eine Sekunde nicht bewusst ist, was du tust. Wir sind uns also in der besonderen Frage dieser Einstellung mit dem „Lach, Anna, lach!" in zwei Punkten einig: Ich habe Unrecht, wenn ich eingreife, während du spielst, ein teilweise gerechtfertigtes Unrecht … und du hast akzeptiert, dass ich nur so drehen kann, wie ich drehe, in kleinen Bildmonaden.

[…]

Gegen die lungenfarbenen Kanten der gleichförmigen Häuser von Cecafumo – große Gebäude, eins wie das andere, asymmetrisch vor dem Himmel voller Aquädukte verteilt – regnet es mit perfider Heftigkeit. (In der Diskussion zwischen Anna und mir ist das Bedürfnis nach Einverständnis etwas zu groß.) Unter den Fenstern der Arbeiterwohnung glänzt die Markstraße unheimlich, ihre Stände sind verlassen, überall die Beine umgekippter, durchnässter Tischböcke. (Annas Poetik ist von ihrer schlechtesten Seite romantisch und naturalistisch, meine von ihrer schlechtesten Seite erlesen und manieristisch. Ich suche Körperlichkeit, vor allem die des Bildes, auf den Spuren des nie vergessenen Masaccio: sein stolzes Chiaroscuro, sein Schwarzweiß – oder, wenn ihr so wollt, auf den Spuren der Archaiker – in einer seltsamen Verbindung von Feinheit und Grobschlächtigkeit. Ich kann nicht impressionistisch sein. Ich liebe den Hintergrund, nicht die Landschaft. Eine Altartafel mit Figuren in Bewegung ist unvorstellbar. Ich hasse es, dass Figuren sich bewegen. Darum kann keine meiner Einstellungen mit der bloßen „Totalen", also der leeren Landschaft beginnen. Immer wird es eine Figur geben, gleichgültig wie winzig. Winzig nur einen Augenblick lang, denn sofort rufe ich dem treuen Delli Colli zu, er soll das 75-er nehmen: Und dann erreiche ich die Figur: ein Gesicht mit allen Details. Und dahinter der Hintergrund, der Hintergrund, nicht die Landschaft. Die Massen in Kafarnaum, die Gärten von Gethsemane, Wüsteneien, bewölkte Himmel. Anna ist romantisch: Sie sieht die Figur in der Landschaft, die Figur in Bewegung, von Dingen umgeben wie auf einer impressionistischen Skizze, vielleicht gar von der Wucht eines Renoir: Schatten und Licht bewegen sich über Figuren und Landschaften, eine Silhouette tanzt vor den perspektivischen – nie frontalen – Hintergründen aus Flussufern, stürmischen Meeren, Wäldchen à la *Déjeuner sur l'herbe* oder den Gässchen Pascarellas.) Es schüttet wie aus Eimern. Filmemachen ist im Grunde eine Frage der Sonne.

Aus Alì dagli occhi azzurri (Alì mit den blauen Augen), 1965

La ricotta (Der Weichkäse)

[...]

Zack, Schnitt – nochmals in Farbe die „Kreuzabnahme" des Pontormo. Farben, die einem mitten ins Herz strahlen. Farben? Kann man das noch Farben nennen ...

Ich weiß nicht ... Wenn ihr Klatschmohn nehmt, der bei Friedhofshitze im Sonnenlicht eines melancholischen Nachmittags gelegen hat, wenn alles schweigt („denn nie sang eine Frau um drei Uhr Mittags") – wenn ihr diese Blüten zerstampft, so dringt aus ihnen ein Saft, der sogleich trocknet; nässt ihn ein wenig und verteilt ihn auf einem weißen Leintuch und sagt einem Kind, es möge mit einem nassen Finger über diese Flüssigkeit fahren: Dann wird in der Mitte ein ganz blasses Rot erscheinen, fast ein Rosa, doch leuchtend durch das strahlende Weiß des Leintuchs; und an den Rändern wird ein Saum aus kräftigem kostbarstem, kaum verblasstem Rot entstehen; es wird sogleich trocknen, wie auf einer Hand aus Gips ... Doch gerade in diesem papiernen Verblassen wird es, tot, seine ganze lebendige Röte erhalten.

Das Grün ...

Das Grün ist das Blau der Blätter des Bassins ...

Abends, wenn die Glocken läuten, die Frauen auf den Türschwellen singen und die Nacht sich über die noble Stille des Gartens legt, wie der Schatten eines Gewitters: Die Blätter schwimmen reglos unter der Wasseroberfläche und färben sich immer blauer, bis sie grün werden. Aber ist es Grün oder Blau? So haben sich jahrhundertelang gewisse grausame Soldaten gekleidet, Landsknechte oder die SS, und sind losgezogen, um die Beinhäuser der Welt mit der Erinnerung an diese Kleidung zu füllen, verborgen im Dämmerlicht eines Gewitters.

[...]

Oben – derbes Grün, verblasstes Mohnrot und opakes Gelb – eine Heilige und ein Engel, die barmherzig blicken. Unten rechts die Madonna, eingehüllt in einen wasserblattgrünen Mantel, der auch das Oval des augenbrauenlosen Gesichts umkränzt.

Unten links, zwei Frauen mit verblasst erdbeerroten Hauben und wassergrünen Gewändern, die zu ihr aufblicken, eine weitere hilft, so gut sie es vermag, den Körper Christi zu stützen, der im untersten Teil des Bildes von einem Engel unter den Achseln gehalten wird, während ein anderer gebückt

seine Beine auf einer Schulter trägt – wobei er ins Objektiv blickt. Wie Iwan Iljitsch, der seine Beine auf die Schultern des Bauern legte ... Auch diese beiden gelockten rotwangigen Engel haben etwas Bäuerliches: Doch sie sind in der Stadt aufgewachsen. Der prägende Zug in ihrem Ausdruck ist der von Verlorenheit, oder vielmehr Dümmlichkeit. Jedenfalls ist einer, der jüngere, der Christus unter den Achseln stützt, ein Knabe von etwa 16 Jahren, von Kopf bis Fuß in diesem jahrhundertealten Grüngrau der Soldaten gekleidet, die – wie ich bereits sagte – in den Beinhäusern der Welt verstreut sind, um das Grün ihrer Kleidung in den Dämmerungen der Gewitter zu hinterlassen ... Der andere, der Gebückte, der an den Schläfen etwas kahl ist – unter seiner lockigen, rötlichen Mähne tief eingehöhlte Augen, schwere Lider und einen etwas zu kräftigen und runden Unterkiefer –, muss aus den Marken kommen. Wie auch immer, seine Schultern, sein Brustkorb und sein Bauch sind nackt, und ein Mantel, der ihn bis zu den Oberschenkeln bedeckt, umgibt ihn in einem ährengelben Kreis über der Hose, die wieder in diesem verblassten, grausamen, trockenen Zartgrün gehalten ist.

Ebenfalls auf der Höhe des Christus, doch in Rückenansicht, zur Madonna gewandt, steht eine weitere Frau, ganz in Erdbeer- und Mohnrot gekleidet, mit einem entblößten Arm, über dem ein Tuch hängt. Ein Arm so schön wie der Unterkiefer eines Elefanten, von einem pfirsichfarbenen Meer glattgespült.

[...]

(1962)

Aus *Poesia in forma di rosa (Gedicht in Form einer Rose)*, 1964

Ein Ruinenstück nur – Traum eines Bogens,
eines Gewölbs, römisch oder romanisch,
auf einer Wiese in stiller Wärme wie ein Meer,
von der Sonne umschäumt,
verlassen dort, die Trümmer, ohne Liebe. Zweck
und Lithurgie sind gänzlich erloschen,
aber sie leben durch ihren Stil – und in der Sonne –
für den, der ihre Gestalt und Poesie versteht.
Geh ein paar Schritte, und Du bist auf der Appia
oder der Via Tuscolana: Dort ist alles voll Leben,
für alle. Vielmehr ist dem Leben stärker verbunden,
wer Stil und Geschichte
nicht kennt. Ihre Bedeutungen
vertauschen miteinander in der düsteren Stille
Gleichgültigkeit und Gewalt.
Tausende und tausende von Menschen, Hampelmänner
einer Moderne aus Feuer, gehen aneinander vorbei,
in der Sonne, deren Sinn doch auch wirkt,
wimmeln schwärzlich
über den gleißenden Gehsteig,
vor den Wohnbauten der INA am Horizont.
Ich bin eine Macht aus vergangenen Zeiten.
Nur in der Tradition liegt meine Liebe.
Ich komme von den Ruinen, von den Flügelaltären,
den Kirchen, von den verlassenen Dörfern
des Apennin und den Vorgebirgen der Alpen,
wo die Brüder einst lebten.
Wie ein Narr irre ich über die Tuscolana,
die Via Appia, wie ein Hund ohne Herr.
Oder ich schaue die Dämmerungen, die Morgen
über Rom, über der Ciociaria, über der Welt,
wie die ersten Szenen der Nachgeschichte,
deren Zeuge ich bin, dank dem Datum meiner Geburt,
vom äußersten Rand einer Zeit,
die begraben ist. Ein Monster ist, wer aus dem Leib
einer toten Mutter geboren.
Und ich, erwachsener Fötus, irre,
ein Modernerer als die modernsten,
um Brüder zu suchen, die nicht mehr sind.

Orson Welles
auf dem Set von *La ricotta (Der Weichkäse)*,
1962

Nachstellung der *Deposizione (Kreuzabnahme)*
von Pontormo für die
Aufnahmen von *La ricotta*, 1962

La ricotta (Der Weichkäse), 1963

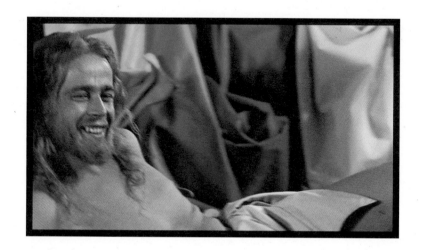

Um sich vor Gericht gegen die Anklage wegen Verunglimpfung der Religion im Film *La ricotta* (*Der Weichkäse*) zu verteidigen, entwirft Pasolini 1963 maschinenschriftlich seine Antworten auf die Anklagepunkte.

1 —

Der Schrei nach der Dornenkrone – „corona, corona" – ist der erste Hinweis auf die ungläubige, skeptische, plebejische Oberflächlichkeit der Welt, die Stracci umgibt und Zeuge seines Martyriums wird. Der respektlose Ton hat weniger mit der „Krone" als mit den Gewohnheiten am Set zu tun, und der Spott richtet sich allenfalls gegen den einsilbigen, gelangweilten Dünkel des Regisseurs im feinen Aufzug des dekadenten „Supermenschen", der die Untergebenen von der Höhe seines Künstlerbewusstseins herab behandelt (der „Geschmack", mit dem er die Abstufungen des Pontormo-Gemäldes oder der Biscogli-Musik bestimmt) und von dem die Truppe nichts weiß und nichts wissen will. Sie betrachtet die „Krone" als seine Marotte; mit der typischen Zweideutigkeit volkstümlicher römischer Ironie dient sie ihm und nimmt ihn zugleich auf die Schippe.

Ich als Autor greife ein, als die Rufe verklungen sind und die Dornenkrone von den Händen eines Arbeiters gegen das schimmernde Panorama der Stadt erhoben wird, ja es beherrscht.

2 —

Nicht Christus bricht in Lachen aus, sondern – ich muss es tausendmal wiederholen – der bescheidene Darsteller des Christus, der wiederum nicht Christus ist, sondern der bei Pontormo profan verkörperte Christus.

Eine reale Begebenheit brachte mich auf die Idee, diesen Kleindarsteller lachen zu lassen. Ein Junge aus der Truppe hörte, wie die Klage der Jungfrau von Jacopone da Todi verlesen wurde, und aus Befremden über die archaische Sprache, eine Art gereimtes Jammern, begann er vor meinen Augen unschuldig zu lachen.

3 —

Der Gesang des *Dies irae*, der das Mahl der hungrigen Familie begleitet, ist eine stilistische Vorausdeutung des Todes – eines Todes, der mit Entbehrung, Hunger und Essen poetisch verknüpft ist.

4 —

„Comparsata" bedeutet, als Komparse zu arbeiten. Dass es im Jargon eine andere Bedeutung hat, ist eine pure Unterstellung. Man kann dazu tausende Dialekt sprechende Zeugen befragen. Wer allerdings bei den Heiligendarstellern eine gewisse Zweideutigkeit vermuten will, tut dies mit vollem Recht. Es sind jedoch nicht nur Darsteller, die Heilige interpretieren, sondern heilige Darsteller, die in den Pausen ums Set herumwandern wie Stracci oder der kleine Engel, der unter den blauen Augen der Tochter Straccis vor einem Busch erscheint. Ich wollte die Umgebung in einer leicht metaphysischen oder zumindest märchenhaften Weise kennzeichnen, durch das selbstvergessene Licht des Nachmittags, den absurden Frieden der Felder, die pikareske Gaunerhaftigkeit der müßigen Truppe.

5 —

Biwak unter dem Kreuz: wieder die pikareske Gaunerhaftigkeit. Oder objektive Beschreibung, wie die Religion in der modernen Welt empfunden und auf verschiedenen Ebenen von meinem Film, also der Truppe, dargestellt wird.

6 —

Dies irae zum Hündchen, das Straccis Essen frisst: vgl. Nr. 3: Hier kehrt dasselbe Motiv in der fantastischen Gleichsetzung von Appetit und Tod wieder (der Film wird tatsächlich mit dem Tod durch Entbehrung und Überfressen enden).

7 —

Pedoti (der immer Pedoti heißt) im Treatment.

8 —

Der ironische Ausdruck von Welles nach seinem Satz zum eigenen Katholizismus gilt dem Journalisten (der danach offen ironisch behandelt wird) und besagt: „Es hat keinen Sinn, dir solche delikaten Bekenntnisse zu machen, du verstehst sowieso nichts."

Die Wendung „Durchschnittsmensch" wird von Orson Welles im Sinn soziologischer Texte gebraucht: konditionierter Massenmensch. (Welles' gesamte Rede ist soziologisch, wenn auch vergnügt und ironisch). Nicht „durchschnittlich" im menschlich-psychologischen Sinn des Wortes. In diesem Sinn sind wir alle mittelmäßig. Die Übermenschen sind Dummköpfe: und meine ganze literarische Polemik in zehn Jahren ging in diese Richtung: den Mythos des mystifizierenden, irrationalen, inspirierten, unnahbaren Poeten mit großem P zu demontieren und ihm die Würde des Citoyen zurückzugeben. Deshalb habe ich mich zum Beispiel gegen die Gnadengesuche von Pound in seiner Eigenschaft als „Poet" ausgesprochen.

Gegenüber dem durchschnittlichen Citoyen, Zeitgenossen, Kollegen, ob Intellektueller oder Arbeiter, hege ich größten Respekt. Deshalb bin ich zum Beispiel gegen die Zensur: Sie ist anmaßend und paternalistisch und setzt die Minderwertigkeit des Publikums gegenüber dem Künstler oder der gebildeten beziehungsweise führenden Schicht voraus.

10

Die Begegnung mit den zwei Polizisten ist ein einfacher, simpler Gag. Eines der stilistischen Elemente des Films sind die Chaplin-Zitate. Dies ist eines davon. Mir hat es sehr leidgetan, als sich im Gerichtssaal bei der Befragung des Staatsanwalts die Gesichter der anwesenden sympathischen Polizeibeamten, junger Männer des Volks, verdüsterten. Ich hatte keinerlei Absicht, diese beiden Wächter zu beleidigen; es war schlicht ein Scherz von unschuldiger komödiantischer Fröhlichkeit. (Nebenbei: die Synchronstimme des Journalisten ist die des Journalisten Marussig vom *Espresso*).

Der Rülpser am Kreuz ist keiner, sondern der Schluckauf von jemandem, der sich, halbtot vor Hunger wie der gute Stracci, endlich vollgefressen hat.

Ich verstehe nicht, was es an der Lautsprecheransage auszusetzen gibt, die den „guten Räuber" zu seinem Arbeitsplatz ruft. Wirklich nicht.

Stracci ist das Opfer grausamer Scherze durch seine Arbeitskollegen. Dahinter steckt nichts weiter: Diese Grausamkeit ist Teil des Lebens, des einfachen Alltagslebens am Rand der Großstädte. Dort zu leben bedeutet meist einen heiklen, hohen Einsatz, und es gehört zur Ehre, Scherze zu machen und zu vertragen. Die von Stracci erlittenen Tantalusqualen haben in der Geschichte die Funktion, sein unglückliches Ende nicht nur poetisch, sondern auch naturalistisch vorzubereiten und zu motivieren: erst das Darben, dann die bestialische Sättigung, an der er stirbt.

Die vom Staatsanwalt als masturbatorisch definierten Bewegungen Straccis am Schluss des Striptease heben – übrigens ein von der ersten bis zur letzten Klappe wiederkehrendes Motiv des Films – sein physisches Leiden hervor.

„Weg mit den Kreuzen": Die Vermutung, dieses „Weg mit den Kreuzen" ginge in seiner Bedeutung über die rein instrumentelle hinaus – die sich auf die Kreuze auf dem „Set" bezieht – scheint mir so verquer, so willkürlich, dass sie einem Hirngespinst gleichkommt. Hätte meine Einbildungskraft den Grad dieser Imagination erreicht, dann hätte ich den Ausspruch ersetzt. Eine so diabolische Interpretation ist mir nicht im entferntesten in den Kopf gekommen.

Das Motiv „Weg mit den Kreuzen" ist zusammen mit allen verwandten Motiven („Die Krone", „Tragt die Kreuze runter", „Lasst sie angenagelt", „Ruhe" usw.) eine Art Running Gag, ein Motiv, welches das Hin und Her der Handlung fast musikalisch unterstreicht. Es sollte, einfach und ohne Hintergedanken, eine komische Wirkung erzielt werden. Auch die Einleitung mit ihren stets neuen, lustigen, überraschenden Gesichtern (bis hin zum Hund) gehorcht dieser chaplinesken Stilnotwendigkeit.

Ich kann nichts Schlechtes daran erkennen, dass Stracci am Kreuz sagt, er habe Hunger.

Für Christus Bart, der mal da ist, mal nicht, gibt es eine logische Erklärung: Bei den tatsächlichen Aufnahmen (also den Szenen in Farbe) hat Christus einen Bart; während der Vorbereitungen, der Pausen oder bei den bloß fingierten, konstruierten Aufnahmen (wie die letzte bei der Ankunft des Produzenten) hat er keinen. Es erklärt sich zudem dadurch, dass Christus im Film sowohl von einem echten Schauspieler (mit Bart) als auch von einem Double (ein guter Junge mit unschuldigem abruzzischem Gesicht, ohne Bart) dargestellt wird.

18

Dasselbe wie für Christus Bart gilt für die eingeflochtenen Szenen in Farbe: Es ist ein poetischer Eingriff, eine stilistische Freiheit, bestimmt von ästhetischen, wenn man so will, ästhetisierenden Erfordernissen der Ausstattung. Ich wollte die Welt meines Films von jener des von meinem Regisseur gedrehten Films trennen, als sei zwischen ihnen keine Kommunikation möglich, zwei Realitäten, die einander trotz ihrer Parallelität fremd sind: Reibung durch visuelle Verblüffung.

19

Der Schrei „Cornuti!" des Regieassistenten (gesprochen von dem jungen Darsteller selbst, Paolo Meloni) richtet sich an Figuren mit doppelter Funktion: erstens nicht an Christus und die Passionsfiguren, sondern an Christus und die Passionsfiguren von Pontormo; zweitens nicht an Christus und die Passionsfiguren, sondern an Christus und die Figuren der Passion von Pontormo, die Filmhandlung geworden ist. „Cornuti!" wird also Personen einer Fiktion in der Fiktion zugerufen. Jeder Durchschnittsmensch, sogar in dem von Orson Welles verwendeten Sinn des Wortes, ist in der Lage, das unmittelbar völlig richtig zu verstehen.

Dies Irae zum essenden Stracci: siehe Paragraf 3 und 6.

Ich sehe nicht ein, was man daran schlecht finden
kann, dass sich Stracci in einer Höhle versteckt, um
in Ruhe zu essen. Ich sehe es wirklich nicht ein.
Schließlich klagt man mich an, das Symbol des Subproletariats an die Stelle des Christussymbols setzen zu wollen. Dafür sehe ich keinen Grund. Es wäre
pure Idiotie von mir und weder durch meinen Marxismus noch meine religiösen Ziele zu rechtfertigen.
Willkürlich und sinnlos wie sie ist, wird diese bestür-
zende Annahme nur übertroffen durch die Unterstellung, die Kinder von Stracci hätten einen hohen
Bewusstseinsstand. Ich war, wiederhole ich, allein
daran interessiert, ohne falsche Mystizismen das
Problem des Subproletariats zu thematisieren, das,
wie der Staatsanwalt durchaus verstanden hat, historisch im Sterben begriffen ist, und keiner weiß,
was was man da tun kann, es sei denn vielleicht, wie
ich andernorts in Prosa und in Versen schrieb,
Johannes XXIII. und die Katholiken an seiner Seite.

Pasolini mit Alberto Moravia, Laura Betti und Dacia Maraini bei der Anhörung
vor dem römischen Gericht, das ihn wegen seiner Episode *La ricotta (Der Weichkäse)*
im Film *Ro.Go.Pa.G.* zu vier Monaten Haft auf Bewährung verurteilen wird

Zwischen 1949 und 1977 – zwei Jahre nach Pasolinis Tod – stand der Dichter insgesamt 33 Mal aufgrund unterschiedlichster Anklagen – Homosexualität, Verführung Minderjähriger, Verunglimpfung der Religion, sittengefährdender Schriften und Bilder sowie Verleumdung – vor Gericht. Im Mai 1955 ergeht sogar eine Anzeige des italienischen Ministerrats gegen Pasolinis Buch *Ragazzi di vita*. Am 4. Juli 1956 beginnt in Mailand der Prozess; Pasolinis Verteidiger, der Juraprofessor Giacomo Delitala, setzt darauf, den Vorwurf der Sittenwidrigkeit mit Hinweis auf die künstlerische Intention der Werke als grundsätzlich unhaltbar hinzustellen.

Viele bedeutende Kulturschaffende sagen zugunsten Pasolinis aus, Moravia, Ungaretti, Attilio Bertolucci sowie der einflussreiche katholische Literaturkritiker Carlo Bo. Schließlich plädiert selbst der Staatsanwalt auf Freispruch, da „die Tat kein Vergehen darstellt".

Vie Nuove, 14. März 1963:
Verurteilung Pasolinis für *La ricotta;* Anhörung mit Schneidetisch im Gerichtssaal

Ihren Höhepunkt erreichen die Prozesse gegen Pasolini in den Jahren 1960 und 1961, er muss sich wegen der sogenannten „Ereignisse in der Via Panico" (Pasolini hatte versucht, einen Streit zwischen Jugendlichen zu schlichten, die er kannte) und der „Ereignisse von Anzio" vor Gericht verantworten (diesmal wegen Verführung Minderjähriger, weil er zwei Jungen hinter einem Restaurant am Strand angesprochen hatte). Regelrecht absurd ist eine Anklage, die ihm vorwirft, in der Nähe des Cap Circeo mit vorgehaltenem Revolver einen Tankwart ausgeraubt zu haben – in der Waffe waren goldene Patronen!

1961 dreht Pasolini seinen ersten Film, und natürlich bringt ihm jeder seiner Filme (mit Ausnahme des *Il Vangelo secondo Matteo [Das 1. Evangelium – Matthäus]*) eine Anzeige ein. Im Prozess gegen *La ricotta (Der Weichkäse)* lässt der Staatsanwalt sogar einen Schneidetisch im Gerichtssaal auffahren, um sich jede Einstellung einzeln vorzunehmen. Obschon auf dem Filmfestival in Venedig mit dem Preis des Office Catholique international du cinéma ausgezeichnet, wird *Teorema – Geometrie der Liebe* wegen Obszönität angezeigt.

Salò o le 120 giornate di Sodoma (Die 120 Tage von Sodom) wird auch dann noch an den Pranger gestellt, als man Pasolini schon umgebracht hatte. Sämtliche Prozesse gegen den Dichter enden mit einem Freispruch.

G. B.

Lo Specchio, 30. September 1962

Prozess wegen des Protests bei den Filmfestspielen von Venedig 1968, Venedig, 6. August 1969, von links: Cesare Zavattini, Pasolini, Lionello Massobrio, Francesco Maselli, Alfredo Angeli und Filippo De Luigi

Pasolini und Ninetto Davoli in Venedig,
Anfang der 1970er-Jahre

An Ennio Flaiano^x

[Rom, 1963]

[...]

P. S. Dies ist der erste solche Brief, den ich schreibe, vielleicht, weil ich mich in diesen Tagen verliebt habe; oder weil ich eine nervöse Gastritis habe.

× Nicht abgeschickter Brief

An Laura Betti
– Rom

[Rom,
September 1964]

Liebe Laura,

es mag gewiss heroisch von Dir sein, mit Nino durch die Geschäfte zu
gehen, um ihm Kleidungsstücke zu kaufen usw.: aber die Wirklichkeit ist,
dass Du ihn nicht ausstehen kannst. Seine absurde, unverlangte, willkür-
liche Anwesenheit, die er so leicht durchgesetzt hat, beleidigt Dich, ich
weiß es. Und ich verstehe Dich. Alles, was für mich Anmut ist, ist für Dich
Teufelswerk – an ihm. Du hast verstanden, dass Du mit dem Kopf gegen
die Wand rennst, wenn Du Dich auflehnst: und daraufhin hast Du es akzeptiert. Aber das ist auch ein Mit-dem-Kopf-gegen-die-Wand-rennen.
Alles, was nicht mit der Anmut (des Bösen oder des Guten) ist, ist *gegen*
sie. Ich muss sagen, dass Nino mir durch diese Ungelegenheiten noch
teurer wird, weil sie seine charismatische Ausstrahlung, seine Schicksal-
haftigkeit unterstreichen. Gut.

Was das Telefon angeht, hattest Du im besonderen Fall nicht nur verdient, dass ich schroff auflege, sondern Du hättest verdient, dass ich es
Dir auf den Kopf haue. Wir waren glücklich, leicht, in Urlaub, endlich –
vielleicht zum ersten Mal in meinem Leben – empfanden wir die Welt uns
freundlich gesonnen, Nino hatte beim Baden ausgerufen: Wie schön ist
das Leben! – und was Du gemacht hast, war eine brutale, kaltblütige, absurde Aggression, ein meuchlerischer Rückruf in die Wirklichkeit – durch
nichts gerechtfertigt in jenem Augenblick, durch *nichts*. Es war eine Empörung, die mir aus den Eingeweiden hochgekrochen ist, ein Protest gegen die Absurdität. Und in diesem Seelenzustand bleibe ich, was jenen
Vorfall angeht. Dass Du dann gute Gründe hattest, wegen fünf Minuten
Verspätung beleidigt zu sein (Nino befand sich zum ersten Mal in seinem
Leben in einem Hotelzimmer mit all den Zeremonien, die auch für mich,
der ich gewöhnlich nicht in einem Loch schlafe, kompliziert sind), dabei
das Vorhandensein eines Motorboots zu erfinden, das gar nicht da war,
mit Gebühren dafür, die es gar nicht gab – das ist eine andere Sache.
Man kann auch verstehen, dass ein Mensch, aus seinen eigenen Gründen, ungerecht, bösartig in eine vielleicht törichte, aber glückliche Situation eines anderen Menschen eingreift: ihn eben wegen seiner törich-
ten Glückseligkeit und deren unwürdiger Quelle erpresst: und ich verstehe es, aber, bis jetzt, voller Wut.

Morgen reise ich nach Apulien ab. Wir sehen uns bei der Rückkehr.

Ciao

Pier Paolo

Pier Paolo Pasolini,
OhneTitel
[Porträt von Ninetto], 1970

Gianni Borgna: Ninetto, wie hast du Pasolini kennengelernt?

Ninetto Davoli: Bevor meine Familie ihr Glück in Rom versucht hat, bin ich in San Pietro a Maida aufgewachsen, einem kalabrischen Dörfchen in der Provinz Catanzaro. Wir waren zu sechst: Vater, Mutter, eine Schwester und drei Brüder. Zuerst hat sich mein ältester Bruder in der Stadt umgeschaut. Er fand die Situation günstig, und so sind wir alle gekommen und haben uns in der Vorstadt niedergelassen, im Prenestino-Viertel. In der ersten Zeit waren wir bei meiner Tante untergebracht. Sie, ihr Mann, ihre Tochter und wir alle noch dazu: Das Haus war eine Baracke, da kann man sich vorstellen, wie wir aufeinandergehockt sind. Aber es war lieb von ihnen, uns aufzunehmen. Ich bin zur Schule oder arbeiten gegangen – 15 Jahre war ich alt. Eines Tages ging ich mit meinen Freunden nach Acqua Santa. Das ist ein Platz im Grünen mit Tischchen auf der Wiese zum Picknicken, und das Mineralwasser fließt gratis vorbei. Als wir ankamen, standen lauter Leute auf einem Hügel. Wir gingen hin und guckten, ob vielleicht ein Unfall passiert wäre. Aber nein, sie drehten einen Film, so einen Kostümfilm. „Guckt bloß, wie die angezogen sind", sagten wir. So etwas hatten wir noch nie gesehen.

Zufällig arbeitete einer meiner Brüder bei dem Film mit, er war Schreiner und Werkzeugmacher und baute die Szenen auf. Als er mich sah, raunzte er mich an: „Was suchst du hier, hast du nicht zu arbeiten?" Darauf ich: „Ich bin mit Freunden hier." Da sagte er: „Na gut, komm mal mit, ich stelle dir den Regisseur vor", und brachte mich zu Pier Paolo. Ich hatte keine Ahnung, wer er war. „Das ist Pasolini", meinte er. Ich lächelte ihn an, er lächelte zurück, und dann strich er mir über den Kopf. Der Respekt, den man den Älteren schuldet, machte mich ganz schüchtern, aber er kam mir gleich sympathisch vor, nett und freundlich. Irgendwann haben sie uns dann weggeschickt. Als wir zu Fuß auf dem Rückweg nach Rom waren, fuhr Pier Paolo mit dem Auto an uns vorbei und grüßte uns. Ein paar Monate später ließ er mich von meinem Bruder zu sich rufen und schlug mir vor, eine kleine Rolle im *Il vangelo secondo Matteo (Das 1. Evangelium – Matthäus)* zu übernehmen.

G. B.: Wie hast du reagiert?

N. D.: Ich wollte überhaupt nicht. Ich hatte Angst. Es hat mich verstört, vor der Filmkamera zu stehen. Aber er bestand darauf. Also habe ich ihn gefragt, was ich machen sollte. „Stell dich hierhin", sagte er. „Du bist ein junger Hirte mit einem Kind auf dem Arm. Mach dies, mach das." So hat er mich angeleitet. Aber als er dann wollte, dass ich den Film mit Totò mache, habe ich gesagt, vergiss es, das ist nichts für mich. Ich war da ganz offen, denn wir waren Freunde geworden, er gehörte praktisch zur Familie und kannte alle, auch meinen Vater und meine Mutter.

G. B.: Da hatte sich dein Leben schon etwas verändert ...

N. D.: Ja, klar. Denk bloß: Ich habe bei Laura Betti in der Via del Babuino zum ersten Mal in einer Badewanne gebadet! Ich hatte noch nie eine gesehen, für mich sah sie aus wie ein Sarg. Damals nahm man Badedas, das schüttete ich rein und tauchte in den Schaum. Zu der Zeit hatte ich schon Alberto Moravia kennengelernt, Elsa Morante, Sandro Penna und Enzo Siciliano. Ich war in ihre Welt eingetreten.

G. B.: Wie wirkte diese Welt auf dich?

N. D.: Ehrlich gesagt, sie hat mich verwirrt. Ich verstand nicht, was sie sagten, und bekam Bauchweh davon. Wenn Pier Paolo mit mir redete, ging es, aber wenn er mit Moravia redete oder auf einer Pressekonferenz, da kapierte ich nichts, ich rannte weg und rollte mich im Auto zusammen. Es schlug mir wirklich auf den Magen.

G. B.: Kommen wir nochmal zu seinem Angebot, die Hauptrolle in *Uccellacci e uccellini (Große Vögel, kleine Vögel)* zu spielen.

N. D.: Zuerst habe ich abgelehnt. „Aber es ist eine schöne Sache", sagte Pier Paolo. Ich dagegen: „Muss ich da etwa was sagen? Ich weiß doch nicht mal, was ich gestern gegessen habe." Und Pier Paolo: „Ninè, schau, du kriegst Geld dafür." „Geld?" „Sicher, mindestens 800 000 Lire, vielleicht eine Million." „Wirklich? Was muss ich machen? Mit wem arbeite ich?" „Mit Totò." „Was, der vom Kino?" „Genau der." Totò war für mich ein Mythos. Ich ging gern ins Kino, kaufte mir „Mostaccioli" und schaute mir Charlie Chaplin, Stan und Olli an. Es kam mir komisch vor. Ich durfte mit Totò arbeiten, und sie wollten mich sogar dafür bezahlen!

G. B.: Wie war das erste Treffen mit Totò?

N. D.: Es war ein Riesenspaß. Pier Paolo sagte, wir müssten zu Totò ins Parioli-Viertel gehen. „Du musst

Transkription eines Interviews, das Gianni Borgna im September 2012 mit Ninetto Davoli führte

ihn kennenlernen, sonst könnt ihr keinen Film zusammen machen." Also traf er eine Verabredung. Aus der Vorstadt rauszukommen, war eine Reise für mich. „Hey, wir gehn ins Zentrum", hieß es bei uns. Damals wohnte ich noch im Prenestino. Zu Totò ging ich in Jeans und Hemd, Pier Paolo mit Krawatte.

Totò wohnte in einem großen Palazzo, allein das Eingangstor von Totòs Haus schien größer als unsere ganze Wohnung. Wir nahmen den Aufzug, und ich fragte Pier Paolo: „Wo wohnt denn Totò?" „Im zweiten Stock." „Und wegen zwei Stockwerken nehmen wir den Aufzug?" Im Aufzug gab es einen Sessel aus Samt. „Und darauf setzt man sich für zwei Stockwerke?" „Das sind eben alte, elegante Aufzüge." „Na, wenn das so ist."

Oben angekommen, richten wir unsere Haare, er die Krawatte, wir klingeln, und wer macht auf? Totò in Person, im purpurroten Morgenrock mit zwei Troddeln. Ich sag's offen, ich platzte raus und lachte mich kaputt. Pier Paolo schämte sich und boxte mich in die Seite. Aber Totò war nett und meinte: „Lass ihn doch, Pier Paolo, lass ihn, er ist jung."

So ging es los. Dann erschien Totòs Freundin Franca Faldini, sehr sympathisch, und so ist allmählich das Eis gebrochen. Ich dachte, ich bin im Traum. So eine schöne Wohnung, und der Tisch war gedeckt mit Geschirr ohne Ende. Da war ein großer Teller unten, darüber ein kleinerer und obendrauf noch ein kleinerer. Rechts eine Gabel, ein Messer und ein Löffel, vor mir eine kleine Gabel und ein kleiner Löffel und dazu drei Gläser. „Pà", fragte ich, „wie viele sollen denn hier essen?" „Das ist nur dein Platz." „Aber ich brauche doch bloß einen Teller!" Es war alles nicht ganz einfach. Um die Wahrheit zu sagen, ich habe wohl gegessen wie ein Wilder. Nach dem Essen sagte die Faldini: „Den Kaffee trinken wir im Wohnzimmer." Totò und Pier Paolo haben alles besprochen. Dann begleitete uns Totò zur Tür und verabschiedete uns.

Kurz darauf treffe ich die Faldini, und sie sagt: „Ninetto, weißt du noch, wie ihr bei uns zum Abendessen wart?" „Na klar", sage ich. „Aber du weißt nicht, was dann kam! Kaum war die Tür hinter euch zu, ist Totò wie ein Verrückter in die Besenkammer gerannt, hat das DDT-Spray geholt und die ganze Dose über deinem Platz ausgesprüht, weil er dachte, du wärst voller Läuse!" Eine wunderbare Anekdote. Wenn ich mir Totò vorstelle, der wie ein Irrer rennt und fast dabei draufgeht, lache ich mich immer noch tot.

G. B.: Als dann die Filmarbeit losging, hattest du Schwierigkeiten, es mit einem so großen Schauspieler aufzunehmen.

N. D.: Eigentlich nur in der ersten Woche, da war ich verlegen. Ich sah dieses Gesicht, diese Maske, und

war gefesselt, wie verzaubert. Dann sagte ich mir: „Weißt du was? Totò ist ein ganz normaler Mensch, ein Vater", und da konnte ich mich entspannen. Von da an lief es gut mit uns, wir hatten Spaß miteinander. Morgens auf dem Set sagte er: „Ninè, da ist eine Bäckerei, hol ein Brötchen, eins, das noch warm ist, lass Butter und zwei Sardellen drauftun, wirst sehen, ein Leckerbissen." Mit Totò haben wir drei Filme gemacht. Er und Pier Paolo hatten viel, fast zu viel Respekt voreinander. Pier Paolo war schüchtern, der siezte sogar einen Hund, und Totò genauso, umso mehr, als er es mit einem so wichtigen Künstler zu tun hatte. Zu einem offenen Vertrauensverhältnis kam es nie. Wenn sich Pier Paolo an ihn wandte, klang das so: „Hören Sie, Antonio", und umgekehrt: „Hören Sie, Maestro". Das Du haben sie nie über die Lippen gebracht. Pier Paolo fand, Totò hätte noch mehr Potenzial als Charlie Chaplin oder Buster Keaton. Aber es war schlecht genutzt worden. Erst mit Pier Paolo bekam er eine Rolle auf seinem Niveau. Er wurde nach Cannes eingeladen; ich glaube, da war er vorher noch nie gewesen.

G. B.: Und da hat sich dein Leben endgültig geändert …

N. D.: Ja, dank dem Film konnte ich die Wohnung wechseln. In Cinecittà in der Via dell'Aeroporto habe ich ein kleines Appartement gekauft, dort sind wir wieder alle zusammen eingezogen. Erst als ich Patrizia heiratete, habe ich mich unabhängig gemacht. Wir lebten in einer kleinen Zweizimmerwohnung. Dann kamen meine beiden Söhne. Ich nannte sie Pier Paolo und Guidalberto – der Name von Pier Paolos Bruder, der als Partisan getötet wurde.

G. B.: Wie reagierte Pier Paolo auf deinen Entschluss zu heiraten?

N. D.: Schlecht. Mit der Patrizia-Geschichte wurde er nur schwer fertig. Patrizia war erst 19 Jahre alt und wollte abends mit mir ausgehen, und so konnte ich nicht mehr mit Pier Paolo und seinen Freunden losziehen. Patrizia und ich haben im Jahr vor *Il fiore delle Mille e una notte (Erotische Geschichten aus 1001 Nacht)* geheiratet. Aber mit der Zeit fand sich Pier Paolo mit meiner Wahl ab und wurde sogar Pate meiner Söhne.

G. B.: Hattest du, abgesehen von Pier Paolo, etwas mit seinen Freunden zu tun?

N. D.: Nein, ohne ihn habe ich keinen von ihnen getroffen. Zusammen sahen wir oft Elsa Morante, Sandro Penna, Laura Betti und Dacia Maraini, von der ich noch jetzt höre: Gerade vor ein paar Tagen hat sie mir ihr letztes Buch mit einer schönen Widmung geschickt.

Nach Pier Paolos Tod besuchte ich öfter Moravia in Sabaudia. Wenn Dacia wegmusste, bat sie mich, ihm Gesellschaft zu leisten. Moravia hat mich sehr angerührt, aber da war immer eine Art Schüchternheit zwischen uns. Pier Paolo sagte, ich sei es, der ihn einschüchterte, weil ich so überschwänglich war, so frech. Ich Moravia einschüchtern – ich konnte es nicht glauben!

G. B.: Eine deiner letzten schönen Erinnerungen an Pier Paolo?

N. D.: Das ist sicherlich unsere Reise nach Stockholm kurz vor seinem Tod. Er hatte einen blauen Nadelstreifenanzug gekauft, und ich habe mich lustig gemacht: „Mensch, was für einen eleganten Anzug du dir gekauft hast! Wohin soll's denn gehen?" In Stockholm hat er ihn angezogen, und da bin ich auf den anderen Gehsteig gewechselt und habe ihm zugerufen: „Mann, bist du aufgemotzt, wie ein Prolet!" Ich hab ihn halt geneckt. Und dann habe ich ihm genau diesen Anzug in den Sarg gelegt. In diesen Tagen war er guter Laune, fröhlich. Nichts wies auf die bevorstehende Tragödie hin.

G. B.: Habt ihr euch auch am letzten Abend gesehen?

N. D.: Ja, wir haben im Pommidoro zu Abend gegessen, einem Lokal in San Lorenzo. Er war still und meinte nur: „Die Jungen sind anders geworden, die Leute sind nicht mehr wie früher." Über solche Dinge haben wir auch sonst oft geredet. Dann sagte er: „Die Jungs sind so traurig, dass ich nicht den Mut habe, ihnen ins Gesicht zu sehen."
Gegen elf ist er gegangen. Wohin, wusste ich nicht. Ich habe ihm ein Drehbuch zu lesen gegeben.
Später fragte meine Frau: „Wieso begleitest du Pier Paolo nicht, Nì?" „Wieso?", sagte ich. „Um die Zeit geht er nicht nach Hause, er ist unterwegs."
Was dann passiert ist, weiß ich nicht. Ich glaube, es war einfach ein schlechter Abend für Pier Paolo. Er ist leider auf die falschen Leute gestoßen. Pier Paolo konnte sich gut verteidigen, auch mit bloßen Händen. Er wird in etwas reingeraten sein und prompt reagiert haben.

G. B.: Macht dich irgendetwas an der ganzen Geschichte argwöhnisch?

N. D.: Eins ist mir immer komisch vorgekommen. Nachdem Pier Paolo und dieser Junge eine Weile in Rom herumgelaufen waren, sind sie zusammen in die Bar am Bahnhofsplatz zurückgekehrt. Pelosi sagte zu seinen Freunden, kein Problem, er würde Pier Paolo nach Hause begleiten. Mir scheint, da stimmte irgendetwas nicht, da war irgendein Trick dabei. Auf jeden Fall schließe ich aus, dass Pelosi Pier Paolo getötet hat.

G. B.: Wie hast du von Pier Paolos Tod erfahren?

N. D.: Am frühen Morgen rief seine Cousine Graziella bei mir an und fragte, ob Pier Paolo bei mir wäre. „Die Polizei hat sein Auto gefunden", erzählte sie.
„Nein, hier ist er nicht", antwortete ich. Ich ging sofort zum Präsidium und bat die Polizei, die Sachen in Ostia anschauen zu dürfen. Zuerst sollte ich den Wagen untersuchen. Als ich sah, dass seine Brille noch drinlag, hatte ich eine böse Ahnung. Pier Paolo hätte niemals seine Brille im Auto gelassen. Dann sah ich die Leiche und habe ihn sofort erkannt.

G. B.: Was bedeutete Pier Paolos Tod für dich?

N. D.: An diesem Tag ist ein Teil von mir verloren gegangen. Ein wichtiger Teil. Pier Paolo war alles für mich, Freund, Bruder, Vater. Er hat mir ökonomische Sicherheit gegeben, vor allem aber geistige und moralische. Ich weiß wirklich nicht, was ohne ihn aus mir geworden wäre. Gestohlen, nein, gestohlen hätte ich nicht. Ich habe ja schon herumgewerkelt, als ich ihn kennenlernte. Meinen Lebensunterhalt habe ich ehrlich verdient. Aber ohne Pier Paolo wäre es sicher ein elendes Leben gewesen.

Kapitel IV

Pasolini verfügt nun über die Mittel, ein großes Appartement zu kaufen, von dem er schreibt, es solle „das Haus seiner letzten Ruhestätte" sein. Er verlässt das pulsierende Zentrums Roms zugunsten eines ruhigen und vornehmen – einst von Mussolini geplanten – Wohnviertels namens EUR. Dort kauft er Anfang 1963 eine Wohnung in der Via Eufrate 9, in der er auch seine Mutter unterbringt, die dort den kleinen Hausgarten bestellen kann, sowie seine Cousine Graziella Chiarcossi, die von nun an ihr Leben teilt.

Die Via Eufrate führt zur Basilica dei Santi Pietro e Paolo, von der aus man den Palazzo della Civiltà del Lavoro mit seiner schönen Architektur à la De Chirico sehen kann, der zu Ruhm und Ehre des Faschismus errichtet wurde und dem die Römer von heute den Spitznamen „Colosseo quadrato" verliehen haben. Von diesem auf einem Hügel erbauten Viertel aus sieht man in jener Zeit die großen Baustellen der Außenbezirke sowie die im Bau befindlichen Autobahnen, und wenn die Luft rein und der Himmel klar ist, kann man in der Ferne den Strand von Ostia und das Meer erblicken.

Seine beiden Protagonisten in *Uccellacci e uccellini (Große Vögel, kleine Vögel*, 1965–1966), gespielt von Totò und Ninetto Davoli, durchstreifen zunächst ihr Umfeld am Rande von Rom, das durch den Bau von Autobahnen und neuen Trabantenstädten völlig verändert wurde, dann entfernen sie sich mehr und mehr vom Zentrum, um mit großen Schritten zu durchmessen, was in diesem Milieu der 1960er-Jahre vom römischen Umland übrig geblieben ist.

Rom steht noch im Mittelpunkt von Pasolinis Leben, aber er beginnt sich davon zu distanzieren, indem er Abstecher nach Süditalien macht (das den Schauplatz von *Il Vangelo secondo Matteo [Das I. Evangelium – Matthäus]*, 1964, bilden wird), darauf nach Indien, wohin er bereits 1961 eine große Reise zusammen mit Moravia unternommen hat, und schließlich nach Afrika. Die Dritte Welt beginnt in seinen Augen zu einer Alternative für „das kleine Italien" (l'Italietta) zu werden, das ihn enttäuscht, ungeachtet der Tatsache, dass Rom der Ort für ihn bleibt, wo er es vermag, seine „verzweifelte Vitalität" auszudrücken und umherschweifen zu lassen.

Anfang 1963 reist er in den Jemen, nach Kenia, Ghana und Nigeria. Von März bis November desselben Jahres nimmt Pasolini eine Filmdokumentation über ein in dem Land des Vatikans tabuisiertes Thema in Angriff: *Comizi d'amore (Gastmahl der Liebe)*, einen Umfragefilm zur Sexualität. Am Steuer seines Autos durchstreift er Italien in alle Richtungen, das Mikrofon in der Hand, um die Italiener über ihre Haltung zur Sexualität zu befragen. Diese Rundreise führt ihn von Mailand über Modena, Bologna, Florenz, Rom, Neapel und Catanzaro bis nach Palermo, denn er will die tief verwurzelten Einstellungen der verschiedenen italienischen Regionen und gesellschaftlichen Schichten zum Thema der Sexualität kennenlernen. In Paris wird Michel Foucault 1977 einen Text veröffentlichen, in dem er sein großes Interesse für diesen Versuch des „cinéma vérité à l'italienne" über ein Tabuthema erklärt.

Nach einer enttäuschenden Standortsuche in Palästina findet er nach einigen Tagen in Süditalien, allein am Steuer seines Wagens, das erwünschte Szenario für seinen Film *Il Vangelo secondo Matteo*. Der Film, den er Papst Johannes XXIII. widmet, provoziert eine heftige Auseinandersetzung beim Festival von Venedig, wo Pasolini den Spezialpreis der Jury erhält, während er sich doch den Goldenen Löwen erträumt hat, der an den Film *Il deserto rosso (Die rote Wüste)* von Antonioni geht.

Il Vangelo secondo Matteo wird im Dezember in der Kathedrale von Notre-Dame de Paris vorgeführt. Im Lauf dieser Periode wird die französische Hauptstadt tatsächlich zu einem zweiten Schwerpunkt im intellektuellen Leben Pasolinis, als erprobte er die Notwendigkeit, seinen Dialog auf andere Partner als die seines Landes auszudehnen, wo er weiterhin regelmäßig in der Presse polemisiert. Er tauscht Ideen und Theorien mit den hervorragendsten französischen Intellektuellen der Epoche aus: Jean-Paul Sartre, Roland Barthes, Christian Metz und Jean-Luc Godard, von dem er sich Anne Wiazemsky und Jean-Pierre Léaud als Darsteller für *Teorema – Geometrie der Liebe* und *Porcile (Der Schweinestall)* „ausleihen" wird.

Hundert Ochsenpaare[x]

[...]

Die Leute antworten. Ein Wirbel, ein Chaos, ein Babylonien unterschiedlicher Meinungen. Die lächerlichsten, unbegreiflichsten, widersprüchlichsten. Naiv, kindisch, empört, anscheinend sinnvoll, in Wirklichkeit aber ohne jede Logik. Die Leute antworten. Natürlich muss die Umfrage sehr klar, fast mathematisch strukturiert werden, doch die Umsetzung muss so unerwartet, überraschend und chaotisch sein wie möglich, sie folgt dem verworrenen Schema der Meinungen zu den gestellten Fragen.

Die Umfrage kann zwei Teile haben: einen ersten Teil, in dem Fragen nach den Ansichten der Allgemeinheit überwiegen – des Durchschnittspublikums, das die Kinos füllen und auf die Leinwand starren wird, um sich in den befragten „Typen" wiederzuerkennen –, und einen zweiten Teil, der sich eingehender mit den Meinungen der „Wissenden", der Gebildeten befasst.

Beide Teile müssten in viele kurze, asymmetrische Kapitel unterteilt werden, jedes mit eigenem Titel (diese Titel könnten auf Bildern von grässlichen Tieren erscheinen, Spinnen, Mikroben, Amöben, Ungeheuern, Schlangen, die sich auffressen ...).

Das erste Kapitel kann sich der Rolle widmen, die die Sexualität im Leben hat, ihrem Einfluss auf Gefühle, Gedanken, Antriebe, die unser alltägliches Dasein bestimmen. Der Regisseur geht durch die Straßen, sieht eine dicke Hausfrau, die vom Einkaufen zurückkommt und fragt: „Eine Frage bitte: Welche Bedeutung hat Sex in Ihrem Leben?" Dann sieht er einen 15-jährigen Schüler, der aus der Schule zur Straßenbahn läuft, hält ihn an und: „Welche Bedeutung hat Sex in deinem Leben, oder wird er haben?" Dann geht er in das Büro eines wichtigen Beamten, der sich unter einem gefälschten Segantini über seine Papiere beugt und fragt auch ihn: „Welche Bedeutung hat Sex in Ihrem Leben?"

Wahrscheinlich werden alle leugnen, dass Sex in ihrem Leben eine Bedeutung hat.

Doch unter 100, 200 Antworten wird es sicher ein Dutzend geben, die man so auswählen kann, dass sie sich gegenseitig ergänzen: ein halbes Dutzend, bei denen die Befragten sich je nach dem Grad ihrer Heuchelei bedeckt halten, indem sie schon den Gedanken, Sex könnte Bedeutung haben, von sich weisen; und ein halbes Dutzend, bei denen die Befragten den Mut aufbringen, mit Sinn für Humor oder ängstlich die wirkliche Bedeutung des Sex in ihrem Leben zuzugeben.

Und an dieser Stelle könnte sich einer der Redakteure (zum Beispiel Moravia in seinem römischen Spätbarock) zum Thema äußern: „Sex: Hemmung, Heuchelei und gesellschaftliche Konventionen", und nach den ersten Sätzen würden seine Worte mit Archivmaterial illustriert (zum Beispiel abermals mit den Bildern der „Verbotenen", die schon vor dem Vorspann gezeigt wurden, den Märtyrern der Repression: Anormale, Neurotiker, Verrückte usw.)

Aus diesem Aspekt, der das Hauptthema des Films sein könnte: die Entweihung sexueller Tabus, der Mut, darüber zu sprechen, sie wissenschaftlich zu untersuchen usw. könnten sich dann alle anderen Kapitel der Umfrage entwickeln, eine Sarabande aus Fragen, bei der aus den Befragten die Zuschauer des Films werden.

Zufallsauswahl:

„Wo endet die Normalität sexueller Beziehungen und beginnt die Abnormität?"

„Was sind Sadisten?"

„Was sind Masochisten?"

„Was sind Exhibitionisten?"

„Was sind Fetischisten?"

„Was sind Freidenker?"

„Welche Beziehung besteht zwischen Alkohol und Sex, zwischen Drogen und Sex?"

Zwei besonders wichtige Kapitel könnten sich zwei sehr „populären" Themen auf diesem Gebiet widmen: Homosexualität und Prostitution.

Außerdem:

„In welchem Verhältnis steht das wirkliche sexuelle Leben zum ehelichen Sexualleben?"

„Was ist sexuelle Sittsamkeit?"

„Welche historische Beziehung besteht zwischen sexueller Sittsamkeit/Jungfräulichkeit, ehelicher Treue und unterentwickelten Gesellschaften?"

„Wie stellt sich das Problem der Scheidung dar?"

„Und das der Abtreibung?"

„Und das der Geburtenkontrolle?"

Die Abfolge all dieser Fragen – mit ihren abwegigen Antworten und den knappen Erklärungen der Redakteure – müsste sich durch Schnelligkeit und Unvorhersehbarkeit auszeichnen. Man könnte zu diesem Zweck die Regietechnik der Skandalchroniken in den Kinowochenschauen anwenden – wohlgemerkt, die Technik, nicht die vulgären, respektlosen Absichten. Die Fragen müssten blitzschnell, scharf und unangenehm sein und ganz unvermittelt gestellt werden (bei der Vertonung wird man sie dann im Ton mildern), damit den Befragten, wenn schon nicht die Wahrheit im logischen Sinn, so doch wenigstens

ihre psychologische Wahrheit entlockt wird: Ein
Ausdruck in den Augen, eine Geste der Empörung
oder Wut, ein Lachen können mehr sagen als eine
lange Rede.

[...]

˟ Erstes Treatment des Films *Comizi d'amore (Gastmahl der Liebe)*, 1963. Der Titel *Cento paia di buoi (Hundert Ochsenpaare)* ersetzt den ersten Titel *Natura e contro natura (Natur und Widernatur)*. Nach dem italienischen Sprichwort: „Ein Frauenhaar zieht mehr als hundert Ochsenpaare."

Woher kommen die Kinder? Vom Storch, aus einer Blume, vom lieben Gott, vom Onkel aus Kalabrien. Doch schauen Sie sich das Gesicht dieser Bengel an: Sie tun nichts, um den Eindruck zu erwecken, sie glaubten das, was sie sagen. Sie lachen dabei oder schweigen, ihre Stimme kommt von fern, die Blicke wandern von rechts nach links, und die Antworten auf diese Erwachsenenfragen haben eine perfide Gescheitheit; sie behaupten das Recht, für sich zu behalten, was man gern flüsternd äußert. Mit dem Storch macht man sich über die Erwachsenen lustig, zahlt man ihnen mit gleicher falscher Münze heim; er ist das ironische, ungeduldige Zeichen dafür, dass die Frage nicht weiter vordringen darf, dass die Erwachsenen indiskret sind, dass sie keinen Zutritt zu der Runde haben, und dass das Kind sich das »Übrige« selbst erzählen wird.

So beginnt der Film von Pasolini.

Erhebung über die Sexualität ist eine recht merkwürdige Übersetzung für *Comizi d'amore*: Komitien, Versammlung oder vielleicht Form der Liebe. Es ist das tausendjährige Spiel des »Gastmahls«, doch unter freiem Himmel an den Stränden und auf den Brücken, an den Straßenecken, mit Kindern, die Ball spielen, jungen Burschen, die trainieren, badenden Mädchen, die sich langweilen, Prostituierten in Trauben auf dem Boulevard oder Arbeitern nach der Fabrik. Dem Beichtstuhl sehr fern, aber ebenso auch einer Erhebung, bei der man unter gewahrter Diskretion die geheimsten Dinge erfragt: Es sind *Straßengespräche über die Liebe*. Schließlich ist die Straße die spontanste Form des Zusammenlebens im Mittelmeerraum.

Der umherziehenden oder sich in der Sonne aalenden Gruppe hält Pasolini wie im Vorübergehen das Mikro hin: Beiläufig stellt er eine Frage nach der »Liebe«, nach diesem schwankenden Bereich, in dem der Sex, das Paar, die Lust, die Familie, die Verlobung und ihre Gebräuche, die Prostitution und ihre Tarife sich überkreuzen. Irgendeiner entschließt sich, antwortet ein wenig zögerlich, versichert sich und spricht für die anderen; sie kommen näher, pflichten bei oder murren, Hände auf den Schultern, Gesicht gegen Gesicht; Lachen, Zärtlichkeit, etwas Unruhe läuft rasch zwischen diesen Körpern um, die zusammenstehen und sich streifen. Und die von sich aus mit umso größerer Zurückhaltung und Distanz sprechen, je lebhafter und wärmer ihr Kontakt ist: Die Erwachsenen stellen sich nebeneinander auf und reden ausgiebig, die Jugendlichen reden kurz und haken sich unter. Pasolini als Interviewer bleibt undeutlich: Pasolini als Cineast schaut mit allen seinen Ohren.

I grigi mattini della tolleranza (Die grauen Morgen der Toleranz) von Michel Foucault in *Le Monde* Nr. 9998, 23. März 1977

Das Dokument ist unschätzbar, wenn man sich mehr für diese Dinge, die gesagt werden, als für das Mysterium, das nicht gesagt wird, interessiert. Nach der so langen Herrschaft dessen, was man (ziemlich übereilt) die christliche Moral nennt, konnte man in diesem Italien der frühen 60er-Jahre ein gewisses Brodeln des Sexuellen erwarten. Ganz und gar nicht. Beharrlich werden die Antworten in einer rechtlichen Terminologie gegeben: für oder gegen die Scheidung, für oder gegen die Vorherrschaft des Mannes, für oder gegen die Pflicht zur Jungfräulichkeit für die Mädchen, für oder gegen die Verdammung der Homosexuellen. Als ob die italienische Gesellschaft jener Zeit zwischen den Geheimnissen der Buße und den Vorschriften des Gesetzes noch keine Stimme für dieses öffentliche Geständnis des Sexes gefunden hätte, das unsere Medien heute verbreiten.

»Sie sprechen nicht darüber? Das ist so, weil sie Angst davor haben«, erklärt Musatti, ein einfacher Psychoanalytiker, den Pasolini von Zeit zu Zeit ebenso wie Moravia zu der in Gang befindlichen Erhebung befragt. Doch Pasolini glaubt offensichtlich nicht daran. Was den ganzen Film durchzieht, ist, glaube ich, nicht die Heimsuchung durch den Sex, sondern eine Art historischer Vorahnung, eine Art unbestimmtes, vorauslaufendes Zurückweichen vor einer neuen Ordnung, die damals in Italien entsteht, die Ordnung der Toleranz. Und da werden auch die Einschnitte in dieser Masse sichtbar, die sich dennoch darin einig ist, von Recht zu sprechen, wenn man sie nach der Liebe fragt. Einschnitte zwischen Männern und Frauen, Bauern und Städtern, Reichen und Armen? Ja, selbstverständlich, doch vor allem zwischen den Jungen und den anderen. Letztere fürchten eine Ordnung, die all die schmerzhaften und subtilen Anpassungen umstürzen wird, die das Ökosystem des Sexes gesichert hatten (mit dem Verbot der Scheidung, das auf ungleiche Weise den Mann und die Frau festhält; mit dem geschlossenen Haus, das als Komplementärgestalt zur Familie dient; mit dem Preis der Jungfräulichkeit und den Kosten der Heirat). Die Jugendlichen gehen diesen Wechsel auf eine deutlich andere Weise an; nicht mit Freudenschreien, sondern mit einer Mischung aus Ernst und Misstrauen, denn sie wissen ihn an ökonomische Transformationen gebunden, die sehr damit drohen, die Ungleichheiten des Alters, des Vermögens und der Stellung fortzuschreiben. Im Grunde verzaubern die grauen Morgende der Toleranz niemanden, und keiner hat es mit der Feier des Sexes eilig. Mit Resignation oder Zorn beunruhigen sich die Alten: Was wird mit *dem* Recht sein? Und die Jugendlichen werden beharrlich antworten: Was wird mit *den* Rechten, mit *unseren* Rechten sein?

Dieser 15 Jahre alte Film kann als Merkzeichen dienen. Ein Jahr nach *Mamma Roma* setzt Pasolini fort, was in seinen Filmen die große Saga der Jugendlichen werden wird, jener Jugendlichen, in denen er keineswegs Heranwachsende für Psychologen sah, sondern die derzeitige Form einer »Jugend«, die unsere Gesellschaften seit Rom und Griechenland niemals zu integrieren vermochten, die sie gefürchtet oder zurückgewiesen haben, die zu unterwerfen ihnen niemals gelungen ist, außer indem sie sie von Zeit zu Zeit in den Krieg schickten, um sie töten zu lassen.

Und dann war 1963 noch jene Epoche, in der Italien mit viel Lärm in jene Bewegung von Expansion – Konsum – Toleranz eintreten sollte, deren Bilanz Pasolini zehn Jahre später in den *Scritti corsari (Freibeuterschriften)* ziehen sollte. Die Gewalt des Buches entspricht der Unruhe des Films.

1963 war auch die Epoche, in der ein wenig überall in Europa und in den Vereinigten Staaten jene Wiederinfragestellung der vielfältigen Formen der Macht begann, von der die Weisen uns sagen, dass sie »in Mode« ist. Nun ja! Es mag sein; die »Mode« läuft Gefahr, noch einige Zeit getragen zu werden, wie in diesen Tagen in Bologna.

Comizi d'amore (Gastmahl der Liebe),
1963

An Alfredo Bini
– Rom

[Rom]
12. Mai 1963

Lieber Alfredo,

Du bittest mich, Dir zu Deiner Bequemlichkeit die Kriterien, die mich
beim Drehen des *Il Vangelo secondo Matteo (Das 1. Evangelium –
Matthäus)* leiten werden, schriftlich zusammenzufassen.

Vom religiösen Standpunkt her gelten für mich, der ich stets versucht habe, meinem Laientum die Merkmale der Religiosität zurückzuge-
winnen, zwei auf naive Weise ontologische Daten: die Menschlichkeit
Christi wird von einer solchen inneren Kraft getragen, von einem solchen unbezähmbaren Wissensdurst und Drang, das Wissen zu überprüfen, ohne Furcht vor jeglichem Skandal und jeglichem Widerspruch, dass
für sie die Metapher „göttlich" an die Grenzen der Metaphorik stößt,
ideell zu einer Wirklichkeit wird. Überdies ist für mich Schönheit immer
eine „moralische Schönheit": doch diese Schönheit gelangt stets vermittelt zu uns: durch die Dichtung oder die Philosophie oder die Praxis: den
einzigen Fall von nicht vermittelter, sondern unvermittelter „moralische
Schönheit" im Reinzustand habe ich im Evangelium erfahren.

Was mein „künstlerisches" Verhältnis zum Evangelium betrifft, so ist
es recht kurios: Du weißt vielleicht, dass die gesamten 50er-Jahre hindurch meine ideologische Arbeit, als ideell aus dem Widerstand hervor-
gegangener Schriftsteller, als Marxist usw., auf Rationalität ausgerich-
tet war, in Polemik mit der Irrationalität der dekadenten Literatur (an
der ich mich gebildet hatte und die ich so liebte). Die Idee, einen Film
über das Evangelium zu drehen, und seine technische Intuition sind allerdings, ich muss es gestehen, Frucht einer furiosen irrationalistischen
Sturzwelle. Ich will ein reines Werk der Poesie schaffen und nehme sogar
die Gefahren der Ästhetisierung in Kauf (Bach und zum Teil Mozart als
musikalischer Kommentar; Piero della Francesca und zum Teil Duccio für
die figurative Inspiration; die im Grunde genommen frühgeschichtliche
und exotische Realität der arabischen Welt als Hintergrunde und Milieu).
Als dies setzt in gefährlicher Weise meine gesamte Laufbahn als Schriftsteller aufs Spiel, ich weiß. Aber es wäre ja noch schöner, wenn ich bei
meiner leidenschaftlichen Liebe zum Matthäischen Christus dann fürch-
tete, etwas aufs Spiel zu setzen.
Dein

Pier Paolo Pasolini

An Jewgenij Jewtuschenko
– Moskau

[Rom, 1963]

Lieber Jewtuschenko,

Du weißt es nicht: aber ich denke schon ein ganzes Jahr an Dich. Aus einem zumindest überraschenden Grund. Ich sage es Dir in aller Einfachheit, denn es kommt mir inzwischen vor, als kennte ich Dich persönlich, nein, es kommt mir vor, als hätte ich in Dir einen alten Freund. Ich möchte, dass Du in meinem Film *Il Vangelo secondo Matteo (Das 1. Evangelium – Matthäus)* die Rolle des Christus spielst. Was das alles impliziert, weiß ich selbst auch nicht ganz genau.

Wir werden zusammen darüber sprechen: wenn diese „überraschende Sache", die so große Bedeutung für mich hat, sich verwirklichen lässt. Wie ich auf die Idee gekommen bin? Du weißt vielleicht, dass ich, da ich kein ... ernsthafter Regisseur bin, meine Darsteller nicht unter den Schauspielern suche: Bisher habe ich sie, für meine subproletarischen Filme, „auf der Straße gefunden", wie man in Italien sagt.

Für Christus, einen „Mann der Straße", konnte das nicht genügen: Der unschuldigen Expressivität der Natur musste das Licht des Verstandes hinzugefügt werden. Und da habe ich an die Dichter gedacht. Und beim Gedanken an die Dichter habe ich als erstes an Dich gedacht.

Die ganze Welt wird es seltsam finden, dass ich als Christus ausgerechnet Dich, einen Kommunisten, ausgewählt habe. Doch bin ich vielleicht kein Kommunist? Die ideellen Gründe für dieses Werk von mir sind sehr vielschichtig. Aber ich werde sie Dir vereinfachen, indem ich Dir den ersten Vorspann zu meinem Film abschreibe: „Dieser Film will, in dem bescheidenen Maße, in dem dies einem Film möglich ist, zu dem Friedenswerk beitragen, das Nikita Chruschtschow, Papst Johannes und John Kennedy in der Welt begonnen haben."

Ich möchte keine weiteren Erklärungen und flehentliche Bitten hinzufügen. Es ist dies eine Idee, die gefällt oder nicht gefällt. Doch inzwischen lies das Matthäusevangelium!

Ich umarme Dich herzlich, mit großer Hoffnung, Dein

Pier Paolo Pasolini

Enrique Irazoqui und Pasolini
vor den Felshängen von Matera, 1964

Auf dem Set von *Il Vangelo secondo Matteo*
(Das I. Evangelium – Matthäus), 1964

Bei der Suche nach dem geeigneten Darsteller des Christus in *Il Vangelo secondo Matteo (Das I. Evangelium – Matthäus)* ist Pasolini nicht damit zufrieden, seinen Protagonisten wie üblich unter den Gesichtern aus dem Subproletariat in den römischen Armenvierteln, den Borgate, auszuwählen. Er möchte die ausdrucksstarke Unschuld des nicht professionellen Darstellers bewahrt wissen, sucht aber auch nach „dem Licht der Vernunft". Deshalb denkt er an einen Dichter, der obendrein Kommunist ist, namens Jewgenij Jewtuschenko, dem er im Jahr 1963 brieflich seinen Vorschlag unterbreitet. Er will ihn als Protagonisten des Films, den er gerade vorbereitet: eine poetische Annäherung an die Figur Jesu und sein Umfeld, wortgetreu auf der Grundlage des Matthäusevangeliums der Bibel nachgezeichnet. Nach der Ablehnung Jewtuschenkos sieht sich Pasolini anderweitig um. Einige Monate später lernt er zufällig Enrique Irazoqui kennen, einen 19-jährigen Studenten aus Barcelona und militanten Franco-Gegner. Er ist von dem geheimen Syndikat, in dem er sich aktiv betätigt, nach Italien geschickt worden, um Mittel und Unterstützung für den Kampf gegen die Diktatur zu sammeln. Während des Treffens berichtet Irazoqui von den Gründen, die ihn nach Rom geführt haben, und beschreibt die politische Situation in Spanien. Pasolini hört ihm aufmerksam zu, beobachtet ihn und sagt ihm schließlich, dass er schon lange Zeit nach dem Gesicht Jesu für seinen Film gesucht und es nun endlich gefunden habe: Er will ihn als Darsteller Jesu. Irazoqui lehnt ab: „Ich habe wichtigere Dinge zu tun." Doch Pasolini lässt nicht locker, und es gelingt ihm, den jungen Mann zu überzeugen; ironischerweise ist es gerade der starke Widerstand in dessen Haltung, den er bei seinem Protagonisten festzuhalten sucht, soll er doch „ein Christus gegen seinen Willen sein". Für die Rolle, die Irazoqui in dem Film spielt, muss auch er seinen Preis zahlen: Als er nach Spanien zurückkehrt, wird ihm der Pass abgenommen, weil er in einem „von marxistischer Propaganda geprägten Film" mitgespielt habe.

J. B.

Pasolini richtet den Schleier seiner Mutter
auf dem Set von *Il Vangelo secondo Matteo*

Vorführung von
Il Vangelo secondo Matteo
in Notre-Dame, Paris
1964

Il Vangelo secondo Matteo, 1964

Aus Uccellacci e uccellini (Große Vögel, kleine Vögel), 1965

[...]

Im Gegensatz zu meiner selbstherrlichen Ankündigung im Interview des *Paese Sera* habe ich das *Il Vangelo secondo Matteo (Das 1. Evangelium – Matthäus)* auf ganz andere Weise gedreht als *Accattone – Wer nie sein Brot mit Tränen aß*. Noch immer denke ich voll Angst an die ersten Arbeitstage zurück, als ich so drehte, wie ich drehen konnte, also mit meinen geliebten Objektiven, meinen geliebten Kamerafahrten. Warum habe ich das nicht gleich erkannt, noch bevor ich anfing? Es war klar, dass die *Sakralität* der technischen Mittel, die kindliche Einfachheit, die den „Stoff" der römischen Borgate aus ihrer gewöhnlichen (und konventionellen) Semantik löste, schlagartig rhetorisch und banal werden würde, wenn sie auf den an sich schon heiligen „Stoff" angewendet wurde, den ich erzählen wollte. Ein Zuhälter aus Pigneto konnte sehr gut wie ein romanisches Bauwerk oder eine Masaccio-Figur gesehen werden, aber Christus ... Ein Christus, mit 50er- oder 75er-Objektiv frontal aufgenommen und begleitet von kurzen, heftigen Panoramaschwenks, wird zu reinem Pathos: eine Nachbildung. Das war mein Irrtum, als ich anfing zu drehen, als Erstes die ganze Szene mit Gethsemane und der Gefangennahme. Ich habe sie später nur teilweise nachdrehen können, darum trägt sie das unauslöschliche Zeichen meines anfänglichen Irrtums, und wenn diese Szene – obgleich im Schneideraum korrigiert und angepasst – jetzt auf die Leinwand kommt, schäme ich mich heftig.

Erst als ich die Szene der Taufe im Jordan drehte, wurde mir während einer in einem kleinen Hotel in Viterbo durchwachten Nacht klar, dass ich auf den furchtbarsten Verriss zusteuerte. Nichts wird je ein für alle Mal erfunden. Bücher schreiben oder Filme drehen ist immer eine übermenschliche und vollkommen unverhältnismäßige Anstrengung. Jede Krise scheint überdies definitiv, immer scheint sie alles über den Haufen zu werfen. Stattdessen sind Krisen lediglich der erste Moment einer Reihe kommender Wehen, die sich mit jedem Tag, mit jedem Detail wiederholen. Als ich an jenem Tag in Viterbo erwachte, beschloss ich sogar, das Ganze und die Einzelheiten der Menge, die sich taufen lässt, aus dem Hubschrauber aufzunehmen. Den Hubschrauber bekam ich nicht, die Arco Film ist keine amerikanische Gesellschaft. Doch das Flüsschen, der Chia, der als Jordan diente, war von ariostesken Schluchten um-

geben: Also bin ich mit dem heldenhaften Delli Colli und der mit dem Pan-Cinor ausgerüsteten Arriflex auf diese Felsen geklettert, und von dort habe ich die Gruppen, die einzelnen Figuren und die Nahaufnahmen mit Zoom gedreht. Auf diese Weise wurde alle Frontalität, alle Ordnung, alle Symmetrie erschüttert: Das Magmatische, Zufällige, Asymmetrische herrschte. Die Gesichter konnten nicht mehr frontal und im Bildmittelpunkt gesehen werden, sondern zeigten sich so im Bild, wie es sich gerade ergab, aus allen möglichen Perspektiven und immer exzentrisch.

[...]

Heute, da der Film fertig geschnitten ist, habe ich etwas gänzlich Anderes vor mir: Einen Film, in technischer Hinsicht von unvermuteter Reinheit, der all meine magmatischen, expressionistischen, zufälligen, willkürlichen, asymmetrischen Momente, all meine Freiheiten beim Schnitt, all meine Regelwidrigkeiten seelenruhig glättet. Sogar die Dreyer- und Eisenstein-Zitate oder Reminiszenzen an Mizoguchi, die vehement herausfallen und im Kontext hervortreten sollten, werden durch sein heiteres, ausgleichendes Gefüge auf friedliche Weise abgemildert. Auch die objektive Vitalität – die durch ihre schlichte Alltäglichkeit überraschenden Gesichter (der Bauern aus Lukanien und Kalabrien) oder die von einer historischen Modernität der Gefühle gezeichneten Gesichter (meine Freunde aus dem Bildungsbürgertum) – wird wieder Teil einer Normalität aus großer Distanz und Schweigen. Seltsamerweise hat die Beschwörung jetzt mehr Gewicht als die Darstellung. Das Chaos erfuhr unerwartet eine technische und stilistische Befriedung. Ich frage mich, warum.

[...]

Pasolini: Ich sagte, wäre ich Franzose, dann hätte ich den Film *(Il Vangelo secondo Matteo [Das 1. Evangelium – Matthäus])* in Algerien gedreht und angesiedelt. Ihnen, Sartre, habe ich ein Gedicht in *Ali dagli occhi azzurri (Ali mit den blauen Augen)* gewidmet, nachdem Sie mir in Rom die Geschichte eines algerischen Mädchens erzählt hatten, einer Prostituierten, die Sklavin eines französischen, eines europäischen Ausbeuters war.

Sartre: Das müssen Sie allen sagen – dass Sie Ihr *Evangelium* unter den Subproletariern Algeriens hätten spielen lassen. Dort stellt sich das Problem eindeutig anders als beim italienischen Subproletariat. Aber die Haltung der rationalistischen Linken ist verständlich. Die Geschichte Christi ist eben ein Streitpunkt. Man fürchtet, dass religiöse Themen konservative Ideen begünstigen. [...]

Die Interpretation des Christentums ist eine der Leerstellen des Marxismus. Marx selbst hat die Frage nicht behandelt und der Nachwelt ungelöst hinterlassen. Marx' Untersuchung stützte sich auf das entwickeltere Proletariat in Deutschland, in England, in Frankreich. Mit dem Entstehen sozialistischer Gesellschaften, die durch die Existenz einer riesigen Masse bäuerlichen Subproletariats gekennzeichnet sind, hat er nicht rechnen können. Also so, wie es in der Sowjetunion und China geschehen ist. Aus dieser Leerstelle sickert eine Abneigung gegen das Subproletariat. Ich erinnere mich an eine Versammlung französischer Kommunisten, die zwischen 1952 und 1953 einberufen worden war, um André Marty zu verurteilen. Im Saal wurden Schilder hochgehoben: „Wir sind für die Partei der ehrlichen Leute." Marty wurde auf die Seite der Subproletarier geschoben, zu den Ausgestoßenen, den Mördern, während sich auf der anderen die Proletarier befanden, ehrliche Militante. Diesen Puritanismus, diesen Moralismus bäuerlichen Ursprungs findet man heute noch in der Sowjetunion. Dort habe ich in den Museen bis 1964 gerade einmal zwei Statuen nackter Frauen gesehen. Und jetzt schauen Sie sich Algerien an. Es ist tragisch mit anzusehen, wie heute der Puritanismus in Algerien Oberwasser bekommt, wo die Frauen, die gekämpft und Torturen ertragen haben, wieder in die islamischen Mythen der bäuerlichen Tradition eingesperrt werden, die sie zu Sklavinnen der Männer machen wollen.

Pasolini: Auch auf Kuba gibt es einen Moralismus, zumindest offiziell ...

Sartre: Was Kuba angeht, bin ich doch etwas anderer Meinung, denn Castro vertritt einen klaren Anti-

puritanismus. Als ich dort *La Putain respectueuse (Die ehrbare Dirne)* aufführte, stand eine Frau auf und fragte: „Wann werdet ihr die Prostitution verbieten?" Castro antwortete: „Es geht nicht darum, die Prostitution als solche zu verbieten; es sind ihre Ursachen, gegen die ich vorgehen will."

Pasolini: Auch *Accattone – Wer nie sein Brot mit Tränen aß* hat bei einer Gruppe führender kubanischer Moralisten Anstoß erregt, und ich erkenne an, dass es Castro war, der den Film freigab.

Sartre: Sie reisen nach Budapest. In den sozialistischen Ländern wird Ihr Film besser aufgenommen werden; innerhalb der Krise des Marxismus ist er einfacher zu verstehen. Bei uns muss erklärt und diskutiert werden; die Debatte wird hart werden, eben weil die Linke nicht weiß, wie sie mit der Christusfigur umgehen soll. Aber ich empfehle Ihnen, Mitte Januar noch einmal hierher zu kommen und eine öffentliche Diskussion über Ihren Film zu eröffnen, zwischen der laizistischen Linken und den Priestern, die im Algerienkrieg einen mutigen persönlichen Beitrag geleistet haben.

Pasolini: Ich möchte ihnen noch sagen, dass mich bei jedem Gespräch junge Leute fragen, warum ich den Preis des Ufficio Cattolico del Cinema angenommen habe, während Sie den Nobelpreis abgelehnt haben.

Sartre: Und was antworten Sie ihnen?

Pasolini: Dass ich mich im offenen Kampf engagiere, so wie Sie zur Zeit des Algerienkrieges, als man Ihnen keine Preise gab ...

Sartre: Eine gute Antwort.[x]

[x] Auszüge aus dem Gespräch zwischen Pasolini und Jean-Paul Sartre, transkribiert von Maria Antonietta Macciocchi für *L'Unità*, 22. Dezember 1964

Pasolini mit seiner Mutter in ihrem Haus im EUR, 1971

Aus *Poesia in forma di rosa (Gedicht in Form einer Rose)*, 1964

Bitte an meine Mutter

Schwer ist es, mit Sohnesworten zu sagen,
was mir, im Herzen, so wenig gleicht.

Du bist die einzige in dieser Welt, die von meinem Herzen
weiß, wie es war, vor jeder anderen Liebe.

Deshalb muss ich Dir sagen, was schlimm ist zu wissen:
dass meine Qual aus Deiner Gnade entspringt.

Du bist unersetzbar, deshalb ist verurteilt
zum Alleinsein das Leben, das Du mir geschenkt.

Und ich will nicht allein sein. Grenzenlos ist
mein Hunger nach Liebe, Liebe der Körper ohne Seele.

Denn die Seele ist in Dir, meine Seele bist Du,
doch Du bist meine Mutter, und meine Knechtschaft ist Deine Liebe:

Meine Kindheit habe ich geknechtet verbracht
in dieser unheilbaren, unermesslich hohen Verpflichtung.

Es war der einzige Weg, das Leben zu spüren,
die einzige Farbe, die einzige Form: Nun ist es zu Ende.

Wir überleben: Und es ist die Verwirrung
eines wiedergeborenen Lebens, fern seines Grundes.

Ich flehe Dich an, ich flehe, wünsche Dir nicht, zu sterben.
Hier bin ich, allein, bin mit Dir, in einem künftigen Lenz ...

Die Wohnungssuche

Ich suche eine Wohnung, mich darin zu vergraben,
und zieh durch die Stadt gleich einem Insassen
des Annenspitals, des Pflegeheims,

dem man Ausgang gegeben, das Gesicht noch vom Fieber
verdorrt und gebleicht unterm Bart.
Aber, mein Gott, eine Wahl habe ich nicht.

Dieser fahle, verwirrende Tag
voll verbotenen Lebens in der Dämmrung
des Abends, die düsterer ist als die Frühe,

wirft mich in die Straßen einer feindlichen Stadt,
um die Bleibe zu suchen, die ich gar nicht mehr will.
Die Manöver der Angst sind geglückt.

Aus *Poesia in forma di rosa (Gedicht in Form einer Rose)*, 1964

Wenn diese letzte Regung der Jugend
noch Sinn hat: das Herz aufs Papier zu bannen –
lass sehen: was ist heute, das nicht gestern

schon war? Jeden Tag wächst die angstvolle Enge,
alltäglich tödlicher wird der Schmerz,
heute schlimmer als gestern befällt mich der Schrecken ...

Einst schien er mir heiter, dieser Stadtteil
von EUR, jetzt ist er nur scheußlich, sonst nichts.
Er schien leidlich freundlich, geeignet

für sorglose Gänge, großzügig genug,
um als Stadt der Zukunft zu gelten.
Und da ein „Tabak"-Schild, dort eins mit „Backwaren" ...

da sind sie, die finsteren Bürgergesichter
mit dem schneeweißen Gewissen, fein sauber verpackt
wie ein Ei in der Schale, nicht hart und nicht zart ...

Verrückt! wie vergeblich sie samt ihren Söhnen
sich zum Wohlstand hin dienten, verfettete
Sklaven der geizigen Geldmacher im Norden.

Giorgio de Chirico, *Arrivo del trasloco (Ankunft des Umzugswagens)*,
signiert „G. de Chirico 1951" (1965 zu datieren)

—

Fondazione Giorgio e Isa de Chirico, Rom

Die Phasen des Raben

Die Idee mit dem Raben durchlief mehrere Phasen. Erst war er ein kluger Kopf, ein Weiser, im Grunde ein einfacher Moralist (doch ursprünglich ging es nicht um einen Film, sondern um eine Erzählung). Dann wurde aus dem Moralisten ein Philosoph. In dem Moment tauchte die Idee auf, aus der Erzählung (die ich mangels einer angemessenen Sprache nie hätte schreiben können) einen Film zu machen. Also musste der Philosoph präziser gefasst werden, denn ohne Präzision ist keine Vereinfachung möglich (kein obligatorisches Element, aber eine faszinierende prosodische Norm), und die Adressaten dieses Produkts waren Kinozuschauer usw.

Dieser Philosoph war also zunächst ein „wirklicher" Weiser, der mit skandalöser, anarchischer Freiheit nach der empirischen, absoluten, keinem System folgenden Wirklichkeit sucht. Fast ein unter Drogen stehender Weiser, ein liebenswerter Beatnik, ein Poet, der nichts mehr zu verlieren hat, eine Figur von Elsa Morante, ein Bobby Bazlen, ein erhabener und lächerlicher Sokrates, der vor nichts haltmacht und sich verpflichtet, niemals zu lügen, als hätten ihn indische Philosophen oder Simone Weil inspiriert.

Doch bei dieser Konzeption des Raben ging die Rechnung nicht auf. Denn die beiden Figuren, Vater und Sohn, die ihren Weg gehen, sind in ihrer vollkommenen Unschuld, ihrem treuherzigen Zynismus, ihrem Handeln, das einer inneren Wahrheit folgt – oder auch dem in gewisser Weise immer aufrichtigen Automatismus einfacher Menschen, einfach im umfassendsten Sinne – in Wirklichkeit selbst das, was der Rabe im ersten Entwurf sein sollte. Er hätte sie gelehrt, das zu sein, was sie immer schon waren und immer sein werden, weil sie es per definitionem sind. Sie hätten ihn am Ende nie aufessen dürfen, wie geplant: also ihn sich einverleiben und sich das wenige aneignen, das sie von ihm nehmen konnten, um dann weiter ihren Weg zu gehen – bis ein neuer Rabe kommt, um ihnen Bewusstsein beizubringen.

Der Rabe musste daher zeitgeschichtlich genau definiert sein, ich musste der komplexen Bildung des anarchischen und „indischen" Raben das marxistische Element als notwendigen Teil seiner Weltsicht hinzufügen. Beim Schreiben des Drehbuchs dachte ich mir also einen marxistischen Raben, der sich aber noch nicht ganz vom anarchischen, unabhängigen, sanftmütigen und wahrheitsliebenden Raben befreit hat.

Damit wurde der Rabe autobiografisch – zu einer unorthodoxen Metapher für den Autor. So entstand sein psychologischer Background: der Marxismus, aufgepfropft als unschuldige Norm, eine Palingenese, aber nicht verrückt, sondern wohlüberlegt, ausgelöst durch den Regelbruch, das Trauma (Sehnsucht nach dem Leben, erzwungene Distanz zum Leben, Einsamkeit, Dichtung als Kompensation, die natürliche Verpflichtung zur Leidenschaft usw.). Doch das Autobiografische zeigte sich vor allem im besonderen Marxismus des Raben. Ein Marxismus, der offen ist für alle erdenklichen Synkretismen, Kontaminationen und Regressionen, an seinen Stärken aber festhält, der geschichtlichen Diagnose und Perspektive (in Italien der Gegensatz zwischen vorindustrieller und industrieller Welt, die Zukunft des Arbeiters usw.)

All das führte mich in einen Widerspruch. Der Rabe musste am Ende gegessen werden, so die anfängliche Eingebung und der unumstößliche Plan meiner Fabel. Denn er hatte seinen Auftrag beendet, seine Aufgabe erfüllt, er war, wie man so sagt, überholt; und außerdem sollten sich seine Schlächter das wenige Gute – das Minimum an Nützlichem – einverleiben, das er der Menschheit (Totò und Ninetto) geben konnte.

An dieser Stelle sei daran erinnert, dass das Motto der Erzählung vom Raben ein Satz von Mao ist. In einem Interview mit einem amerikanischen Journalisten sagte Mao ungefähr: „Was wird aus den Menschen? Werden sie in Zukunft Kommunisten sein oder nicht? Wer weiß? Wahrscheinlich werden sie weder Kommunisten noch Nicht-Kommunisten sein ... Sie werden weitergehen in ihre unendliche Zukunft und von der kommunistischen Ideologie das nehmen, was ihnen auf diesem ungeheuer komplizierten und verworrenen Weg helfen kann ..."

Der Rabe stand in dieser Phase also für die kommunistische Ideologie zu dem Zeitpunkt, als einer ihrer „historischen Momente" – der Marxismus der 50er-Jahre – schon überholt war. Diesen Punkt musste ich in seiner Widersprüchlichkeit verdeutlichen: Wenn der Marxismus des Raben mit meinem übereinstimmt, ich mich aber weiterentwickele und mir die Krise des Marxismus der 50er-Jahre bewusst ist, kann der Rabe keine abgeschlossene Geschichte haben, er kann nicht so eindeutig überwunden sein und aufgegessen werden, wie es zu einer einfachen Geschichte gepasst hätte. Stimmt der Marxismus des Raben dagegen nicht mit meinem überein, wird der Rabe zu einer gänzlich objektiven Figur, deren Ansichten ich nicht mehr teilen kann: eine langweilige, unsympathische, im Grunde stalinistische Figur, deren Stimme im recht neuartigen

Kontext dieser Fabel „veraltet" klingen würde. Die Handlung erfordert jedoch, dass er sympathisch ist, dass er Recht hat mit seinen allerdings etwas langweiligen Einwürfen, so dass der Schluss, wenn er gegessen wird, zwei gleichstarke Gefühle auslöst: die Erleichterung darüber, von seiner ideologischen Besessenheit, die immer alles erklären will, endlich befreit zu sein, und Mitleid mit seinem bösen Ende.

Ich musste also den Marxismus des Raben von meinem trennen, indem ich dessen Aktualität objektivierte. Er musste sich, wie ich, der Krise des Marxismus bewusst sein, also ein Marxist der 60er-Jahre werden – freilich aus Gründen, die nicht genau mit meinen identisch sind.

Anders gesagt: Ich musste meine Gründe überprüfen, vertiefen – Neues lernen. Weitergehen, mich verändern, verstehen, um dem Raben meine neuen marxistischen Sichtweisen in den Mund zu legen. Meinen erneuerten Marxismus und seinen zur Deckung bringen, doch unabhängig von meinen nutzlosen, in jeder Hinsicht negativen Erfahrungen der letzten Jahre.

Das habe ich versucht – schon für einen Ideologen ist das keine Kleinigkeit, für einen Geschichtenerzähler vielleicht noch schwieriger. Ein Buch hat mir dabei geholfen, auf das ich im richtigen Moment stieß, eine von Franco Fortini herausgegebene Sammlung. Sie und Fortinis jüngste Veröffentlichung *Verifica dei poteri* waren die Texte, anhand derer ich versucht habe, die ideologische Figur des Raben – als Korrektur des Drehbuchs – zu formen, indem ich aus dem grässlich verwickelten Knäuel einen zusammenfassenden poetischen Faden gewann.

Totò und Ninetto Davoli auf dem Set von *Uccellacci e uccellini (Große Vögel, kleine Vögel)*, 1965

Totò und Pasolini

Gianni Borgna: Weißt du noch, wann du Pasolini zum ersten Mal begegnet bist?

Ennio Morricone: Ach, Daten sind nicht meine Stärke. Jedenfalls war es zu der Zeit, als er an dem Film *Uccellacci e uccellini (Große Vögel, kleine Vögel)* arbeitete.

G. B.: Also zwischen 1965 und 1966. Waren dir seine Filme da schon bekannt?

E. M.: Sicher. Ich hatte *Accattone – Wer nie sein Brot mit Tränen aß*, *Mamma Roma* und auch *Il Vangelo secondo Matteo (Das 1. Evangelium – Matthäus)* gesehen.

G. B.: Haben sie dir gefallen?

E. M.: Ja, natürlich. Ich meine: Pasolins handwerkliche Qualitäten waren, wenigstens anfangs, noch nicht besonders entwickelt. Aber er wusste die Kamera auf seine Weise zu handhaben: statisch, mit langen Einstellungen, in der Richtung, wie es auch die Brüder Taviani in ihren Anfängen taten. In *San Michele aveva un gallo (Der Aufstand des Giulio Manieri)*, erinnere ich mich, gab es eine einzige Einstellung von mindestens 15, 20 Minuten. Und Pasolini konnte sehr gut Gesichter, Mienen auswählen, er hat oft Figuren erfunden, die im Gedächtnis blieben.

G. B.: Wie seid ihr zusammengekommen?

E. M.: Durch Vermittlung von Enzo Ocone, dem Produktionschef des Films, im Auftrag des Produzenten Alfredo Bini.

G. B.: Und wie war der erste Eindruck?

E. M.: Schlecht und gut zugleich. Pasolini gab mir eine Liste mit klassischen Musikstücken, die ich verwenden oder nachahmen sollte. Ich habe ihm sofort gesagt, ich schriebe lieber selbst Musik, Originalmusik. Willst du seine Antwort wissen?

G. B.: Ja, klar.

E. M.: Er sagte: „Gut, dann machen Sie es, wie Sie möchten." Unglaublich, eine große Respektsbezeugung von seiner Seite, wie sie kaum ein Regisseur gegenüber dem Komponisten seiner Filmmusik zeigt. Pasolini hatte vorrangig mit Rustichelli und Bacalov gearbeitet, aber nach diesem ersten Treffen hat er immer mich bestellt, bis zum letzten Film.

G. B.: Wer hatte die Idee, die Credits im Vorspann von *Uccellacci e uccellini* singen zu lassen?

E. M.: Es war sein Einfall. Etwas Derartiges hätte ich einem Künstler, einem Intellektuellen seines Ranges nicht vorschlagen können. Er meinte, er wolle es so, und ich antwortete: „Sehr gut, machen wir das." Ich glaube, es war das erste Mal, dass die Besetzungsliste eines Films gesungen wurde.

G. B.: Und wie seid ihr beim eigentlichen Soundtrack vorgegangen?

E. M.: Durchweg in einer sehr kooperativen Atmosphäre. Eines Tages kam er zum Beispiel zu mir und bat mich, eine Mozart-Arie aus der *Zauberflöte* einzubauen, gespielt von einer Okarina. Mich hat das nicht gekränkt, es war eine interessante Idee, es war Mozart, und ich war nicht gezwungen, ihn zu imitieren. Dasselbe geschah bei *Teorema – Geometrie der Liebe*.

Pasolini kam vorbei und fragte: „Sagen Sie, können Sie in diese Sequenz ein Zitat aus Mozarts *Requiem* einbauen?" Ich sagte ja und baute sie ein, aber weil er mich zugleich um eine dissonante Musik bat, komponierte ich entsprechend, und als ich ihm vorspielte, mitten in einem Chaos von Dissonanzen, war er zufrieden. Ich glaube, er betrachtete es als eine Art Beschwörung, denn in diesem Fall war Mozart wirklich kaum zu erkennen.

Dann kamen andere Filme, der *Decameron*, die *I racconti di Canterbury (Pasolinis tolldreiste Geschichten)*, *Il fiore delle Mille e una notte (Erotische Geschichten aus 1001 Nacht)*, in die Pasolini viele Lieder einfügte. Das war wie ein Dämpfer für meine kreative Energie. Ich beugte mich seinem Willen. In *Il fiore delle Mille e una notte* bekam ich dann eine kleine Revanche. Ich fing endlich wieder an, Originalmusik zu schreiben, mit einigen Ausnahmen.

Transkription eines Interviews, das Gianni Borgna am 28. Oktober 2012 mit Ennio Morricone führte

IV —

G. B.: Du hast auch Musik für *Salò o le 120 giornate di Sodoma (Die 120 Tage von Sodom)* geschrieben, Pasolinis letzten, zweifellos tragischsten Film.

E. M.: Ja, aber nur ein Zwölftonstück für Klavier, das die Pianistin während der Folterungen im Finale spielt, bevor sie sich mit einem Sprung aus dem Fenster umbringt. Das andere waren Orchesterfassungen von Musikstücken aus den 40er-Jahren.

G. B.: Wie ist die *Meditazione orale* entstanden?

E. M.: Auf einem ganz anderen Weg. Die RCA produzierte gerade zwei 33-er Platten zum Jubiläum der Einheit Italiens und legte mir nahe, Pasolini zu fragen, ob er Lust hätte, etwas zu schreiben. Pasolini tat es, und die von der RCA schlugen mir vor, es von Pasolini selbst vortragen zu lassen. Pasolini war keiner von den Künstlern, die sich bitten lassen: Er ging sofort zur RCA und nahm es auf. Dann baten sie mich, die Musik zu diesem Text von Pasolini zu komponieren, und das tat ich dann.

G. B.: Dann habt ihr auch noch zusammen komponiert ...

E. M.: Ja, einmal wollte ich ein Kammermusikstück für „arme Instrumente" komponieren, wie sie die Musikanten[x] an den Straßenecken spielen, Gitarre, manchmal Trompete, Akkordeon, und ich fragte ihn, ob er Verse dazu schreiben könne. Eine Woche darauf schickte mir Pasolini einen Text mit dem Titel *Caput Coctu Show*, aber offen gestanden: Ich konnte ihn nicht verstehen. Ein paar Tage später rief ich ihn an und sagte es ihm. Da schickte er mir ein Kärtchen voller Hinweise auf Dinge, die ich nicht kannte (zum Beispiel die Inschriften an der Kirche San Clemente in Rom), in denen auch lang und breit die Rede von Parkplatzwächtern[xx] war. Ich kapierte immer noch nicht. „Was haben die Parkplatzwächter damit zu tun?", fragte ich ihn, und er entgegnete: „Hast du mich nicht um ein Stück für die Parkplatzwächter gebeten?" Kurz, er hatte die Straßenmusikanten mit den Parkplatzwächtern verwechselt.

G. B.: Ihr habt auch ein Musikstück für Kinder komponiert.

E. M.: Ja, das war meine Idee. Ich sagte zu ihm: „Zur Zeit streiken alle, alle bis auf die Kinder." Pasolini schickte mir drei Sonette. Das erste handelte von der Revolution der Kinder, das zweite von ihrer Wut auf die Lehrer, in dem er böse Worte wie „bescheuert bescheuert" oder „blöde blöde" gebrauchte. Im dritten

fügen sich die Kinder und werden zahm. Ein wunderschönes Triptychon, das ich für Kinderchor gesetzt und *Tre scioperi (Drei Streiks)* genannt habe. Wie du siehst, ging unsere Zusammenarbeit über das Kino, über die Filme hinaus.

G. B.: Eine richtige Freundschaft ist aber nicht zwischen euch entstanden, oder?

E. M.: Eine Freundschaft, eine Beziehung war es nicht. Als ich mit ihm zu tun hatte, fühlte er sich einsam. Als dann aber Ninetto Davoli auftrat, war er glücklich. Zwischen uns herrschte Respekt, gegenseitige Bewunderung, aber nicht der Austausch, die Verbundenheit, die er zum Beispiel mit Ninetto hatte.

G. B.: Wie denkst du, abgesehen von eurer Zusammenarbeit, über Pasolini?

E. M.: Pasolini war ein großer Künstler, ein großer Schriftsteller, ein großer Dichter, der am Beginn seiner Karriere zu Unrecht kritisiert wurde.

Vor seinem Debütfilm haben ihn viele als schlechten Menschen dargestellt. Doch so war es nicht. Pasolini war eine Person voller Anstand und Freundlichkeit.

G. B.: Wie beurteilst du den Menschen Pasolini?

E. M.: Ich würde sagen, er war ein scheuer, ein einsamer Mann. Denk dir, als wir – um es so zu nennen – den Film *Salò* vermessen haben, hat mir Pasolini die rohesten Szenen nicht gezeigt. Ich habe *Salò* dann später im Cinema America in der Via Natale del Grande gesehen und war entsetzt von den besonders schockierenden Szenen. Es war einfach Rücksicht mir gegenüber, dass er sie mir vorenthalten hatte. Und vielleicht auch Schüchternheit.

G. B.: Fehlt dir der Regisseur Pasolini?

E. M.: Sicherlich. Mir fehlt ein Regisseur, der in erster Linie ein großer Dichter und Intellektueller und dann auch ein großer Regisseur war. Denn Pasolini hat sich nach und nach gesteigert und zum großen Regisseur entwickelt. Mit der Zeit hat er seine filmische Grammatik gelernt und angewandt. Und schließlich fehlt mir seine Kraft zur Provokation, zum Skandal.

[x] posteggiatore: Parkplatzwächter; umgangssprachlich: Straßenmusikanten
[xx] guardamacchine: Parkplatzwächter

Kapitel V

Eines Abends im März 1966 erleidet Pasolini während eines Restaurantbesuchs einen Zusammenbruch infolge einer durch ein Geschwür verursachten Magenblutung. Er wird in die Notaufnahme gebracht und verbringt nach seinem Krankenhausaufenthalt einen Monat zu Hause im Bett, um sich zu schonen. Dort schreibt er die sechs Stücke, die fast die Gesamtheit seines Schaffens für das Theater bilden.

Nun beginnt für ihn eine Phase der Entfremdung von Rom und dem, was die Stadt in seinen Augen gerade zu werden und zu repräsentieren verspricht. Er stellt die zerstörerischen Wirkungen der Konsumgesellschaft und des Fernsehens auf jene Menschen fest, die er bei seiner Ankunft in dieser Stadt geliebt hat und die alle Unschuld verloren haben. Er sieht, dass sich die römische subproletarische Kultur zersetzt, auf deren Grundlage er einen Teil seines romanhaften und filmischen Werkes aufgebaut hat. Italien in seiner Gesamtheit ist kleinbürgerlich geworden, vielleicht mit Ausnahme von Neapel, das sich seinen Worten zufolge nicht ändert. 1967 ist er durch den Tod Totòs sehr erschüttert, der nach *Uccellacci e uccellini (Große Vögel, kleine Vögel)* der Quell komischer Inspiration seiner Kurzfilme war.

Er reist nach Marokko, um dort *Edipo Re – Bett der Gewalt* zu drehen, allerdings mit Ausnahme des Prologs, der zweifellos die autobiografischste Sequenz seines Films ist und in der Lombardei gedreht wurde, um seine Kindheit im Friaul heraufzubeschwören.

Dann folgen die Ereignisse von 1968, die in Italien vor dem Pariser Mai beginnen. In dem Gedicht *Il PCI ai giovani!! (Der PCI an die Jugend!!)*, das einen Skandal hervorruft, bekräftigt Pasolini, dass seine Sympathie sich mehr der Seite der Polizisten zuneigt, die sich zum größten Teil aus Söhnen von Bauern zusammensetzt, die keine Möglichkeit hatten, einen anderen Beruf zu wählen, denn der Seite der bürgerlichen Studenten und Papasöhnchen. Mit dieser provokanten These konfrontiert er in Turin, wo er zusammen mit Laura Betti sein Stück *Orgia (Orgie)* inszeniert hat, die jungen Studenten.

Der einzige Lichtblick in dieser Periode der allgemeinen Desillusionierung ist seine Begegnung mit Maria Callas, der er im Jahr 1969 die Titelrolle in seinem Film *Medea* anvertraut. Er dreht den Prolog zu diesem Film in der Lagune von Grado und erlebt mit der Callas eine einzigartige Beziehung intensiver, amourös gefärbter Freundschaft.

Bürgerkrieg

[...]

In Amerika habe ich, trotz meines sehr kurzen Aufenthalts, viele Stunden im Klima des Untergrunds, des Kampfes, der revolutionären Ungeduld und der Hoffnung gelebt, demselben Klima, das 1944 und 1945 in Europa herrschte. In Europa ist alles zu Ende; in Amerika hat man den Eindruck, als stünde alles am Anfang. Ich will nicht behaupten, dass in Amerika Bürgerkrieg wäre – vielleicht nicht einmal irgendetwas Ähnliches –, noch will ich ihn prophezeien; dennoch lebt man dort wie am Vorabend großer Ereignisse. Diejenigen, die zur Neuen Linken gehören (die nicht real existiert, sie ist nur eine Idee, ein Ideal), erkennen einander auf den ersten Blick, und unter ihnen entsteht sogleich jene Art von Liebe, die die Partisanen der Resistenza verband. Es gibt die Helden, die Gefallenen, Andrew, James und Mickey und unzählige andere sowie die großen Bewegungen, die großen Etappen einer riesigen Volksbewegung, die das Problem der Emanzipation der Schwarzen und neuerdings den Vietnamkrieg zum Zentrum hat.

Wer nie eine pazifistische und gewaltlose Demonstration in New York gesehen hat, dem fehlt eine große menschliche Erfahrung, die, um es zu wiederholen, nur den großen Tagen der Hoffnung in den 40er-Jahren vergleichbar ist.

Eines Nachts in Harlem habe ich einer Gruppe junger Schwarzer die Hand geschüttelt (aber sie schüttelten die meine mit Argwohn, weil ich ein Weißer war), die auf dem Hemd das Abzeichen des Panthers trugen, das Emblem einer extremistischen Bewegung, die sich auf einen echten bewaffneten Kampf vorbereitet.

An einem Nachmittag in Greenwich Village habe ich ein Grüppchen Neonazis für den Vietnamkrieg demonstrieren sehen: In ihrer Nähe sangen, wie von einer seltsamen und ruhigen Verzückung ergriffen, zwei alte Männer und ein Mädchen, das auf der Gitarre begleitete, die pazifistischen Lieder der Neuen Linken – die des Village, das auch die Linke der Beatniks, der Drogenszene umfasst.

Ich bin einem jungen farbigen Gewerkschaftler gefolgt, der mich zum Sitz seiner Bewegung brachte, einer kleinen Bewegung, die in Harlem nur ein paar Hundert Mitglieder zählt und gegen die Arbeitslosigkeit der Schwarzen kämpft. Ich bin ihm in die Wohnung eines seiner Genossen gefolgt, eines Maurers, der sich bei der Arbeit verletzt hatte; er hat uns, auf seinem armseligen Bett ausgestreckt, mit dem Lächeln des Freundes und Komplizen empfangen, voll von jener Herzlichkeit, die wir als Partisanen kannten. Ich bin zu einem „bürgerlichen" Appartement in der schmutzigsten Gegend des Village hinaufgestiegen, um das hysterische Lachen und das bittere, wirre Reden einer mit einem Schwarzen verheirateten weißen Intellektuellen zu hören, die ihre Hassgefühle gegen den alten amerikanischen Kommunismus und die Linke der Droge hervorstieß – jedoch in einer Weise, als müssten ihre Wut und ihre brennende Enttäuschung in der Welt unmittelbar Antwort finden und sogleich zur „Tat" werden.

Ich habe also im Herzen einer Situation von Unzufriedenheit und Exaltation, von Verzweiflung und Hoffnung gelebt: von vollständiger Ablehnung des Establishments. Ich weiß nicht, wie das alles enden wird, ob es irgendwie enden wird. Tatsache ist, dass tausende von Studenten (etwa der gleiche Prozentsatz der Bevölkerung, den die Partisanen im Europa der 40er-Jahre ausgemacht hatten) in die Südstaaten gehen, um im Schwarzen Gürtel Amerikas an der Seite der Farbigen zu kämpfen – mit dem leidenschaftlichen und fast mystisch demokratischen Bewusstsein, „sie nicht zu manipulieren", auch nicht mit sanftem Zwang auf sie einzuwirken und, beinahe neurotisch, für sich selbst auch nicht die Spur irgendeiner Form von „Leadership" zu beanspruchen, und, wichtiger noch, mit dem Bewusstsein, dass das Problem der Farbigen jetzt, da es formal mit der Anerkennung ihrer Bürgerrechte gelöst ist, sich erst zu stellen beginnt; es ist also ein gesellschaftliches und kein ideelles Problem.

[...]

An Allen Ginsberg
– New York[x]

[Mailand,
18. Oktober 1967]

Lieber, engelsgleicher Ginsberg, gestern abend
habe ich Dich alles, was Dir einfiel, über New York
und San Francisco und ihre Blumen sagen hören. Ich
habe Dir etwas zu Italien gesagt (Blumen nur beim
Blumenhändler). Dein Bürgertum ist ein Bürgertum
von VERRÜCKTEN, mein Bürgertum von IDIOTEN. Du
lehnst Dich gegen Verrücktheit mit Verrücktheit auf
(indem Du den Polizisten Blumen gibst): aber wie
sich gegen IDIOTIE auflehnen? Usw. usw., so haben
wir geplaudert, Du viel viel schöner als ich, und ich
habe Dir auch gesagt, warum: Weil Du, wenn Du
Dich gegen die bürgerlichen Mörderväter auflehnst,
dabei in ihrer selben Welt ... und Klasse (ja, so drücken wir uns in Italien aus) bleibst und somit gezwungen bist, Deine revolutionäre Sprache – Tag für
Tag, Wort für Wort – gänzlich neu zu erfinden. Alle
Menschen *Deines* Amerika sind, um sich auszudrücken, gezwungen, Erfinder von Wörtern zu sein! Wir
dagegen (auch die, die jetzt 16 sind) haben unsere
revolutionäre Sprache hier schon fix und fertig, mit
ihrer Moral darin. Auch die Chinesen reden wie
Staatsbeamte. Und ich auch – wie Du siehst. Es gelingt mir nicht, PROSA UND POESIE ZU MISCHEN
(wie Du es tust!) – und es gelingt mir niemals, und
natürlich auch in diesem Augenblick nicht, zu vergessen, dass ich sprachliche Pflichten habe.

Wer hat uns – Alten und Jungen – die offizielle
Sprache des Protests geliefert? Der Marxismus,
dessen einzige poetische Ader die Erinnerung an
den Widerstand ist, die sich beim Gedanken an Viet-
nam und Bolivien erneuert. Und warum beklage ich
mich über diese offizielle Sprache des Protests, die
mir die Arbeiterklasse durch ihre (bürgerlichen)
Ideologen liefert? Weil es eine Sprache ist, die nie
von der Idee der Macht absieht und daher immer
praktisch und rational ist. Aber sind Praxis und Ra-
tio nicht dieselben Gottheiten, die unsere bürgerlichen Väter zu VERRÜCKTEN und IDIOTEN gemacht
hat? Armer Wagner und armer Nietzsche! Sie haben
all ihre Schuld auf sich genommen.
Von Pound gar nicht zu reden!

Pier Paolo Pasolini

[x] Der hier wiedergegebene Text wurde unter Pasolinis
Papieren gefunden und ist im Vergleich zu der von Ginsberg
erhaltenen, von diesem und Annette Galvano in der Zeitschrift *Lumen / Avenue A*, Band I, Nr. 1, New York 1979,
veröffentlichten Version unvollständig.

New York,
1966

Schlacht von Valle Giulia,
1. März 1968

Am Tag nach den Krawallen zwischen Polizei und protestierenden Studenten in der Valle Giulia am 1. März 1968 schrieb Pasolini das Gedicht *Il PCI ai giovani!! (Der PCI an die Jugend!!)*.

Bis heute hält sich die Meinung, Pasolini habe sich vorbehaltlos mit den Polizisten solidarisch erklärt, wie das Wochenblatt *L'Espresso* damals titelte. Tatsächlich aber hatte er das Gedicht für die Zeitschrift *Nuovi Argomenti* vorgesehen, also für eine sehr gut informierte, gebildete Leserschaft. Pasolinis ging es darum, die Studenten dazu aufrufen, sich mit der Arbeiterklasse und deren Partei, dem PCI, zu verbünden. Er wuss-

te sehr gut, dass die Demonstranten „auf der Seite des Rechts" standen und die Polizisten „auf der Seite des Unrechts". Aber ihm war auch klar, dass es sich bei den Studentenprotesten um eine Auseinandersetzung innerhalb der bürgerliche Klasse handelte, während die Polizisten alles arme Schlucker aus dem Süden waren, die ihre Arbeit zum Überleben brauchten.

G. B.

Der PCI an die Jugend!!

Aus *Nuovi Argomenti* Nr. 10, April–Juni 1968

Schade. Die Polemik gegen
den PCI war in der ersten Hälfte
des letzten Jahrzehnts fällig. Ihr kommt zu spät, Kinder.
Und es ändert nichts, wenn Ihr damals noch nicht geboren wart.
Die Journalisten aus aller Welt (mitsamt
denen vom Fernsehen)
lecken Euch (wie man, glaube ich, immer noch sagt in der Sprache
der Uni) den Arsch. Ich nicht, Freunde.
Ihr habt Gesichter von Vatersöhnchen.
Die rechte Art schlägt immer durch. Ihr habt denselben bösen Blick.
Ihr seid furchtsam, unsicher, verzweifelt
(ausgezeichnet!), aber Ihr wisst auch, wie
man arrogant, erpresserisch und sicher ist:
kleinbürgerliche Vorrechte, Freunde.
Als Ihr Euch gestern in Valle Giulia geprügelt habt
mit den Polizisten,
hielt ich es mit den Polizisten!
Weil die Polizisten Söhne von armen Leuten sind.
Sie kommen aus Randzonen, ländlichen oder städtischen.
Was mich angeht, so kenne ich sehr wohl
die Weise, wie sie als Kinder und Jungen gelebt haben,
die kostbaren 1 000 Lire, den Vater, auch er ein Junge geblieben
wegen des Elends, das keine Autorität verleiht.
Die Mutter mit schwieligen Händen wie ein Gepäckträger,
oder zart,
durch irgendeine Krankheit, wie ein Vögelchen;
die vielen Brüder; das armselige Haus
zwischen den Gärten mit dem roten Salbei (auf fremdem,
parzelliertem Boden); die Kellerlöcher
über den Kloaken; oder die Wohnungen in den großen
Sozialkasernen; usw.
Und dann seht, wie sie angezogen sind: wie Hanswürste
mit jenem groben Stoff, der nach Truppenverpflegung,
Schreibstube und Volk riecht. Schlimmer als alles natürlich
ist die psychologische Verfassung, auf die sie reduziert sind
(für 40 000 Lire im Monat)
kein Lächeln mehr,
keine Freundschaft mehr mit der Welt,
abgesondert,
ausgeschlossen (in einem Ausschluss sondergleichen);
erniedrigt, weil sie ihr Menschsein verloren haben,
um Polizisten zu sein (gehasst werden lehrt hassen).
Sie sind 20, in Eurem Alter, liebe Freunde und Freundinnen.
Gegen die Institution der Polizei sind wir uns selbstverständlich
einig.
Aber legt Euch einmal mit der Justiz an, und Ihr werdet sehen!
Die jungen Polizisten,
die Ihr aus heiligem Bandentum (in vornehmer Tradition
des Risorgimento)
als Vatersöhnchen geprügelt habt,
gehören zur anderen Gesellschaftsklasse.
In Valle Giulia hat es gestern also ein Stück

Klassenkampf gegeben: und Ihr, Freunde (obwohl im
Recht), wart die Reichen,
während die Polizisten (im
Unrecht) die Armen waren. Ein schöner Sieg also,
der Eure! In solchen Fällen
gibt man den Polizisten Blumen, Freunde.
Popolo und *Corriere*, *Newsweek* und *Le Monde*
lecken Euch den Arsch. Ihr seid ihre Kinder,
ihre Hoffnung, ihre Zukunft: wenn sie Euch tadeln,
bereiten sie sich bestimmt nicht auf einen Klassenkampf
gegen Euch vor! Wenn überhaupt,
dann auf den alten inneren Kampf.
Für den, der als Intellektueller oder Arbeiter
außerhalb Eures Kampfes steht, ist die Idee sehr belustigend,
dass ein junger Bourgeois einen alten
Bourgeois durchprügelt und dass ein alter Bourgeois
einen jungen Bourgeois ins Gefängnis schickt. Sachte
kehren die Zeiten Hitlers wieder: Die Bourgeoisie
liebt es, sich mit eigenen Händen zu strafen.
Ich bitte die ein- oder zweitausend jungen Leute um Verzeihung,
meine Brüder,
die in Trient oder Turin arbeiten,
in Pavia oder Pisa,
in Florenz und auch ein bisschen in Rom,
doch ich muss sagen: Die Studentenbewegung
studiert nicht die Evangelien, deren Lektüre
ihre Schmeichler mittleren Alters ihr nachsagen,
um sich das Gefühl der Jugend und eine erpresserische Unschuld
zuzulegen.
Nur eins kennen die Studenten wirklich:
den Moralismus des Vaters im Richteramt oder freien Beruf,
die konformistische Gewalt des älteren Bruders
(der natürlich in die Fußstapfen seines Vaters tritt),
den Hass auf die Kultur, wie ihre Mutter sie besitzt,
bäuerlicher Herkunft, wenn auch schon weit zurück.
Dies, liebe Kinder, kennt Ihr.
Und durch zwei eherne Gefühle wendet Ihr es an:
das Bewusstsein Eurer Rechte (man weiß, die Demokratie
zieht nur Euch in Betracht) und das Streben
nach Macht.
Ja, in Euren Parolen geht es immer um
Machtergreifung.
Ich lese in Euren Bärten ohnmächtige Ambitionen,
in Eurer Blässe verzweifelte Snobismen,
in Euren ausweichenden Augen eine zerfahrene Sexualität,
im Zuviel an Gesundheit Arroganz, im Zuwenig Verachtung
(nur bei wenigen von Euch, die aus dem allerkleinsten
Bürgertum kommen oder aus einer Arbeiterfamilie,
haben diese Defekte einen gewissen Adel:
Erkenne Dich selbst und die Schule von Barbiana!).
Ihr besetzt die Universitäten,
aber nehmt einmal an, die gleiche Idee
käme jungen Arbeitern.

[...]

Zuschauer – Warum haben Sie das Gedicht gegen die Studenten geschrieben?

Pasolini – Darauf will ich nicht direkt antworten, darüber müsste man eine eigene Debatte führen. Aber ich will die Gelegenheit nutzen, um ein Beispiel zu geben, wie ein Text aussehen könnte, der nicht den Gesetzen der Massenkultur folgt. In dem Gedicht heißt es zum Beispiel an einer Stelle (ich weiß es nicht auswendig): „Da waren die Studenten und die Polizisten, und ich war auf der Seite der jungen Polizisten." Dann folgt die Erklärung warum, eine komplizierte und schwierige Erklärung, auch die Polizisten gehören nämlich zur Welt derer, die anders sind, die von der Gesellschaft ausgeschlossen und ins Ghetto gesperrt werden. Sobald wir eine Uniform sehen, fühlen wir eine Art rassistischen Hass auf ihren Träger, einen unbestimmten, tiefsitzenden Hass, der irgendwie rassistisch ist. *(Protestrufe aus dem Publikum)* Die Macht, so sage ich es in dem Gedicht, richtet seine Diskriminierung gegen den, der anders ist, indem sie Ghettos und Ausgrenzung schafft. Die Armen sind ausgeschlossen, insofern sie arm sind (zu einer bestimmten Zeit zum Beispiel in Turin der Bauer aus dem Süden gegenüber einer bestimmten Art Bürgertum) oder weil sie Verbrecher sind. Der Arme, insofern Verbrecher, wird ausgegrenzt und einem rassistischen Hass preisgegeben. Das ist als solches ein reales gesellschaftliches Problem, und das wollte ich mit meinem Gedicht sagen. Die Tatsache, dass dieses Gedicht statt in *Nuovi argomenti* (mit einer Auflage von 2000 oder 3000 Stück) in *L'Espresso* abgedruckt wurde, hat aus dem Text eines Einzelnen für einen Einzelnen, einem Text von Mensch zu Mensch, geschrieben, produziert und weitergegeben innerhalb einer humanistischen Kultur, einen Text für den Massenkonsum gemacht. Einfach nur, weil er in einem Massenblatt erschienen ist ...

Zuschauer – Und von wem hatte das Massenblatt den Text?

Pasolini – Ich kann immer noch selbst bestimmen, was ich tue! *(zorniger werdend)* Sie haben keinen Deut von dem verstanden, was ich über die Polizisten gesagt habe. Wenn ich Sie auffordern würde, zu wiederholen, was ich gesagt habe, wären Sie dazu nicht in der Lage, also unterbrechen Sie mich auch nicht! *(wieder ruhiger)* Was ich sagen wollte, ist: Hätte ich das Gedicht in einem Band für 2000 oder 3000 Leser veröffentlicht, wäre es auf die erwähnte Weise gelesen worden, und es wäre um das Problem des Polizisten gegangen und wie er ins Ghetto der Polizei und der Carabinierikasernen eingesperrt

wird. Das war das Problem, auf das ich hinweisen wollte; dann aber, in ein Massenblatt gebracht und durch die Medien gezerrt, blieb es nur bei der Grundidee. Mein Produkt wurde entfremdet, und es hieß nur noch: Ich bin für die Polizisten! So was führt dann zu der Art terroristischer Akte wie von dem Herrn, der mich eben unterbrochen hat. *(Gelächter und Applaus)*

Derselbe Zuschauer – Ich habe Sie sehr gut verstanden, Sie wissen aber doch genau, dass der Protest sich nicht gegen die Polizisten richtet, sondern gegen die Macht, die sich ihrer als Instrument bedient.

Pasolini – Genau, so steht es ja auch im Gedicht.

Zuschauer – Dann haben Sie also Werbung für die Polizisten gemacht, also für die Macht, so haben die Leute es nämlich verstanden.

Pasolini – Genau das ist die Massenkultur, die ich meine. Wenn ich den Stift in die Hand nehme, darf ich nicht denken: „So werden die Leute das verstehen." Deshalb habe ich mich ja auch hier ans Theater gewandt, denn ich wollte einen unmittelbaren Kontakt mit den Zuschauern.

Zuschauer – Warum haben Sie das Gedicht in *L'Espresso* veröffentlicht?

Pasolini – Der Abdruck in *L'Espresso* ist sozusagen durch Betrug zustande gekommen. Man hat mich angerufen und gefragt: „Können wir ein paar Zeilen aus dem Gedicht bringen und dann ein Debatte darüber machen?" Da habe ich ja gesagt, und als ich dann die Zeitung aufschlage, hatten sie es vollständig abgedruckt, so war das.

Zuschauer – Wollen Sie, dass die Ausgegrenzten zur Normalität zurückkehren?

Pasolini – Nein, ich will, dass die Gesellschaft keine rassistische Haltung gegenüber den Ausgegrenzten einnimmt.

Zuschauer – Dann blieben sie aber immer noch ausgegrenzt ...

Pasolini – Wenn es keinen rassistischen Hass mehr gibt, gibt es auch keine Ausgrenzung mehr. Wenn ein angelsächsischer Amerikaner keinen rassistischen Hass mehr auf einen Schwarzen hat, wird der Schwarze nicht mehr ausgegrenzt. Wenn jemand anders ist, worin auch immer seine Andersartigkeit besteht, dann hat er ein Recht, so zu sein, und die Gesellschaft hat gegenüber dieser Andersartigkeit keine rassistische Haltung einnehmen. Sie muss sie verstehen, sie diskutieren und analysieren und keine rassistische Haltung der Ablehnung und der Ausgrenzung ihr gegenüber einnehmen.

Zuschauer – Wie soll das gehen, es gibt eine Form des Widerwillens, wie bei einem, der die Pocken hat, da würde ich mich als Mensch auch fernhalten. *(Alle reden durcheinander)* Im Fall des Polizisten handelt es sich aber nicht um Widerwillen, sondern um Klassenhass. Ich persönlich spreche ja sogar mit Polizisten, allerdings ... *(allgemeines Gelächter)*

Pasolini – Das glaube ich gerne! Du redest „sogar" mit ihnen, so wie ein Angelsachse sagt: „Ich rede sogar mit Schwarzen!"

Zuschauer – Sie sprechen von Rassenhass, aber das stimmt nicht!

Pasolini – Jetzt drehst du mir das Wort im Mund herum. Natürlich gibt es da Unterschiede. Man kann damit die Exzesse Hitlers meinen, aber auch die Haltung des Herrn, der einsieht, dass es nicht richtig ist, aber trotzdem bei einem Pockenkranken sagt: „Was soll ich machen, es widert mich eben an." Er hat ja recht. In der rassistischen Einstellung gegenüber dem Andersartigen gibt es unzählige Abstufungen; du bist noch auf der Seite des Menschlichen.[×]

[...]

× Auszüge aus der Mitschrift einer Diskussionsveranstaltung im Teatro Gobetti in Turin am 29. November 1968

Pasolini auf einer Versammlung
mit jungen italienischen Kommunisten, 1975;
im Hintergrund Gianni Borgna und Antonio Semerari

Pasolini war einer der ersten in Italien, die auf die Gefahren des Fernsehens hinwiesen. Die Linke kritisierte das Fernsehen, weil dessen Nachrichten nicht neutral waren, also wegen des Inhalts. Pasolini ging weiter, für ihn war das Medium als solches kritikwürdig, hatte es doch das Leben der Italiener tiefgreifend verändert. Er argumentiert fast wie ein Zeichen- oder Medientheoretiker; tatsächlich beschäftigte sich Pasolini intensiv mit den Theorien von Marshall McLuhan, Christian Metz und Roland Barthes, die er direkt oder indirekt aufgreift.

Seine erste Analyse des Mediums findet sich im Drehbuch zum Film *La rabbia (Der Zorn)*. Dort definiert er das Fernsehen als „neue Waffe, erfunden zur Verbreitung der Unehrlichkeit und der Lüge", und seine Konsumenten als „ein Millionenheer seelischer Todeskandidaten". In seinen posthum in den *Lettere luterane (Lutherbriefe)* gesammelten Artikeln im *Corriere della Sera* schließlich fordert er die sofortige Abschaffung des Fernsehens zum Zwecke der Beseitigung der Kriminalität in Italien, denn das Fernsehen vermittle stärker als Familie oder Schule neue Verhaltensmuster und zwar im Sinne eines allgemeinen moralischen Niedergangs: „Das Fernsehen hat die Epoche des Mitgefühls beendet und eine Epoche des Hedonismus heraufgeführt."

Dieselbe Meinung vertrat Pasolini auch im Fernsehen selbst, und zwar in einer Sendung des Journalisten Enzo Biagi, die schon 1971 aufgenommen, aber erst nach dem Tod des Dichters ausgestrahlt wurde: „Das Fernsehen ist ein Massenmedium, logischerweise unterwirft es uns dem Konsumdenken und der Entfremdung. Sobald man jemanden im Fernsehen sieht, nimmt man die Haltung eines Untergebenen zu seinem Vorgesetzten ein, eine erschreckend undemokratische Haltung."

G. B.

Canzonissima, die Fernsehsendung, die Thema von Pasolinis Artikel *Già il titolo è cretino (Schon der Titel ist schwachsinnig)* im *Paese Sera* vom 8. Oktober 1972 war

Gegen das Fernsehen[×]

[...]

Ich habe als Fernsehzuschauer gestern Abend und an unendlich vielen gestrigen Abenden – meinen Abenden als Kranker – eine unendliche Zahl von Personen über den Bildschirm ziehen sehen, den sie wie einen verkehrten „Corte dei miracoli" bevölkerten – die höchsten Politiker, die allerwichtigsten Persönlichkeiten im Bereich der Industrie und der Kultur; oft auch Personen von objektiv hohem Ansehen. Nun, das Fernsehen machte und macht sie allesamt zu Clowns: Indem es ihre Gespräche wiedergibt, lässt es sie – jeweils mit ihrem *stillschweigenden* Einverständnis? – wie Idioten dastehen. Oder es verliest, statt ihre Vorstellungen zum Ausdruck zu bringen, ihre endlosen Verlautbarungen in voller Länge, aber darum nicht weniger idiotisch: idiotisch wie *jeder* amtliche Text. Der Bildschirm ist ein schrecklicher Käfig, der die öffentliche Meinung zur Gefangenen macht – *servil serviert, um die totale Servilität zu erreichen* – sie, die gesamte herrschende Klasse Italiens. [...]

Wie könnte man definieren, worin das „gegen die Menschheit" gerichtete Böse des Fernsehens besteht? Eine einzige Definition ist, glaube ich, nicht möglich, nur verschiedene Hypothesen. Doch es genügt, folgendes zu überlegen: Wie wird das alles dargestellt, Menschen, Fakten, Dinge, Ideen? Alles wird wie in einer Schutzhülle präsentiert, mit dem Abstand und dem belehrenden Ton, in dem man über etwas diskutiert, was schon passiert ist, ein vielleicht erst kürzlich, aber jedenfalls zurückliegendes Geschehen, das vom Auge des Wissenden – wer auch immer es ist – in seiner beruhigenden Objektivität betrachtet wird, in dem Mechanismus, der dieses Geschehen geradezu heiter und ohne reale Schwierigkeiten produziert hat. Ein von oben herab ordnender Geist wählt, indem er Informationen präsentiert und Mitteilungen zusammenfasst, die Nachrichten aus (und zeigt damit ein anderes Bild von Italien).

[...]

Aber in Wirklichkeit ist die Betrachtungsweise des Fernsehens nur vordergründig, nicht allein wegen ihrer Oberflächlichkeit, sondern durch den bewussten Einsatz von Lüge und Täuschung. Durch den Terror, der nicht nur auf dem Bildschirm, sondern vor dem Erscheinen auf dem Bildschirm herrscht, den Terror, Worte auszusprechen, Themen zu behandeln, ja selbst durch den angeschlagenen Tonfall bestimmen diese Lüge und diese Täuschung jede sprachliche Handlung. In einem Monat Fernsehen habe ich, vornehmlich bei den Politikern – mit einigen nicht-italienischen Ausnahmen – *niemals* einen einzigen Moment, eine einzige Regung von Ehrlichkeit, Authentizität, Menschlichkeit entdeckt. Sie und ihre Kommentatoren verbergen sich allesamt hinter einer Maske, die sich nie verrät, die nie einem Lächeln weicht, einem Anflug von Schüchternheit, irgendeiner Unsicherheit: eben der Brüderlichkeit. Alles ist von vornherein festgelegt und sicher – wir können beruhigt sein! Es ist viel getan worden und wird noch besser werden. Kurz, das Fernsehen ist „paternalistisch": Das also könnte der definitorische *Slogan* sein. Die Vorschriften des Vaters sind eine strenge Aufzählung dessen, was man sagen und tun darf und nicht darf.

Nur eines entgeht der Überwachung, etwas im Grunde Kindhaftes, Obsessives, Verzweifeltes, Bösartiges, vom „Fernsehvater" Eingeschüchtertes – und es kann ihm nicht nicht entgehen, weil es in ihm, ja seine eigene Realität ist: Das ist die *Vulgarität*. Alles, was auf dem Bildschirm erscheint und vorher als Informationsschutzhülle vorbereitet und organisiert wird – ist *vulgär*. Worin diese Vulgarität besteht, kann ich nicht beschreiben, denn nur wer die Bourgeoisie vollständig aufgegeben hat, kann die Bourgeoisie unter diesem Aspekt betrachten: Eigentlich ist sie ein Richtmaß und eine Weltanschauung. Sie ist daher allen Kleinbürgern gemeinsam: Dieses Richtmaß und diese Weltanschauung sind dann auch deren Richtmaß und deren Vorstellung ihrer selbst. Und deshalb ist sie vulgär.

[...]

× Aus *Contro la televisione (Gegen das Fernsehen)*, 1966, posthum veröffentlichter Text

An Jean-Luc Godard
– Paris

[Rom,
Oktober 1967]

Lieber Godard,

danke für Ihren Brief und danke auch seitens Ninetto. Was die telefonische Aggression meiner nicht fleischlichen Frau betrifft, verstehe ich, wie traumatisch sie für Sie gewesen sein muss: Aber ich möchte eindeutig klarstellen, dass ich den Journalisten keinen Glauben geschenkt habe, weil ich sie zu gut kenne und der Vorfall daher keine Bedeutung für mich hatte. Ungenau wie alle nicht fleischlichen, sondern leidenschaftlichen Frauen hat Betti Sie auch falsch unterrichtet über das Schicksal von *Edipo – Bett der Gewalt* in Italien, denn er geht ausgezeichnet, so gut wie bisher keiner meiner Filme.

La Chinoise (Die Chinesin) ist wundervoll, das Werk eines Heiligen, der zwar vielleicht einer diskutablen und perversen Religion angehört, aber jedenfalls einer Religion.

Was die Parolini betrifft, werde ich alles tun, um sie für *Teorema – Geometrie der Liebe* zu bekommen (bisher habe ich immer sehr schlechte Szenenfotografen gehabt).

Die Daten für *Teorema* weiß ich noch nicht, deshalb kann ich für Anne noch nichts sagen: aber ich werde meine Termine ihren unterordnen (ebenso bei J.-P. Léaud).

Das Wichtigste ist vorerst Ihre Anwesenheit hier am 20. Oktober (Sie müssten also spätestens am 19. eintreffen): Ich selbst werde mich nämlich um die Vorspanntexte von *Vangelo '70* kümmern und habe daran gedacht, sie in Form einer Versammlung der Regisseure des Films in einem Fernsehraum zu machen (mit einem großen gotteslästerlichen Christus am Kreuz auf dem Tisch), wo jeder von ihnen den Vorspann zu seiner Episode sagen müsste, zusammen mit einer ganz kurzen einführenden Erklärung (Warum ist der Vater des verlorenen Sohns der PC? usw.).

Der 20. ist der einzige Tag, an dem wir alle verfügbar sind. Sie müssten also um jeden Preis versuchen, hier in Rom zu sein.

Die herzlichsten Grüße und die herzlichsten Glückwünsche für *Weekend*,
Ihr

[Pier Paolo Pasolini]

* *Amore e rabbia (Liebe und Zorn)* sollte ursprünglich *Vangelo '70 (Evangelium '70)* heißen.

Bernardo Bertolucci,
Jean-Luc Godard und Pasolini,
1969

Pasolini reagierte leicht ironisch auf die erste Vorführung von Godards Film *À bout de souffle (Außer Atem)*. Bernardo Bertolucci berichtet, wie er in der Zeit, da *Accattone – Wer nie sein Brot mit Tränen aß* gedreht wurde, zwischen Godard (und dem Magazin *Les Cahiers du cinéma*) sowie dem misstrauischen Pasolini als Vermittler wirkte. Das Misstrauen und die Missverständnisse sollten lange Zeit auf Gegenseitigkeit beruhen, wenngleich Pasolini sehr schnell die historische Bedeutung des Kinos von Godard begriffen hat, dem er am Ende der 1960er-Jahre dasselbe Niveau wie Murnau, Dreyer, Keaton und Renoir zuerkennt.

Dieses permanente Unbehagen zwischen Godard (und *Les Cahiers du cinéma*) sowie Pasolini beruhte in Wirklichkeit auf zwei grundlegend unterschiedlichen Konzeptionen des Filmemachens: Der Erstgenannte erhob das Filmen an sich zum Kult (von den *Cahiers* theoretisch erklärt und übernommen) und der Zweite das Gefilmte. Hier haben wir den Moralismus, die Vorliebe für „das Filmen mit filmischen Mitteln" bei Godard und

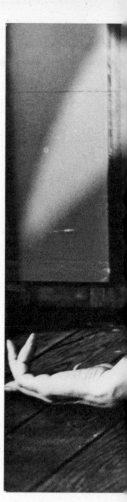

Anne Wiazemsky, Jean-Luc Godard und Pasolini
auf den Filmfestspielen von Venedig, 1967

die Leidenschaft, „das heilige Wesen der Dinge des Lebens" hervorzuheben, bei Pasolini.

Im wirklichen Leben waren die Beziehungen der beiden Cinéasten jedoch weit freundschaftlicher, manchmal sogar brüderlich. Der ontologische Unterschied zwischen ihren filmischen Überzeugungen hat niemals die gegenseitige Bewunderung und den Respekt vor dem anderen geschmälert. Zweimal hintereinander beteiligten sie sich mit ihren Kurzfilmen an denselben Episodenfilmen, in den 1960er-Jahren ein stark in Mode befindliches Genre: an *Ro.Go. Pa.G.* im Jahr 1963 und an *Amore e rabbia (Liebe und Zorn)* im Jahr 1969. Die bemerkenswerteste unterschwellige Wirkung eines Pasolini-Films auf Godard sollte mit Verspätung stattfinden – es ist der Film *La ricotta (Der Weichkäse*, ein Sketch aus *Ro.Go.Pa.G.)*, der Godards zwei Jahrzehnte später realisierten Film

Passion beeinflussen wird. Am Ende des Jahrhunderts findet übrigens Pasolini Platz in dessen *Histoire(s) du cinéma (Geschichte(n) des Kinos)*, dem großen filmischen Mausoleum-Pantheon Godardscher Prägung. Auch auf einer anderen Ebene führt Pasolini einen Dialog mit dem Kino Godards, indem er sich bei ihm Darsteller ausleiht (Anne Wiazemsky und Jean-Pierre Léaud in *Teorema* und *Porcile [Der Schweinestall]*).

A. B.

Silvana Mangano in *Teorema*, 1968

Laura Betti auf dem Set von *Teorema –
Geometrie der Liebe*, 1968

Pasolini (mit Cesare Zavattini im Hintergrund)
auf einer Demonstration während der
Filmfestspiele Venedig, 1968

[...]

Ein Zuschauer: Zuerst reden Sie vom Theater für die Massen, dann wollen Sie doch Unterschiede machen und schreiben für eine Elite. Zahlen Sie nicht jetzt und hier den Preis für Ihren Kompromiss mit dem Theater?

Pasolini: Das habe ich nicht gesagt. Ich bin missverstanden worden. Ich sagte, dass ich eine Zeitlang einer Illusion aufgesessen bin, und diese Illusion stützte sich auf einen Zustand, der mir objektiv die Möglichkeit gab, sie zu pflegen: der soziale Zustand Italiens, in dem Gramsci wirkte und in dem auch mein Wirken begonnen hat. Es waren diese Bedingungen, von denen ich mich täuschen ließ. Die Täuschung bestand darin, Werke von, in Gramscis Worten, volkstümlichem Charakter zu schaffen und mich an eine große Zahl der Menschen zu richten, die die Kommunisten „die einfachen Leute" nannten, also die Arbeiter und die Bauern. So entstanden leichte Werke ohne formale Hemmnisse, mit starken narrativen Elementen usw. Das war die Absicht meiner Filme von *Accattone* bis zum *Il vangelo secondo Matteo (Das I. Evangelium – Matthäus)*; selbstverständlich in gewissen Grenzen, denn ich schrieb keine populären Werke, aber mein Ideal war es schon. Dann kam der Punkt, an dem ich feststellte, dass sich die Bedingungen in Italien objektiv geändert hatten: Es war keine vorkapitalistische Nation mehr, in der eine böse, repressive, selbstherrliche Bourgeoisie dem schlichten, unverdorbenen Volk gegenübersteht, das sich in Gramscis Vorstellung dem Kampf stellt, geadelt durch seine Eigenschaft als Arbeiterklasse. So hat Gramsci Italien gesehen, und ich tat es um 1945 bis 1950 ebenso. Am jetzigen Punkt trifft diese klare Unterscheidung nicht mehr zu. Das Italien, in dem ich mich befinde, tritt voller Verwirrung in eine neue historische Phase ein, die Phase des Neokapitalismus (ich erzähle wirklich Banalitäten); hier herrscht die totale Industrialisierung, hier findet der Übergang von einer Kultur humanistischen Typs in eine Kultur technischen Typs statt, von einer individualistischen Kultur auf liberaler und religiöser Grundlage in eine Kultur der „Masse". Aus meiner Sicht ist die Massenkultur objektiv undemokratisch, eine Entfremdung, eine Verfälschung dessen, was produziert wird. Daher protestiere ich gegen diese Kultur, indem ich Werke schaffe, die aus ihren Normen und Einflüssen ausbrechen. Das habe ich gesagt.

Ein Zuschauer: Und *Teorema?*

Pasolini: *Teorema – Geometrie der Liebe* liegt schon genau auf dieser Linie, denn es ist ein Film, dessen Erfolg sich (falls er eintritt, was ich noch nicht weiß) äußeren Faktoren verdankt, die ich in meinem nächsten Film möglichst vermeiden will. Wenn ich weiterhin Kinofilme mache, sollen sie immer komplizierter und schwieriger werden, immer weniger populär im rhetorischen Sinn des Wortes.

Ein Zuschauer: Das heißt, Sie tendieren stark in Richtung des Kinos von Godard, beispielsweise?

Pasolini: Ja, so ist es. Ich habe Godard von Anfang an instinktiv gemocht und sein Talent sofort geschätzt. Aber zugleich fand ich, es wäre für mich eher leicht, Filme wie Godard zu machen, Filme für 5 000 Leute; das Schwierige ist, Filme zu machen (wie ich sie bis jetzt gemacht habe) wie das *Il vangelo secondo Matteo*, die auch komplexe und schwierige Dinge zum Ausdruck bringen und trotzdem diese volkstümliche Art haben. Heute sehe ich ein, dass der Protest stärker ist, wenn er auf jede rhetorische Form und jede Illusion verzichtet und tatsächlich äußerste Strenge à la Godard anstrebt.

[...]

Textauszug aus der Transkription der Diskussion im Turiner Teatro Gobetti am 29. November 1968 aus Anlass der Aufführung von *Orgia (Orgie)*

An Paolo Volponi
– Ivrea

[Rom,
Februar 1971]

Lieber Paolo,

Dein Brief erschüttert mich. Du bist wie ein Rammbock gegen eine
Wand angelaufen, die sich mit einem bloßen Schulterstoß umwerfen
ließ. Was geht mich Garzanti an? Ich habe keine Macht über ihn und
auch kein Interesse daran. Wenn Du bei Einaudi oder bei sonst wem
veröffentlichen willst, ist mir das völlig gleich, glaub mir! Du musst
meinetwegen keine Skrupel haben. Mehr noch: Meines Erachtens ist
es besser, wenn Du nun tatsächlich zu einem anderen Verleger
wechselst, dann bist Du dieses Problem, das Dich so bedrängt, und
im Gefolge auch mich, endlich los. Selbstverständlich werde ich versuchen, Garzanti falls nötig zu überzeugen, Dich in Frieden ziehen zu
lassen.

    Ehrlich gesagt, halte ich das alles in allem für ein Scheinpro-
blem. Wichtig ist, dass Du ein schönes Buch[x] geschrieben hast, denn
das hast Du! Schön im wahren und einzigen Sinne des Wortes.
Und das wird Dir *auch* Befriedigung auf anderen Gebieten geben.
Sei ganz herzlich umarmt,

    Dein Pier Paolo

[x] Paolo Volponi, *Corporale*, Einaudi, Turin, 1974

Einer der vielen Epiloge

He! Ninarieddo, erinnerst Du Dich an den Traum ...
über den wir so oft gesprochen ...
Ich saß im Auto, fuhr alleine los, leer der Platz
an meiner Seite, und Du liefst mir nach:
neben der Wagentür, die noch halb offenstand, schriest Du, eigensinnig und keuchend,
wie Kindergeschluchz' in der Stimme:
„Pa', he, nimmst Du mich mit? Zahlst mir die Reise?"
Es war die Reise des Lebens: Und nur im Traum
hast Du gewagt, Dich zu zeigen, mich um etwas zu bitten.
Du weißt es sehr gut, dass dieser Traum ein Stück Wirklichkeit ist,
nicht ein erfundener Ninetto, der diese Worte gesprochen,
und wirklich, wenn wir reden davon, wirst Du rot.
Gestern abend in Arezzo, im Schweigen der Nacht,
als die Wache das Tor mit der Kette verschloss hinter Dir,
und eh Du verschwandest
mit Deinem Lächeln, blitzend und ulkig, sagtest Du: „Danke!"
„Danke", Nine? Es ist das erstemal, dass Du das sagst:
Und Dir wird es bewusst, Du verbesserst Dich, verlierst nicht das Gesicht
(darin bist Du Meister) und sagst:
„Danke fürs Mitnehmen." Die Reise, die ich Dir bezahlen sollte,
ich sag' es erneut, war die Reise des Lebens:
Es war in diesem Traum, vor nun drei, vier Jahren, dass ich mich
gegen meine zweideutige Liebe zur Freiheit entschied.
Wenn Du heute mir dankst für die Mitfahrt ... Mein Gott,
während Du dort im Loch hockst, nehme ich
nur mit Ängsten das Flugzeug zu einer Stadt in der Ferne.
Unersättlich hänge ich an unserem Leben,
denn nur ein Ding auf der Welt schöpft sich nie aus.

2. September 1969

Neufassung

Voller Ausdruck, von Kopf bis Fuß,
aufgerichtet, mit der Furcht und der rechten Hoffnung,
die einer Frau gebühren;
tastend und sicher,
berechnend und offen bis ins Herz,
Vöglein mit mächtiger Adlerstimme
und zitternder Adler –
Verbündete jenes Himmels –
Teil eines einzigen Kosmos –
aus Dir entspringt die Frau,
die absteigt zum Inferno
an einem Regentag mit Neumond –
sie singt *in voce* wie eine nach unblutigen Morden dürstende Junge –

soll sie nur gehen, gehen, diese Frau, in jene Reiche;

das geht Dich nichts an;

sie wird dort finden die andere Frau, wenn möglich noch erwachsener,

die verdammte Hexe, den Drachen, nistend in Kliniken,

und sie wird sich richtig erschrecken und richtig erzürnen;

doch kehre zurück auf die Erde, und bringe mit Dir den Jenseitsgeruch,

singe Arien von Verdi, die gerötet von Blut,

dessen Erfahrung (auf dass ich das Wort nicht erwähne)

die Sanftheit lehre, die wahre Sanftheit.

All das sei in Ordnung, Paris ist voll von derartigem Wissen.

Wenn's ein einfaches Mädchen ist, das Königin wurde, umso besser;

in Ordnung, das zählt nur bis zu einem gewissen Punkt und für die armen Seelen;

aber was zählt, ist er, der Vater, ja, er:

Das sagt einer, der ihn nicht kennt

und nichts von ihm weiß, hat ihn nie gesehen,

hat nie gesprochen mit ihm, nie ihm gelauscht,

nie ihn geliebt, weiß nicht, wer er ist, weiß nicht, ob er ist –

Du lächelst mich an, und lächelst ihm dabei zu!

Nie konnte ich er sein, weil ich ihn nicht kenne,

ich schwör's Dir, Maria, ich habe nicht die geringste Erfahrung von ihm;

und für Dich ist er so natürlich!

Zurecht werden verworfen die sündigen Gedanken über ihn;

geheiligt gehalten wird seine Idealisierung,

wenn Dir dies auch sonderbar ist und in Wahrheit Dich quält;

erwachsen hat er zu sein, das ist klar und ersichtlich;

und Du streifst mit Blick und Gedanken sein reifes Geschlecht;

doch was ist all dies?

Ah, ja, sie sind es, die Brüder, die auf ihn Anspruch erheben,

Dich zwingen, mit hochgerichteter Brust zu harren,

oder gekrümmt von dem Schmerz des Gesangs, den Du singst

vor dem Himmel der Stadt von Paris, der gemalt ist von einem, der wusste

und mit diesem Wissen entwichen ist, müde der Wahrheit –

für mich wird immer bleiben diese Leere im Kosmos,

immer bleiben diese Leere im Kosmos

und mein Körper verlangt nach der Fülle,

wo das, was herrscht, schon der Tod ist

(mit den Gesängen der Armen des Dorfs und der Glocken)

Die Stadt ist mir fremd;

sie ragt über der Leere; Dein Schicksal war anders

und seine Hand hat es geführt, und Du hast sie ergriffen;

nichts trennt Dich von ihr, erwachsenes Kind.

Pasolini und Ninetto Davoli auf dem Set von
Amore e rabbia (Liebe und Zorn), 1969

Maria Callas und Pasolini,
Griechenland, 1969

Pasolini vor der Moschee von Mopti,
Mali, 1970

Maria Callas, Pasolini und Alberto Moravia,
Mali, 1970

Alberto Moravia, Pasolini und Dacia Maraini während der
Aufnahmen von *Appunti per un'Orestiade africana*
(Notizen für eine afrikanische Orestie), 1968–1969

Die Figur des Zentauren erlaubt es Pasolini, zu diesem Zeitpunkt seines Lebens und nach Enttäuschungen aller Art, seine Verbundenheit mit den alten geheiligten Werten der ländlichen Kultur im Gegensatz zu den unwürdigen Werten der städtischen Konsumgesellschaft vor Augen zu führen. Diese hat jede Fähigkeit zur Unschuld korrumpiert und die Subproletarier – deren poetische und epische Dimension er gepriesen hat – in rational denkende und konformistische Bourgeois verwandelt.

Pasolini zeigt zwei unterschiedliche Ausprägungen von Zentauren. Der alte Zentauer, halb Mann, halb Pferd, ist ein Zeitgenosse des kindlichen Jason, der in ihm ein Fabelwesen sieht. Der junge Zentauer, der nur zwei Beine hat, ist zu einem gewöhnlichen Mann geworden, entheiligt und entzaubert. In der Mitte des Films führt Pasolini die beiden Zentauren in ein und derselben Einstellung vor: Er bekräftigt somit bildlich, dass für ihn, der sich entwickeln und über seine ursprünglichen Glaubensinhalte

hinausgehen musste, „das geheiligte Wesen neben dem entheiligten Wesen steht".

Die Erfahrungen des Erwachsenen mit seiner aus Rationalität und Pragmatismus geformten Geschichte löschen die Glaubensinhalte nicht aus, die er in seiner Kindheit in einer geheiligten und in sich ruhenden Welt besessen hat. Von jetzt an wird Pasolini diese archaischen Werte zunehmend einfordern – im Widerspruch zu dem Verfallsprozess einer Gesellschaft, die jeden Sinn für das Heilige und jeden Glauben an den Mythos verloren hat.

A. B.

Medea, 1969

Pier Paolo Pasolini,
Ohne Titel [Maria Callas],
[1970]

Ich weiß nicht mehr, wann und wie ich Pasolini kennengelernt habe, es ist, als wäre er schon immer ein Teil meines Lebens gewesen. Er ist hereingekommen, ohne die Tür zu nehmen, als ich ihn bemerkte, war er schon da. Ich nehme aber an, wir sind uns an einem der Orte begegnet, wo sich in Rom damals die Künstler trafen. Davon gab es etliche: Cafés, Milchbars, Restaurants oder bei Freunden zu Hause. Man traf sich einfach, ohne sich zu verabreden und redete über Gott und die Welt. Heute gibt es solche Orte nicht mehr, und das ist schade, ein Verlust für die Stadt, nicht nur für die Künstler. Sicher hat Moravia ihn mir vorgestellt, aber ich erinnere mich nicht mehr, wo genau und bei welcher Gelegenheit. Es war, als sei er immer schon da gewesen mit seinem schmächtigen, nervösen Körper, seinen tief eingeschnittenen Zügen, mit seinen klaren und neugierigen Augen, seinem angestrengten Lächeln und seiner sanften Stimme. Damals war er aber noch nicht so berühmt. Er unterrichtete, lebte in einer bescheidenen Wohnung, schrieb und hatte gerade erst begonnen, Filme zu machen. Bevor ich ihn kennenlernte, hatte ich kein ausgeprägtes Bild von ihm. Vielleicht war ich auch noch zu jung und unerfahren, um zu begreifen, wie bekannt er war.

In welchem Jahr Alberto und Pier Paolo sich anfreundeten und unzertrennlich wurden, weiß ich nicht mehr genau. Wir sahen uns ja jeden Tag, planten den Urlaub gemeinsam und die Reisen nach Afrika. So wurde schließlich auch die Idee geboren, gemeinsam das Haus in Sabaudia zu bauen, wir wollten möglichst viel zusammensein. Alberto und Pier Paolo waren sehr unterschiedlich: Alberto konnte wunderbare Gespräche führen und hatte immer schöne Geschichten zu erzählen, er umgab sich mit jungen Leuten, war ihnen gegenüber großzügig und neugierig. Er glaubte an die Vernunft als Mittel der Erkenntnis. Pier Paolo dagegen war schweigsam und in sich gekehrt, er glaubte nicht an die Vernunft, er besaß eine ganz eigene instinktive, sinnliche Art, die Welt zu begreifen. Nicht zufällig haben beide, nachdem sie zusammen in Indien waren, zwei völlig verschiedene Bücher darüber geschrieben: das von Alberto hieß *Un'idea dell'India*, das von Pier Paolo *L'odore dell'India (Der Atem Indiens)*. Zwei unterschiedliche Herangehensweisen, die sich aber ergänzten und sich vom jeweils anderen anregen ließen.

Dacia Maraini,
Niederschrift eines Gesprächs mit Gianni Borgna
im Sommer 2012

Es war jedenfalls eine sehr intensive Zeit voller Ideen und Projekte. Wir planten eine gemeinsame Reise nach der anderen und entwarfen das Haus, in dem wir gemeinsam unsere Ferien verbringen wollten. Solche gemeinsamen Pläne verleihen einer Freundschaft Schwung und Lebendigkeit, doch die eigentliche Vertrautheit entstand nach und nach, als wir gemeinsam etwas unternahmen, nicht nur unsere Reisen, auch die gemeinsamen Essen in Rom, wenn wir ihn beim Dreh seiner Filme besuchten oder uns bei Laura Betti zu Hause trafen. Und dann die gemeinsamen Spiele am Strand von Sabaudia, die Ausflüge mit Ninetto und später mit Sergio Citti.

Privat war Pasolini, wie gesagt, ein sanfter, zurückhaltender Mensch, im Grunde schüchtern. Und er hing sehr an seiner Mutter. Er rief sie ständig an, sogar als wir in Afrika waren und es nirgendwo ein Telefon gab, da brachte er es fertig, nach zehn Stunden Fahrt im Land Rover über höllische Sandpisten voller Schlaglöcher noch einmal 100 Kilometer dranzuhängen, nur um mit seiner Mutter zu telefonieren, und wenn seine Mutter ihm erzählte, dass sie Kopfschmerzen hatte, bekam er auch welche. Aber er hat mir in dem Interview für mein Buch *E tu chi eri?* auch erzählt, dass es in seinem Leben zu einem schweren Einschnitt gekommen ist, als er drei Jahre alt war: Damals wurde sein Vater aus seinem Freund und Verbündeten zu seinem Feind und Widersacher. Er hat mir nicht erzählt, wie es dazu kam, vielleicht wusste er es selbst nicht, aber es muss einen Zusammenbruch im familiären Gleichgewicht gegeben haben. Seine Liebe und Verbundenheit mit dem Vater ging auf seine Mutter über. Pier Paolo führte diesen Umschwung auf eine Gelegenheit zurück, als ihm sein Vater einmal ziemlich unsanft die Lider auseinandergezogen habe, um ihm Augentropfen zu geben, aber sicher waren da noch andere Motive. Wahrscheinlich hat sein Vater mit diesem rücksichtslosen Eingriff eine symbolische Grenze überschritten. Sicher ist, dass sein Vater, der ein autoritärer Mensch war und leicht handgreiflich wurde, Berufssoldat mit Sympathien für den Faschismus, Pier Paolo in seinen Ideen, seiner sensiblen Art und seinen Überzeugungen verletzt hat. Mit drei Jahren war er vielleicht noch zu klein, um das zu verstehen.

Wenn es sich ergab, sprach ich mit Pier Paolo auch über Liebe und Sexualität. Er machte aus seiner Homosexualität kein Geheimnis, sprach oft über seine Jungen, aber ganz poetisch und liebevoll. Und er nahm sie immer in Schutz. Einmal erzählte ihm einer von ihnen, wie sie alle einem Mädchen, das sich nicht an die Regeln der Gruppe hielt, einen Tritt gegeben hatten. Pasolini lachte nur nachsichtig, während ich das Mädchen verteidigte, woraufhin er mir vorwarf, ich würde immer für die Frauen Partei ergreifen. Mit seinen Jungen ging er fast mütterlich zartfühlend und nachsichtig um.

Ein anderes Diskussionsthema zwischen uns war die Abtreibung. Pasolini stellte sich immer auf die Seite des nicht geborenen Kindes und nie auf der Seite der Mutter, es nützte nichts, ihm zu erklären, dass auch ich die Abtreibung als solche nicht mochte, aber dass man sie legalisieren müsse, um sie aus der Heimlichkeit herauszuholen und etwas gegen sie tun zu können. Tja, ich denke, es fiel ihm schwer, den Standpunkt der Frauen zu verstehen. Trotzdem war der Ton unserer Gespräche nie scharf oder verletzend. Auf beiden Seiten, auch bei ihm, herrschte großer Respekt, wir akzeptierten, dass es verschiedene Ansichten gab. Natürlich hatte er nichts gegen Frauen, aber instinktiv stand er immer auf der Seite des Mannes, dennoch hatte ich manchmal den Eindruck, dass die einzige Beziehung zu einer Frau, die ihm zusagte und die er gelten ließ, die eines Sohnes zu seiner Mutter war. Als er im Restaurant im Ghetto damals eine Magenblutung bekam (er hatte seit Jahren ein Magengeschwür) und ich ihn inmitten einer riesigen Blutlache auf meinem Schoß hielt, flüsterte er mir mit ganz schwacher Stimme zu: „Halt mich fest, halt mich, geh nicht weg!" Damals hatte ich den Eindruck, als sähe er in mir eine mitleidsvolle Mutter, obschon ich doch jünger war als er selbst.

Für den Feminismus hatte er allerdings nichts übrig, er mochte überhaupt keine Gruppen und Vereinigungen, die sich für kollektive Rechte einsetzten, auch nicht für die Rechte der Homosexuellen. Organisierte gesellschaftliche Gruppen störten ihn. Ich habe nie verstanden, warum, vielleicht roch ihm das zuviel nach Konformismus, vielleicht war Solidarität für ihn zu politisch, zu sehr in der Gefahr, sich in Fanatismus zu verwandeln, keine Ahnung.

Seine ersten Romane haben mir sehr gefallen. *Ragazzi di vita* und *Vita violenta* habe ich geliebt, *sie* waren für mich zwei starke, böse Bücher, ich nahm sie gegen alle in Schutz, die ihnen Obszönität vorwarfen – ein Vorwurf, der den armen Pier Paolo sein ganzes Leben lang begleitete, dabei hatte er es auf die kleinbürgerlichen Werte abgesehen, ganz bestimmt nicht auf das Schamgefühl als solches. Als Dichter mag ich Pasolini sehr, aber auch als Roman- und Theaterautor. *Calderón* ist in meinen Augen ein wunder-

barer Text, von den Romanen gefällt mir *Amado mio* am besten. Pier Paolo hatte magische Hände, alles was er anfasste, wurde zu Gold. Das gilt auch für seine Filme. *Accattone – Wer nie sein Brot mit Tränen aß* hat mich sehr beeindruckt, voll kreativer Energie und voller Schmerz. Auch *Mamma Roma*. Damals war in Pier Paolo noch der Glaube an die Unterschicht lebendig, deren Tod durch Verbürgerlichung er später verkündete.

Wir haben viel zusammen gearbeitet, von den Drehbüchern haben wir allerdings nur eins gemeinsam geschrieben, die *Il fiore delle Mille e una notte (Erotische Geschichten aus 1001 Nacht)*, und zwar in zwei Wochen. Wir haben gearbeitet wie zwei Verrückte, 16 Stunden pro Tag. Wir hatten uns in ein Ferienhaus in Sabaudia zurückgezogen (in die Villa Antonelli am Meer, unser gemeinsames Haus war damals noch nicht gebaut), wir hielten ein strenges Tagespensum ein und sind kein einziges Mal an den Strand gegangen, obschon er vor der Tür lag. Alberto war auch da, aber er nahm sich Zeit zum Nachdenken und Entspannen, ging zum Strand runter, steckte die Hände unter Wasser in den Sand und sammelte kleine Muscheln, die er gleich aufaß. Heute gibt es nirgendwo mehr essbare Muscheln am Strand, nur noch Plastikfetzen und Teerklumpen. Nur abends gönnten wir uns ein kurzes gemeinsames Abendessen, dann ging es wieder weiter.

Bei seiner Arbeit war Pier Paolo immer sehr anspruchsvoll, aber damals hatte er es eiliger als sonst, keine Ahnung, warum. Er ließ mich alle Texte der weiblichen Rollen schreiben, vor allem die der Sklavin Zumurrud. Ich schrieb den ganzen Tag, und am Abend besprachen wir alles, er gab mir zu lesen, was er geschrieben hatte, und ich las ihm meine Seiten vor. Manchmal korrigierte er etwas und sagte, immer mit ganz sanfter Stimme: „Das würde ich lieber so oder so haben." Aber er spielte sich nie als der große Meister auf, nie behandelte er jemanden, der für ihn arbeitete, von oben herab, wie viele Regisseure das machen. Deshalb mochten seine Mitarbeiter ihn sehr, trotz des akkordartigen Arbeitstaktes, den er ihnen abverlangte.

Neben diesem Drehbuch (Pasolini wollte, dass ich daran mitarbeitete, nachdem er meinen Roman *Memorie di una ladra (Erinnerungen einer Diebin)* gelesen hatte; ihm gefiel der schnelle Rhythmus und das Quäntchen pikaresken Humors darin) haben wir noch oft gemeinsam an Filmprojekten gearbeitet. Wir haben Filme wie Tarkowskis *Solaris* oder *Sweet Movie* von Makavejev übersetzt und synchronisiert, außerdem zwei Filme von Paul Morrissey – wie hießen sie noch: *Trash* der eine, der andere *Flesh*, glaube ich. Den Großteil der Arbeit am Schneidetisch überließ er mir, aber er entschied über die Auswahl der Sprecher und den Vortragsstil, und so war er gegenwärtig, auch wenn er nicht zugegen war.

Unsere Freundschaft festigte sich auch und vor allem auf unseren gemeinsamen Reisen in den Jemen, in den Maghreb und nach Schwarzafrika. Oft verbanden wir sie mit der Suche nach Drehorten für seine Filme, zum Beispiel für die *Orestiade africana (Afrikanische Orestie)*, die Pasolini plante, eine vergnügliche und sehr poetische Reise. Wir hatten schon einen wunderbaren schwarzen Orest, eine ganz eindringliche Elektra, einen kriegerischen Agamemnon, eine sehr dominante Klytämnestra gefunden, aber dann machte der Produzent einen Rückzieher, und aus dem Film wurde nichts.

Pier Paolo hatte dann die geniale Idee, die ausgesuchten Darsteller und Orte für einen Dokumentarfilm über die Recherche selbst zu einzusetzen, die *Appunti per un'Orestiade africana (Notizen zu einer afrikanischen Orestie)*. Wer ihn gesehen hat, weiß, wie heiter und poetisch und faszinierend er ist. Es war eine wunderbare Erfahrung, auch für uns. Einmal haben wir zwei Tage lang nach Rauch gesucht. Die *Orestie* beginnt mit einem Diener, der auf dem Dach des Atridenpalastes liegt und nach dem Rauchzeichen Ausschau hält, das Agamemnons Heimkehr aus dem Krieg ankündigen soll. Und diesem Rauch sind wir dann von morgens bis abends hinterhergefahren. Pier Paolo wollte ihn nicht selbst machen, er sollte echt sein. Also stiegen wir in unseren Land Rover und fuhren durch die Gegend auf der Suche nach Rauchsäulen, und wenn wir eine am Horizont ausmachten, gaben wir Gas. Aber nie war es der richtige Rauch, mal war er zu dicht und zu dunkel, mal zu dünn und nicht dunkel genug. Und so fuhren wir völlig ins Leere, es war grotesk, aber es war auch schön, die Jagd nach dem Rauchzeichen war wie ein Abenteuer zwischen Groteske und Poesie.

Wir sind auch zusammen im Jemen gewesen, als es in Sanaa noch keine Hotels gab und die Soldaten mit dem Schwert im Gürtel barfuß herumliefen. Wir schliefen in einer Kaserne, alle zusammen in einem Saal mit 30 Betten. Es gab keine Handtücher und nur ein einziges Bad am Ende des Ganges und kein warmes Wasser. Ich weiß noch, wie fassungslos Pier Paolo war, als er am Strand von Hodeidah einen halbnackten Jungen sah, der eine Steinkugel am Bein hinter sich herschleppte. Nachher erfuhren wir, dass man, weil es noch keine Gefängnisse gab, mit Sträflingen so verfuhr und sie dann betteln schickte.

Wir sind mehrmals in Marokko, Tunesien, in Algerien und ich glaube auch in Ägypten gewesen, auch wenn ich mir nicht ganz sicher bin, dass Pier Paolo dabei war, als ich mit Alberto dort war. Wir waren in Ke-

nia, im Senegal und einmal mit der Callas zusammen auch in Mali, genau da, wo heute religiöse Fanatiker die wunderschönen Lehmpyramiden zerstören wollen.

In Italien verbrachten wir, außer in Rom, vor allem in Sabaudia, wo wir zwei Ferienhäuser mit gemeinsamer Terrasse und Garten hatten, viel Zeit miteinander. Dort aßen wir oft zusammen zu Mittag oder zu Abend. Oft kamen auch die Citti-Brüder, außerdem war Ninetto fast immer dabei. Laura dagegen mietete sich immer ein Haus am Cap Circeo. Oft kamen auch seine Cousine Graziella und ihr Mann Vincenzo Cerami, der hat Alberto auch Arancio geschenkt, unseren Hund, der bis zu Albertos Tod bei uns gelebt hat. Danach hat Sebastian ihn zu sich genommen, ein Freund von uns, Bildhauer mit einem Haus mit Garten in Todi. Da haben ihn dann die Nachbarn vergiftet, ich weiß auch nicht, warum. Er war so ein lieber und zutraulicher Hund, Alberto hing sehr an ihm. Einmal hatte er sich am Strand an den Pfoten verletzt, und wir brachten ihn in Latina zum Tierarzt und haben ihn dann ein paar Tage lang gefüttert und auf dem Arm getragen, weil er Verbände hatte und nicht laufen konnte. Pier Paolo hatte ein seltsames Verhältnis zu Tieren. Er sah sie freundlich an, aber er wollte nicht, dass sie ihn berührten. Ich glaube, er hat nie ein Haustier besessen, zumindest, solange ich ihn kannte.

Es stimmt, abends nach dem Essen stieg Pier Paolo ins Auto und verschwand. Es stimmt auch, dass er, vor allem im Ausland, manchmal in Vierteln unterwegs war, die für Ausländer als gefährlich galten. Einmal hat ihn die örtliche Polizei zurückgebracht und gemeint, nur ein Verrückter würde sich nachts in solchen Vororten herumtreiben. Aber Pier Paolo war das einerlei, er war verwegen, als ob ihm nichts etwas anhaben konnte. Dort fand er auch seine erotischen Begegnungen, die seinen Worten nach meist kurz und heftig waren. Wenn ich seine metaphorische Ausdrucksweise richtig deute, kam es aber fast nie zu einem vollständigen Akt, eher zu Zärtlichkeiten, geraubten Küssen, gegenseitiger Masturbation. Ich hatte immer den Eindruck, dass er einem Kind nachlief, das er selbst war und von dem er sich nicht trennen konnte. Er tat das mit dem Eros einer jungen, verführerischen Mutter, war zugleich Mutter und Kind, eine Mutter, die ihr Kind fleischlich besitzen wollte, aber mit der Zärtlichkeit einer verliebten Katze; und ein Kind, das ständig weglief und dabei jedes Mal wilder und einsamer wurde. Ein Kind, das nicht wachsen durfte, und eine Mutter, die nicht altern durfte; eine perverses und verzweifeltes Spiel.

Wir waren eine Gruppe von Freunden, die sich regelmäßig trafen, unter anderem Lorenzo Tornabuoni, Bernardo Bertolucci, Adriana Asti, Cesare Garboli, Dario Bellezza, Laura Betti, Gianni Barcelloni, Sebastian Schadhauser und seine Frau Sira – aber das sind jetzt die Freunde, die sich in Sabaudia trafen; in Rom waren andere Leute, Federico Fellini, Luchino Visconti, Pietro Citati, Renato Guttuso, Natalia Ginzburg mit Mann, Giorgio Bassani, Carlo Levi, Michelangelo Antonioni mit Monica Vitti, Giosetta Fioroni, Goffredo Parise, Sandro Penna und viele andere. Pier Paolo mochte die Bücher von Alberto sehr und zitierte oft aus ihnen. Er mochte die Gedichte von Amelia Rosselli und auch Elsa Morante. Zu ihr hatte er ein sehr freundschaftliches Verhältnis, ich glaube, Elsa war eine der Mütter, die er am meisten geliebt hat, aber sie war eine strenge Mutter, die wenig Nachsicht zeigte. Bevilacqua mochte er dagegen nicht, auch wenn der sich immer als Pier Paolos Freund bezeichnete.

Im Kino gefiel ihm Orson Welles ganz besonders, so sehr, dass er ihn in *La ricotta (Der Weichkäse)* mitspielen ließ. Er liebte Fassbinder, aber auch Rossellini, doch er führte keine Liste seiner Lieblingsregisseure; wir gingen einfach ins Kino, und danach diskutierten wir, und er sagte, ob ihm der Film gefallen hatte oder nicht.

Über Politik wurde wenig gesprochen, zumindest im ideologischen Sinne. Dafür viel über das Tagesgeschehen. Ich erinnere mich noch, wie aufgebracht Pier Paolo und Alberto waren, als man den anarchistischen Tänzer Pietro Valpreda wegen des Anschlags in Mailand vor Gericht stellte. Dabei kommt mir die Wut über den ersten Krieg der Amerikaner im Irak in den Sinn. Pier Paolo hatte eine Schwäche für die Kommunistische Partei, aber so, wie *er* sie sah, als Volksbewegung, als Sache der Ausgegrenzten und Besitzlosen. Was er nicht ertragen konnte, war ihre hierarchische Organisationsform, der beschränkte Moralismus ihrer Ideologie, ihr Anspruch, das Verhalten der ganzen Menschheit bestimmen zu können. Ich glaube, der Parteiausschluss wegen moralischer Unwürdigkeit hat ihn zutiefst gedemütigt. Dennoch bewahrte er sich eine Art Zuneigung zum alten, echten PCI, so wir er ihn sich gern vorstellte, mit seinem Kampf gegen den Faschismus, seinem Credo der Rebellion, seinen unerschrockenen Vorkämpfern, dem Mut, mit dem die Kommunisten Land für die Bauern forderten.

Was sein Spätwerk angeht: *Petrolio* ist ein unfertiges Buch, das Pier Paolo vielleicht lieber nicht hätte gedruckt sehen wollen. Er war sehr auf Genauigkeit bedacht und wollte immer alles mit der nötigen Zeit zu Ende bringen. Ich meine nicht, der Verlag hätte das Buch nicht drucken sollen, aber ich weiß nicht, ob Pier Paolo damit zufrieden wäre, außerdem gefällt keinem Autor die Vorstellung, ein Buch zu veröffentlichen, das nicht bis ins Letzte fertig ist.

Salò o le 120 giornate di Sodoma (Die 120 Tage von Sodom) hinterließ in mir den Eindruck von etwas Schmerzhaftem, als ob Pier Paolo begonnen hätte, mit dem Exzess zu spielen. Um ehrlich zu sein, ich habe mir seine frühen Filme zurückgewünscht, als ich ihn sah. Aber ich sagte ja schon: Pier Paolo hatte goldene Hände, alles was er anfasste, wurde zu etwas Wertvollem und Großem.

Ich gehöre nicht zu denen, die sagen, dass Pier Paolo sterben wollte. Sicher, er hatte selbstzerstörerische Tendenzen, aber wer hat die nicht? In Wahrheit liebte er das Leben und war voller Lebenslust wie ein 20-Jähriger, machte Pläne für die Zukunft und war voller Ideen. Ich glaube nicht, das jemand, der sterben will, große Pläne macht. Er war einfach kein Depressiver und auch kein düsterer Selbstmordkandidat. Die Vorstellung, er sei gewalttätig gewesen, muss ich ganz entschieden von mir weisen. In all den Jahren, in denen wir uns nahe waren, ist Pier Paolo kein einziges Mal gewalttätig geworden, weder gegen Menschen noch gegen Sachen. Er war ein zarter und kontrollierter Mann.

Von dem, was Pelosi sagt, glaube ich kein Wort. Wenn überhaupt, dann wollte Pier Paolo bestraft und geschlagen werden, und nicht umgekehrt, so, als hätte er irgendwo in seinem Inneren eine alte Schuld mit sich herumgetragen, eine Verantwortung, für die man ihn bestrafen sollte. Aber solche rituellen Sexualpraktiken haben nichts mit seinem Tod zu tun. Für seinen Tod sind ganz sicher Kriminelle verantwortlich; die haben ihn umgebracht. Es ist ein schweres Versäumnis, dass die Umstände seines Todes bis heute nicht aufgeklärt sind. Wir Freunde haben von Anfang an gesagt, dass außer Pelosi noch andere beteiligt gewesen sein müssen, aber weil man einen geständigen Angeklagten hatte, wurde die Sache viel zu schnell zu den Akten gelegt. Jetzt wird der Fall wieder aufgenommen. Ich hoffe, das wird helfen, Licht in die Dinge zu bringen.

Kapitel VI

1971 erklärt ihm Ninetto Davoli, dass er sich verheiraten wird, was Pasolini in eine große Depression stürzt. Zwischen 1970 und 1974 konzentriert er sich auf die Dreharbeiten zur *Trilogie des Lebens*, in der bittersüßen Hoffnung, in einer mythischen Welt die verlorene ländliche Unschuld des einfachen Volkes, das er bei seiner Ankunft in Rom kennen- und lieben gelernt hat, für das Kino wieder zum Leben zu erwecken. Er dreht in Süditalien *Il Decameron (Decameron)*, darauf in England *I racconti di Canterbury (Pasolinis tolldreiste Geschichten)* und reist dann nach Ägypten, Jemen, Indien, Iran, Eritrea, Afghanistan und nach Nepal, um Standorte für *Il fiore delle Mille e una notte (Erotische Geschichten aus 1001 Nacht)* zu finden.

Sofort nach der Fertigstellung der drei Filme erkennt er, dass seine Vorstellungen illusorisch gewesen waren und der voluntaristische Gehalt dieses Unterfangens darin bestanden hatte, der Realität des „kulturellen Genozids" zu entfliehen. Daraufhin verfasst er für die im Oktober erscheinenden Dreh-bücher als Einführung seine feierliche „Abschwörung" (Abiura) von der Trilogie des Lebens.

Pasolini lebt und arbeitet weiterhin in Rom, aber er wählt zwei Orte, weder zu weit von noch zu nah an der Stadt, wo er zwei seinem Ideal entsprechende Häuser bauen lässt – passend für den Mann, der er geworden ist.

Das erste in der Nähe von Viterbo ist der Traum eines Hauses für einen Schriftsteller und Maler – denn er hat sich ernsthaft wieder dem Malen zugewandt. Es schmiegt sich an die Ruinen um einen mittelalterlichen Turm, den Turm von Chia, den er zufällig an dem Drehtag der Taufe Jesu in dem Film *Il Vangelo secondo Matteo (Das 1. Evangelium – Matthäus)* ent-deckt hatte und den er erst 1970 kaufen konnte. Es ist eine Flucht vor der weiteren Ausdehnung der Stadt Rom und eine imaginäre Rückkehr ins Mittelalter und in die Gefilde seiner Jahre im Friaul.

Das zweite Haus ist ein Haus der Freundschaft mit Blick aufs Meer, das er zusammen mit seinem Freund Moravia auf der Düne von Sabaudia erbauen lässt. Er wird wenig von diesem

Haus profitieren, in dem er sich erst in seinem letzten Sommer im Jahr 1975 zum ersten Mal aufhalten wird.

Die beiden großen Arbeiten dieser Periode, von der er nicht weiß, dass es die letzte ist, sind das unvollendete Buch *Petrolio* – die Summe seiner Erfahrungen – und der Film *Salò o le 120 giornate di Sodoma (Die 120 Tage von Sodom)*.

In dem „roman total" *Petrolio* kehrt Pasolini zu der Faszination zurück, die Rom auf ihn ausübt, doch auch zu den Veränderungen, die die Stadt im Lauf der letzten Jahrzehnte erleben musste.

Die Dreharbeiten zu *Salò* tragen ihm Morddrohungen ein, dazu den Diebstahl von Negativrohmaterial seiner Filmaufnahmen und politischen Druck. Er wird die Erstaufführung seines Films nicht mehr erleben, denn am Morgen des 2. Novembers 1975 wird sein Körper grauenhaft zugerichtet auf einem öden unbebauten Grundstück am Hafen von Ostia aufgefunden. Was in dieser Nacht geschehen ist, ist bislang nicht aufgeklärt worden, denn das Szenario, das sich aus dem Geständnis von Pelosi herauskristallisierte, überzeugt heute niemanden mehr.

Il Decameron (Decameron), 1970

I racconti di Canterbury (Pasolinis tolldreiste Geschichten), 1972

Diesmal ist der englische *Boccaccio* an der Reihe

[...]

Ich möchte mich selbst und das Publikum unterhalten. Ich will die Welt des einfachen Volkes, die dem sicheren Untergang geweiht ist, noch einmal zum Leben erwecken und den Zuschauern mit meinen farbigen historischen Rekonstruktionen die Lust am Bild wiedergeben. Ich glaube, dass meine Filme letzten Endes auch einen politischen Sinn enthalten. Sie wenden sich gegen die falsche, scheinheilige Mode der engagierten, aber politisch indifferenten Filme. Das Fernsehen tötet den Sinn für allzu vieles ab, und vielleicht wecken die *Canterbury Tales*, auch wenn es ein englischer Film ist, in den Italienern wieder das Vergnügen an Dingen wie etwa dem Einkehren in einen Gasthof und überhaupt an der Realität des Alltagslebens. Die Geschichten sind kein Selbstzweck, sondern Ausdruck des Temperaments und der Klassenvorurteile der Pilger, die sie erzählen. Ich glaube, dieser Film wird mehr als der *Decameron* den Frauen gefallen, denn in den Geschichten des Markthändlers, des Gutsverwalters, des Kochs, des Hexenjägers spielt in äußerster Abstraktion die Liebe – mal die höfische, mal die impulsive, mal die raffinierte – eine ungeheuer wichtige Rolle.

[...]

Vielleicht fragen sich viele Zuschauer, was der Decameron für mich bedeutet, und werden sich auch bei *I racconti di Canterbury (Pasolinis tolldreiste Geschichten)* fragen, was ich mit diesem farbigen, den Porträts der flämischen Meister nachempfundenen Fresko sagen will. Die simple Antwort lautet: die Welt meiner Unschuld. Da jedes Werk teilweise autobiografisch ist, herrscht in allen drei Filmen – diesen beiden und dem nächsten, *Il fiore delle Mille e una notte (Erotische Geschichten aus 1001 Nacht)* – dasselbe Lebensgefühl, das keine großen Probleme kennt oder wenn, dann als unmittelbar Erlebtes. Mein Film endet wie das Buch des großen englischen Dichters aus dem 14. Jahrhundert: Ein Pilger kniet auf einer Wiese nieder und sagt einfach: „Amen."

[...]

Aus einem Interview mit G. Grassi in *La Domenica del Corriere*, 1. Februar 1972

Aus einem Interview mit A. Cornand und D. Maillet in *La Revue du Cinéma* Nr. 267, Januar 1973

[...]

Die Musik des Volkes hat keine Geschichte: Ihre kulturelle Position liegt jenseits der historischen Ereignisse; sie ist immer vorgeschichtlich. Selbst wenn der Zeitpunkt ihrer Entstehung bekannt ist, befindet sie sich außerhalb der Geschichte.

[...]

Abschwörung von der
Trilogie des Lebens

Aus *Ho abiurato la "Trilogia della vita" (Ich habe der "Trilogie des Lebens" abgeschworen)*, in: *Corriere della Sera*, 9. November 1975

Ich finde, dass man *zunächst* nie, in keinem Fall die Instrumentalisierung durch die Macht und ihre Kultur fürchten darf. Man sollte so tun, als gäbe es diese gefährliche Möglichkeit nicht. Es zählt die Aufrichtigkeit und Notwendigkeit dessen, was gesagt werden muss. Sie darf man nicht verraten, auch nicht durch diplomatisches Schweigen, aus Voreingenommenheit.

Ich glaube jedoch, dass man sich *danach* darüber klar werden muss, wie stark man von der integrativen Macht instrumentalisiert wurde. Wenn die eigene Aufrichtigkeit und Notwendigkeit vereinnahmt und manipuliert wurden, dann muss man sogar den Mut haben abzuschwören. Ich schwöre der *Trilogie des Lebens* ab, obwohl ich es nicht bereue, sie gemacht zu haben. Ich kann die Aufrichtigkeit und Dringlichkeit nicht leugnen, die mich gedrängt haben, die Körper und ihr zentrales Symbol, den Sex, darzustellen. Sie sind auf verschiedene Weise historisch und ideologisch gerechtfertigt. In erster Linie sind sie Teil des Kampfes für die Demokratisierung des „Rechts auf Ausdruck" und die sexuelle Befreiung, zwei grundlegende Motive der fortschrittlichen Bestrebungen der 50er- und 60er-Jahre.

Zudem erschienen in der ersten Phase der kulturellen und anthropologischen Krise, die gegen Ende der 60er-Jahre einsetzte – zusammen mit dem Triumph der Irrealität der massenmedialen Subkultur und mithin der Massenkommunikation –, die „unschuldigen" Körper mit der archaischen, dunklen, lebendigen Gewalt ihrer Sexualorgane als letztes Bollwerk der Realität.

Schließlich hat die Darstellung des Eros innerhalb eines zwar von der Geschichte fast überwundenen, aber physisch (in Neapel, im Nahen Osten) immer noch präsenten menschlichen Umfeld mich als einzelnen Autor und Menschen fasziniert.

Jetzt ist alles zerstört.

Erstens: Durch die Entscheidung der konsumistischen Macht für eine umfangreiche (falsche) Toleranz wurde der fortschrittliche Kampf um die Demokratisierung des Ausdrucks und die sexuelle Befreiung brutal zunichte gemacht.

Zweitens: Die „Realität" der unschuldigen Körper wurde von der konsumistischen Macht geschändet, manipuliert, verfälscht. Diese Schändung ist das hervorstechendste Merkmal der neuen Menschheitsepoche.

Drittens: Das sexuelle Privatleben (wie meines) ist durch falsche Toleranz und körperliche Erniedrigung traumatisiert; aus den sexuellen Fantasien von Schmerz und Freude ist tödliche Enttäuschung, fade Lustlosigkeit geworden.

[...]

Il fiore delle Mille e una notte (Erotische Geschichten aus 1001 Nacht), 1973

Am 7. Januar 1973 beginnt Pasolini, im *Corriere della Sera* zu schreiben. Die Nachricht löst einige Verwunderung aus, denn Italiens wichtigste Tageszeitung gehört Vertretern des Mailänder Großbürgertums, um so mehr, als Pasolinis Kolumne unter der Überschrift „Tribuna aperta" bald auf die Titelseite des Blattes rückt.

In seinem ersten Beitrag *Gegen die Langhaarigen* beschäftigt Pasolini sich mit den jugendlichen Protestlern und unterwirft die neue Mode einer semiologischen Analyse. Als im Juni 1974 das Referendum über die Abschaffung der Ehescheidung zur Abstimmung steht, sagt Pasolini im Gegensatz zu den Kommunisten den Sieg der Laizisten voraus und interpretiert in seiner ausführlichen Begründung die Niederlage des christdemokratischen Hauptinitiators des Referendums Fanfani und des Vatikans auch als Niederlage der Kommunisten unter Berlinguer. Damals benutzt Pasolini das erste Mal den später vielzi-

tierten Begriff der „anthropologischen Revolution" und der „kulturellen Homologisierung", um zum Ausdruck zu bringen, dass es in Italien keine nennenswerten gesellschaftlichen und kulturellen Unterschiede mehr zwischen den Schichten und nicht einmal mehr zwischen den verschiedenen Parteien und Lagern gebe.

Eine ganze Reihe bemerkenswerter Artikel (später in den *Scritti corsari [Freibeuterschriften]* und den *Lettere luterane [Lutherbriefe]* gesammelt) schloss sich an, darunter Texte über die Paläste und die Strukturen der Macht, über die Attentatswelle, über die Verbrechen der DC und, wohl am bekanntesten, über das Verschwinden der Glühwürmchen.

Die Form der Stadt[x]

[...]

Jetzt haben wir die Struktur, die Form, das Profil einer anderen Stadt vor Augen. Sie ist in eine Art graues Lagunenlicht getaucht, obwohl rundherum prächtige mediterrane Macchia wächst. Es handelt sich um Sabaudia.

Wie oft haben wir Intellektuelle über die Architektur des Regimes gelacht, über Städte wie Sabaudia. Der Blick auf diese Stadt jedoch löst jetzt eine ganz unerwartete Empfindung aus. Ihre Architektur hat nichts Irreales, Lächerliches. Der Lauf der Jahre hat bewirkt, dass diese faschistische Architektur einen Charakter angenommen hat, der zwischen realistisch und metaphysisch schwankt. Metaphysisch im durchaus europäischen Sinn des Wortes, wenn wir uns etwa an die metaphysische Malerei von De Chirico erinnern, und realistisch, weil man schon aus der Ferne erkennt, dass diese Städte, rhetorisch ausgedrückt, nach menschlichem Maß gemacht sind. Man spürt, dass darin normale Familien leben, lebendige Menschen in der Ganzheit und Fülle ihres bescheidenen Daseins.

Wie erklären wir uns dieses Wunder?

Eine lächerliche faschistische Stadt, die uns plötzlich so zauberhaft vorkommt? Schauen wir uns die Sache ein bisschen genauer an: Sabaudia ist vom Regime geschaffen worden, kein Zweifel, aber in Wirklichkeit hat die Stadt bis auf ein paar äußerliche Merkmale nichts Faschistisches.

Ich glaube, dass das faschistische Regime im Grunde nicht mehr war als die Herrschaft einer Gruppe krimineller Machthaber. Sie hat in Wirklichkeit nichts ausrichten können, es ist ihr nicht gelungen, Italiens Realität zu prägen, ja nicht einmal im Entferntesten anzukratzen. Daher hat Sabaudia, obwohl es vom Regime nach rationalen, ästhetisierenden, akademischen Kriterien angelegt wurde, seine Wurzeln nicht in dem Regime, das es so eingerichtet hat, sondern in jener Realität, die der Faschismus tyrannisch beherrschte, ohne sie verändern zu können. Folglich hat die Realität des provinziellen, des ländlichen, des frühindustriellen Italien Sabaudia geprägt – und nicht der Faschismus.

Jetzt aber geschieht das Gegenteil. Das Regime ist demokratisch und so weiter, aber die kulturelle Anpassung, die Vereinheitlichung, die der Faschismus mitnichten erreicht hat, wird von der heutigen Macht, das heißt der Macht der Konsumgesellschaft, in vollem Umfang durchgesetzt, indem sie die verschiedenen partikularen Realitäten zerstört und den verschiedenen menschlichen Lebensformen, die Italien historisch in hochdifferenzierter Weise hervorgebracht hat, Realität entzieht.

Die kulturelle Nivellierung ist also wirklich dabei, Italien zu zerstören, und daher kann ich ohne weiteres behaupten: Der wahre Faschismus ist die Macht der Konsumgesellschaft, die Italien zerstört. All das ist so schnell vonstattengegangen, innerhalb der letzten fünf, sechs, sieben, zehn Jahre, dass wir es kaum bemerkt haben. Es war eine Art Alptraum, in dem wir Italien um uns herum haben zerfallen und verschwinden sehen. Jetzt, da wir vielleicht aus diesem Alptraum erwachen und uns umschauen, merken wir, dass nichts mehr zu machen ist.

[...]

[x] Auszug aus dem Dokumentarfilm *Pasolini e ... La forma della città* von Paolo Brunatto für die Sendereihe *Io e ...* von Anna Zanoli, am 7. Februar 1974 von der RAI ausgestrahlt

Der Roman von den Massakern

Aus *Che cos'è questo golpe? (Was ist der Staatsstreich?)*, in: *Corriere della Sera*, 14. November 1974

Ich weiß.

Ich weiß die Namen der Verantwortlichen für das, was man *Putsch* nennt (und was in Wirklichkeit aus einer ganzen Serie von *Putschen* besteht, die zu einem System der Herrschaftssicherung geworden sind).

Ich weiß die Namen der Verantwortlichen für die Bomben von Mailand am 12. Dezember 1969.

Ich weiß die Namen der Verantwortlichen für die Bomben von Brescia und Bologna von Anfang 1974.

Ich weiß die Namen des „Spitzengremiums", das sowohl die alten Faschisten – die Planer der *Putsche* – steuerte, als auch die Neofaschisten, die mit eigener Hand die ersten Bomben legten, und schließlich auch die „unbekannten" Urheber der jüngsten Anschläge.

Ich weiß die Namen derer, die jene beiden unterschiedlichen, ja sogar entgegengesetzten Phasen der politischen Spannung gelenkt haben: eine erste, antikommunistische Phase (Mailand 1969) und eine zweite antifaschistische Phase (Brescia und Bologna 1974).

Ich weiß die Namen der Mächtigen, die mit Unterstützung der CIA (und in zweiter Linie auch der griechischen Obristen und der Mafia) zunächst einen antikommunistischen Kreuzzug inszenierten, um die Revolte von 1968 abzuwürgen (womit die im übrigen elend gescheitert sind), und sich dann, auch diesmal unterstützt und inspiriert von der CIA, eine neue antifaschistische Jungfräulichkeit gaben, um über das Desaster des Referendums hinwegzukommen.

Ich weiß die Namen derer, die zwischen zwei Kirchgängen ihren Leuten die Anweisungen erteilten und politische Rückendeckung zusicherten: alten Generälen (um die Organisation für einen möglichen Staatsstreich auf Abruf bereit zu halten), jungen Neofaschisten – oder besser gesagt: Neonazis – (um eine Situation antikommunistischer Spannung zu schaffen) und schließlich ganz gewöhnlichen Kriminellen, die bis jetzt noch – und vielleicht für immer – ohne Namen sind (um die anschließende antifaschistische Spannungssituation zu erzeugen). Ich weiß die Namen der ehrenwerten und bedeutenden Persönlichkeiten, die hinter solchen Witzfiguren stehen wie jenem General der Forstpolizei, der auf recht operettenhafte Art in Città Ducale operierte (während die italienischen Wälder in Flammen standen), oder hinter jenen grauen Organisatoren wie dem General Miceli.

Ich weiß die Namen der ehrenwerten und bedeutenden Persönlichkeiten, die hinter den tragischen Gestalten von Jugendlichen stehen, die sich für die selbstmörderischen faschistischen Gräueltaten entschieden haben, und hinter den gewöhnlichen Verbrechern – ob sie nun Sizilianer sind oder nicht –, die sich als Killer und bezahlte Mörder zu Verfügung stellten.

Ich weiß alle diese Namen und weiß alle Taten (Anschläge gegen Institutionen und Bombenmassaker) derer, die sich schuldig gemacht haben.

Ich weiß. Aber mir fehlen die Beweise. Ich habe nicht einmal Indizien.

Ich weiß, weil ich ein Intellektueller bin, ein Schriftsteller, der versucht, all das zu verfolgen, was geschieht, all das kennenzulernen, was darüber geschrieben wird, sich all das vorzustellen, was man nicht weiß oder was verschwiegen wird; jemand, der die Einzelteile und Bruchstücke eines zusammenhängenden politischen Gesamtbildes miteinander verknüpft, der die Einzelteile und Bruchstücke eines zusammenhängenden politischen Gesamtbildes miteinander verbindet, der dort Logik einsetzt, wo Willkür, Wahnsinn und Geheimnis herrschen.

[...]

„Ich gäbe – selbst wenn ich ein Multi wäre – den ganzen Montedison-Konzern für eine Prostituierte her." In den Schlussworten von Pasolinis am 1. Februar 1975 im *Corriere della Sera* unter dem Titel „Das Machtvakuum in Italien" erschienen Artikel taucht zum ersten Mal ein Hinweis auf Eugenio Cefis, den damaligen Präsidenten des Energiekonzerns Montedison, auf. Er ist die Hauptfigur in Pasolinis Riesenroman Petrolio, mit dessen (nie vollendeter) Niederschrift dieser schon im Frühjahr und Sommer 1972 begonnen hatte, also noch bevor seine ersten Artikel im *Corriere* erschienen.

Mit Petrolio (schon der Titel barg Sprengstoff) wollte Pasolini eine gnadenlose Abrechnung mit der Macht und zugleich eine Summe seines Schaffens vorlegen. 2000 Seiten (von denen er nur etwa 600 zu Papier brachte), versehen mit Fotografien, Originalmaterial und echten Filmszenen, ein Roman ganz eigener Art, wie es ihn noch nie gegeben hatte, der, wie Pasolini selbst schreibt, „wie die kritische Edition eines bisher unbekannten Textes" aussehen sollte, eine Art moderner Satyricon.

Filmstill aus *Io e... (Ich und...)*, gesendet am 7. Februar 1974

In der Mitte der Handlung schaltet Pasolini eine große Vision ein. In diesem visionären Zwischenspiel, das im Manuskript nicht weniger als 25 Abschnitte umfasst, entwirft er ein halluzinatorisches Bild der modernen Welt. Es handelt sich um die Abschweifung namens *Visione del Merda*. Der junge Merda überquert zusammen mit seinem Mädchen Cinzia die Kreuzung der Via Casilina und der Via di Torpignattara am äußersten Stadtrand von Rom. Jede Etappe des visionären Weges (der Bezug zu den Höllenkreisen von Dantes *Commedia [Göttliche Komödie]* ist offenkundig) steht unter den Vorzeichen eines anderen Gesellschaftsmodells: vom Spießertum bis zur bürgerlichen Anständigkeit, von der Toleranz bis zur freien Liebe, vom Geist des Laizismus bis zur Neuen Familie katholischer Prägung. Sie münden in das Modell der Neuen Kriminalität, einer Welt voller Blut und Gemetzel, das auf einen tatsächlichen wie moralischen Völkermord zuführt. Über dem Finale schwebt als düsteres Symbol das Hakenkreuz, von dessen Armen die gesamte Stadt umfangen ist. *Petrolio* ist der „Roman von den Massakern", realen Massakern und metaphorischen Massakern (des „kulturellen Völkermords", der alle vorhergehende Kultur beiseitegefegt und unter dem Zeichen der Konsumgesellschaft gleichgeschaltet hat).

G. B.

Manuskriptseite
von *Petrolio*

Mein *Accattone* im Fernsehen
nach dem Genozid

[...]

Zwischen 1961 und 1975 hat sich etwas grundlegend verändert: Es gab einen Genozid. Eine Bevölkerung wurde kulturell zerstört. Es handelt sich um einen jener kulturellen Genozide, die Hitlers physischen Genoziden vorausgingen. Hätte ich eine lange Reise gemacht und wäre nach meiner Rückkehr einige Jahre später durch die „großartige plebejische Metropole" spaziert, hätte ich den Eindruck gewonnen, all ihre Einwohner wären deportiert und vernichtet und auf den Straßen und Parzellen durch farblose, grässliche, unglückliche Gespenster ersetzt worden. Hitlers SS eben. Junge Menschen, denen man ihre Werte und Vorbilder – wie ihr Blut – genommen hat, die gespenstische Abdrücke einer anderen Lebensweise und Lebensauffassung geworden sind: der kleinbürgerlichen.

Accattone – Wer nie sein Brot mit Tränen aß könnte ich heute nicht noch einmal drehen. Ich würde keinen einzigen jungen Menschen mehr finden, der „körperlich" auch nur entfernt den Jugendlichen gleicht, die sich in *Accattone* selbst gespielt haben. Ich würde keinen einzigen Jungen mehr finden, der diese Sätze mit dieser Stimme sprechen kann. Ihm würden nicht nur die Mentalität und der Witz fehlen, um sie zu sprechen – er würde sie sogar nicht mehr verstehen. Wie die Dame aus Mailand, die gegen Ende der 50er-Jahre *Ragazzi di vita* oder *Una vita violenta* liest, müsste er ein Glossar zu Rate ziehen. Sogar die Aussprache hat sich verändert (die Italiener hatten mit Phonologie nie viel im Sinn, darum wird dieser Punkt vermutlich für immer ein tiefes Geheimnis bleiben).

Alle Figuren in *Accattone* waren Diebe oder Zuhälter oder Einbrecher oder Leute, die in den Tag hineinlebten – schließlich war es ein Film über die Verbrecherwelt. Natürlich gab es auch die Menschen der Borgate, die zwar durch das Schweigegebot in die Verbrecherwelt verwickelt, aber letztlich normale Arbeiter waren (für einen Hungerlohn, wie Sabino, Accattones Bruder). Doch als Autor und italienischer Bürger habe ich in dem Film mitnichten ein negatives Urteil über diese Figuren der Verbrecherwelt ausgedrückt: All ihre Fehler schienen mir menschlich, entschuldbar, außerdem gesellschaftlich vollkommen gerechtfertigt. Fehler von Menschen, die einer „anderen" Werteskala gehorchen als der bürgerlichen, nämlich ausschließlich „sich selbst".

Im Grunde sind es höchst sympathische Figuren: Sympathische Menschen wie jene in der Welt von *Accattone,* also der subproletarischen und proletarischen Kultur Roms bis vor zehn Jahren, kann man sich (bürgerliche Sentimentalitäten ausgenommen) nur noch schwer vorstellen. Der Genozid hat diese Charaktere für immer vom Antlitz der Erde getilgt. An ihre Stelle treten jene „Ersatzfiguren", die widerlichsten Typen der Welt, wie ich bei Gelegenheit schon erklärt habe. Darum sagte ich, dass *Accattone*, als soziologisches Fundstück betrachtet, zwangsläufig ein tragisches Phänomen sein muss.

[...]

Ein Mann und sein Spiegelbild oder sein Doppelgänger. Die Hauptfigur ist mal der eine, mal der andere. Wenn A einen Doppelgänger B hat, so hat B einen Doppelgänger A, doch in diesem Fall ist er selbst A.

Es ist die schizoide Spaltung, die eine Person in zwei teilt, wobei in A einige Merkmale vereint werden, in B andere usw.

A ist ein reicher, gebildeter Bourgeois; ein Ingenieur, der sich mit Petrolchemie beschäftigt; er gehört zur Macht, er ist angepasst (jedoch gebildet, mit Öffnungen nach links usw.: das alles implizit)ˣˣ.

B, der Mann der „bösen" Eigenschaften, steht im Dienst von A, dem Mann mit den „guten" Eigenschaften: Er ist dessen Diener, er versieht mithin niedrige Dienste. Zwischen den beiden Abgespaltenen besteht ein perfektes Einvernehmen. Ein wirkliches Gleichgewicht.

In einer Umkehrung der Situation bedient sich A, der Mann mit den bösen Eigenschaften, des B, des Mannes mit den guten Eigenschaften, um sich vor der Gesellschaft zu rechtfertigen und sich der Unverletzlichkeit durch die Polizei, die Staatsanwaltschaft usw. zu versichern.

Als er auf eine offizielle Reise geht – mit dem Regierungschef, der in ein Land des Mittleren Ostens reist –, lässt A der Gute B den Bösen in Rom zurück: Doch kurz vor seiner Abreise merkt er, dass B eine Frau ist. ([?] ihn auf Grund eines Kastrationskomplexes angesichts der Jugendlichen von 68). Er kann die Reise nicht verschieben.

B, der Mann mit den bösen Eigenschaften und dazu noch Frau, widmet sich, in Rom geblieben, den niedrigen Diensten: Doch sucht er keine Frauen mehr (Schwestern, Mütter usw.), sondern Männer, männliche Geschlechtsorgane. Dabei stürzt er in die Grenzenlosigkeit hinab, in die Anomie.

Im Schutz der Einsamkeit und der absoluten Freiheit – dargestellt durch den Aufenthalt seines Spiegelbilds im Orient – gelingt es ihm, sich grenzenlos zu erniedrigen. Sein Wunsch ist es nun, sich mit 20 Männern der Liebe hinzugeben, keinen mehr und keinen weniger. Natürlich gelingt ihm das. Die Sache, einmal organisiert, findet auf einer Wiese statt, im Matsch, während es hin und wieder regnet usw.

Die 20 jungen Männer, die sich der Liebe hingegeben haben, gehen einer nach dem anderen weg. Sie gehen dorthin, wo sich ihr Leben normalerweise abspielt (sehr realistisch beschrieben): doch hinter einer Biegung, am Ende einer Straße, im Dunkel eines Hofs, in der Öffnung eines Haustors usw., das heißt dort, wo sie zu ihrem Leben hin verschwinden und nicht mehr wiederkommen, wie vom Nichts verschluckt – werden sie auf verschiedenste und alle auf erstaunliche Weise getötet: Symbole der eigentlichen Gründe, deretwegen man in der modernen Welt stirbt (ob es sich dabei nun um einen körperlichen oder um einen anderen Tod handeln mag).

Nach seiner Rückkehr aus dem Mittleren Osten (öffentliche Verpflichtungen, Journalisten, wirtschaftliche und wissenschaftliche Ergebnisse) findet A, der gute Mensch, B, den schlechten Menschen, der eine Frau geworden ist, nicht mehr vor. Er verliert sein Gleichgewicht und muss nun selbst die niedrigen Arbeiten erledigen, für die er B bestimmt hatte; mit seiner physischen Präsenz und seinem Bewusstsein stellt er sich diesen Situationen, von denen er sich immer ferngehalten hatte.

Natürlich kann er so nicht weitermachen. Er muss sich entscheiden, ausschließlich „öffentlich" und mithin „heilig" zu sein.

Politisch und gesellschaftlich ist das Ergebnis, dass er sich erheblich nach rechts wendet, fast bis zu einem stillschweigenden Bündnis mit den Faschisten. Unterdessen ist auch er eine Frau geworden und gibt sich der Liebe mit einem jungen sizilianischen Faschisten hin, der ihn zu Handlungen zwingt, die nur sein Spiegelbild tun konnte, die er jedoch nicht ertragen konnte usw.

Nachdem der Faschist sich mit A geliebt hat, geht er nach Hause, und auch er stirbt: Er wird von einem Ungeheuer zerrissen.

A hat, durch die Umstände dazu gezwungen, die Scham, die Verbindung mit seinem bourgeoisen Bewusstsein überwunden, das ihn daran hinderte, B zu sein: Und er will die Handlung wiederholen, die der junge Faschist ihm ein für allemal beigebracht hat. Auf diesem Weg gelangt er zur Grenzenlosigkeit, zur Anomie – so wie B in aller Unschuld dahin gelangt war.

Auch er muss sich mit wenigstens 20 Männern der Liebe hingeben, um sich bis zur untersten Stufe zu erniedrigen usw. Er organisiert die Begegnung mit 20 jungen Männern usw.: in einem dreckigen Keller einer Borgata. Er gibt sich allen hin.ˣˣˣ

Danach gehen die jungen Männer nach Hause: aber sie wohnen alle im selben Viertel: einer von ihnen hat beschlossen, eine Bombe in die [Stazione Termini]ˣˣˣˣ zu werfen. Es ist ungewiss, ob er Anarchist oder Faschist ist. Die anderen, besoffen und von ähnlichen Ungeheuern besessen wie die, die ihre Altersgenossen zerrissen haben, folgen ihm.

Die Bombe explodiert: An die hundert Menschen sterben, ihre Leichen liegen verstreut herum, aufgehäuft in einem Meer von Blut, das, zwischen Fleischfetzen, Bahnsteige und Schienen überschwemmt.

B (den wir nur der Klarheit wegen nicht A nennen) hat tiefe Sehnsucht nach dem gewissenhaften, beruhigenden Leben, das A ihm ermöglichte. Von der kleinen elenden Wohnung in der Peripherie aus, in die er gezogen ist, um seine Einsamkeit grenzenlos zu genießen, macht er sich auf die Suche nach A.

Aber A's schöne Wohnung im Zentrum ist verlassen. B ruft sich selbst ohne Ergebnis. Er findet ihn nicht. Er fragt sich, wie er einen Ersatz für A finden könne. Die Kirche und der PCI haben ausgedient. AB bleibt nichts anderes, als das Erdöl zum Ideal seines Lebens zu machen: Er kastriert sich selbst. Und er nimmt seinen Platz im Büro ein, in dem sich die Faschisten einen großen Teil der Macht gesichert haben, mit denen A bereits eine stille Bündnispolitik eingegangen war. Mit einem kastrierten Mann können die Faschisten jedoch keine Beziehungen der Freundschaft und der Wertschätzung haben. Mit ihrer altbekannten Vulgarität beauftragen sie ein Mädchen, den kastrierten B in Versuchung zu führen, damit sie ihn anschließend in der Öffentlichkeit lächerlich machen (und erpressen) können, um ihn loszuwerden.

Doch während der arme B versucht, sich vor der Umwerbung der Faschistin zu schützen, erscheinen die alles verschlingenden Ungeheuer und blasen einen Pestatem über die Faschisten, der bewirkt, dass sie grauenhaft aussehen, halbverwest, infiziert, voller Blasen und Eiter sind. Mit diesem Aussehen können sie B, den Kastrierten, nicht mehr lächerlich machen: Im Gegenteil, sie müssen lernen, mit ihm im großen Palazzo der Petrolchemie zusammenzuleben.

A ist unterdessen aufs Land gezogen und lebt in einem alten Bauernhaus, wo er niemanden mehr sieht: Im Mittleren Osten war er (von einem Mann aus dem Westen) in die Mysterien einer orphischen Religion eingeweiht worden: Er vertieft diese Initiation; wird Heiliger; steht in Beziehung mit Gott, den er gleichgültig um das Wohlergehen aller bittet.

Gott erhört ihn.

Ein Engel, von A's unbekanntem Gott gesandt, kommt in den Erdöl-Palazzo während einer Sitzung, an der auch der Minister für Staatsbeteiligungen teilnimmt: Der kastrierte B und die verwesten Faschisten haben der wissenschaftlichen Forschung und der wirtschaftlichen Organisierung einen wunderbaren Impuls gegeben. Alles läuft auf vollen Touren, trotz ihrer Tragödie. Der Engel heilt sie. B wird wieder ein Mann, und die Faschisten werden menschliche Wesen. Jetzt, da sie geheilt sind, müssen sie beschließen, was zu tun ist. Sie beschließen, dass alles so weiterlaufen soll wie bisher.

(Frühjahr oder Sommer 1972)

Zufällig ist mein Blick auf das Wort „Petrolio" in einem kleinen Artikel der, ich glaube, *Unità* gefallen, und nur, weil ich an das Wort „Petrolio" als Titel für ein Buch gedacht habe, hat es mich getrieben, mir Gedanken über die Handlung eines solchen Buchs zu machen. In weniger als einer Stunde hatte ich mir dieses „Handlungsgerüst" ausgedacht und aufgeschrieben.

× Aus *Petrolio*, Einaudi, Turin 1992
×× Zwischen diesem und dem folgenden Absatz ist am Rand, mit einem Einfügungszeichen, dieser Hinweis vermerkt: *ausführliche Beschreibung seiner Unfähigkeit, Karriere zu machen.*
××× Am linken Rand dieses Absatzes ist vermerkt: *Bergiges Bologna.*
×××× Über „Termini" ist *Bologna* vermerkt.

Aus einem Interview mit Gideon Bachmann und Donata Gallo in *Filmcritica* Nr. 256, August 1975

[...]

Bei Salò o le *120 giornate di Sodoma (Die 120 Tage von Sodom)* muss alles bis in die Einzelheiten sehr sorgfältig gemacht sein, darum lasse ich jemanden, der tot umfallen soll, oft proben, bis er wirklich wie ein Körper aussieht, der tot umfällt, und ich zerstückele die Szene nicht, es muss formal ein einheitliches Ganzes sein, das mir dazu dient, die schrecklichen Dinge bei De Sade und dem Faschismus wie mit einer Art Hülle zu umschließen.

Dafür brauche ich eine Struktur, die einen präzisen, genau festgelegten und aufgrund seiner Perfektion natürlich weniger realistischen Rhythmus einhält. Wenn das gelingt, bestätigt sich der meiner Meinung nach schon bei De Sade intendierte danteske Charakter, den ich der Struktur des Films geben wollte, indem ich ihn, dem theologischen Vertikalismus in Dantes Inferno entsprechend, in Höllenkreise unterteilt habe.

[...]

Die Macht ist kodifizierend und rituell, wie erotische Gesten auch, und weil die Gestik immer dieselbe ist, sich ewig gleich wiederholt, folgt daraus, dass die sodomitische Gestik typischer ist als alle anderen, weil sie die nutzloseste ist, jene, die die Monotonie des Aktes am besten zusammenfasst, eben weil sie mechanischer ist als die anderen. Dazu gehört die Gestik des Henkers, die jedoch anormal ist, weil der Henker sie nur einmal ausführen kann. Hier stellt sich das Problem, um der Wiederholung willen tausend Opfer töten zu müssen statt nur eines. Oder, und das ist eine Lösung, die ich im Film hinzugefügt habe: nur so tun, als würde das Opfer getötet, ihm die Pistole an die Schläfe halten, den Abzug drücken und einen blinden Schuss abgeben; dann würde die Rückkehr ins Leben eine perverse Variante darstellen, weil das Ritual des Todes schon vollzogen wurde.

Ein anderes wichtiges Element, das ich von Klossowski übernommen habe und später bei Blanchot wiederfinde, ist das Gottesmodell. Das heißt, all diese Nietzscheschen Übermenschen *ante litteram* sind, wenn sie die Körper der Opfer wie Dinge behandeln, Götter auf Erden, ihr Vorbild ist also immer Gott. Genau in dem Moment, in dem sie ihn mithilfe der Leidenschaft verleugnen, machen sie ihn wirklich und akzeptieren ihn als Vorbild.

Ich lasse eine Szene nie oft wiederholen, nur dann, wenn es besonders schwierig wird, das zu erreichen, was mir vorschwebt, doch im Allgemeinen ermüden die Schauspieler durch die Wiederholung, da sie in meinem Fall meist Laiendarsteller sind und bei der unmittelbaren Herausforderung spontan sofort das Beste geben. Umgekehrt verlieren sie durch die Wiederholung an Eindringlichkeit, weil sie nicht perfektionieren können. Darum erkläre ich vorher sehr genau, wie sie ihre Sätze sprechen sollen, und wenn sie sie dann zum ersten Mal sprechen, war das schon die erste Klappe. Das hat noch zwei andere Gründe: erstens, weil die ganze Realität des Films gefilmt werden muss, zweitens, weil man nie vorhersehen kann, welches der beste, wahrste Moment sein wird, und tatsächlich habe ich im Schneideraum oft die erste von vier Klappen ausgesucht.

[...]

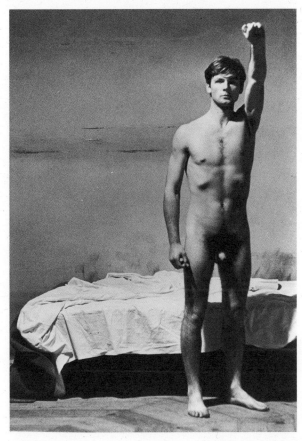

Salò o le 120 giornate di Sodoma (Die 120 Tage von Sodom), 1975

Salò o le 120 giornate di Sodoma (Die 120 Tage von Sodom), 1975

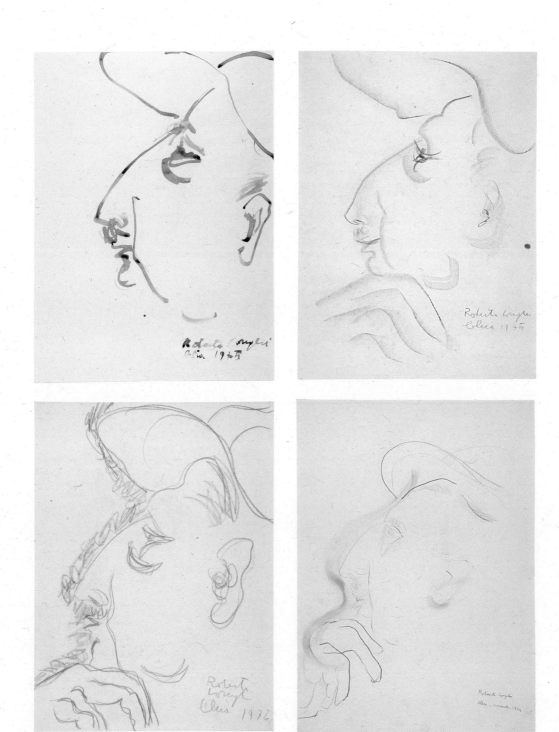

Pier Paolo Pasolini,
Roberto Longhi, Chia,
1974–1975

Pier Paolo Pasolini,
Roberto Longhi, Chia,
1975

Was ist ein Meister?

Fest steht, dass man immer erst *nachher* erkennt, wer ein wirklicher Meister war: Also hat die Bedeutung dieses Begriffs ihren Platz in der Erinnerung als geistige, wenn auch nicht immer rationale Rekonstruktion einer bereits gelebten Wirklichkeit.

Solange ein Meister tatsächlich Meister ist, das heißt, bevor er als solcher interpretiert und erinnert wird, ist er also kein Meister im eigentlichen Wortsinn.

Er wird erlebt, und das Bewusstsein seines Wertes ist ein existenzielles.

Longhi war nur einer meiner Professoren an der Universität, aber der Hörsaal, in dem er lehrte, unterschied sich von allen anderen Orten, er war kein Teil der schulischen Entropie. Er war abgeschlossen und isoliert. Im Zentrum dieses *anderen* Raumes (andersartig aus technischen Gründen, zum Beispiel wegen der Möglichkeit, Diapositive zu projizieren) stand ein Mensch, der auch in Wirklichkeit ein wahrer Mensch war. Damit meine ich Folgendes: Wenn man die dicke professorale Kruste seiner schlichteren Professorenkollegen abkratzte, kam ihre Menschlichkeit als rohe, grobe Brüderlichkeit zum Vorschein, eine immerwährend armselige und kleinbürgerliche Menschlichkeit, schwaches (womöglich faschistisches) Fleisch. Bei Longhi nicht. Er war erst Mensch und dann Professor (also Meister), weil es bei ihm nichts Professorales abzukratzen gab, um ihn selbst zu finden: Er war unmittelbar das, was er war, nämlich ein überlegener Mensch. Er war Mensch, insofern er Übermensch, insofern er Idol, insofern er eine Figur der Komödie war.

Mit einem solchen Menschen Umgang zu haben, bedeutete für einen jungen Mann zu entdecken, dass Kultur etwas anderes ist als Schulbildung. Ein Professor ist ein Mensch, den sein Beruf entfremdet hat, eine Autorität, die im besten Fall die erste autoritäre Maske abwirft, um eine zweite Maske zu offenbaren, die des kleinen Beamten. Die Kultur dagegen legt dem Menschen eine Maske aufs Gesicht, die mit ihm verschmilzt, die man nicht mehr abreißen kann: eine geheimnisvolle Maske, wie auch die Menschlichkeit geheimnisvoll ist, wenn sie zum Tragen kommt und nicht abgestumpft und engstirnig oder feige in ihrem Verhalten, im Wertekodex, in Konventionen, in der Gesellschaft verharrt. Longhi war blankgezogen wie ein Schwert. Er sprach, wie niemand sprach. Sein Wortschatz war völlig neu. Seine Ironie war beispiellos. Seine Neugierde kannte keine Vorbilder. Seine Eloquenz hatte keine Begründung.

Für einen jungen Mann, den die Schulbildung und der Konformismus der faschistischen Gesellschaft unterdrückt und gedemütigt hatten, war das die Revolution. Er begann, dem Meister stammelnd nachzusprechen. Die Kultur, die der Meister offenbarte und versinnbildlichte, war die Alternative zur gesamten bisher erfahrenen Wirklichkeit.[x]

x Vermutlich im Jahr 1971 geschriebener Text

[Über Chia]

Wenn ich nicht einen so außergewöhnlich schönen Ort gefunden hätte (einen Turm in einem Eichenwald mit Blick auf das Tal), wäre ich wahrscheinlich nie dazu gekommen, mich so oft auf dem Land aufzuhalten. Eine ästhetische, keine praktische Entscheidung. Im Nachhinein habe ich dann gemerkt, dass es sich in Wahrheit um eine Rückkehr handelte, meine ganze Kindheit war dörflich und ländlich geprägt. Außerdem kann ich nirgendwo so gut arbeiten wie dort unter den Eichen in einer völlig archaischen Umgebung – arbeiten, wohlgemerkt, nicht leben! Denn leben will ich in einer großen Stadt. Und ich hätte nie gedacht, dass aus den großen italienischen Städte einmal solch grauenhafte Orte werden würden. Das Leben auf dem Land ist also auch in diesem Sinne nur eine zufällige Lösung. In Wahrheit besteht für mich die einzige echte Möglichkeit, *außerhalb der Stadt* zu leben, darin, in einer fremden Großstadt zu leben.[x]

Gerade gestern, am 19. März, habe ich wieder angefangen zu malen, das erste Mal (abgesehen von ein paar Ausnahmen) nach 30 Jahren. Aber weder mit dem Bleistift noch mit Pastellfarbe oder Tusche habe ich etwas hinbekommen. Deshalb habe ich mir eine Dose Leim genommen und damit gezeichnet und gemalt, beides in einem, indem ich die Flüssigkeit direkt aufs Blatt goss. Es wird schon seinen Grund haben, warum mir nie in den Sinn gekommen ist, auf ein Kunstgymnasium oder eine Akademie zu gehen. Schon bei der Vorstellung, etwas Traditionelles zu machen, wird mir übel, richtiggehend körperlich schlecht. Schon vor 30 Jahren hatte ich meine Probleme mit dem Material.

Die meisten Skizzen habe ich damals mit den Fingerkuppen auf Zellophan gemalt oder gleich mit der Tube gearbeitet. Die eigentlichen Bilder habe ich auf möglichst rauem, löchrigen Sackleinen mit irgendwelchem Leim und mit Gips gemalt, nur ganz grob aufgetragen. Trotzdem kann man nicht sagen, damals wäre ich ein Materialmaler gewesen (oder ich sei es jetzt). Die „Komposition" interessiert mich mehr als das Material. Aber Formen, wie ich sie will, und Umrisse, wie ich sie will, bekomme ich nur hin, wenn die Materie schwierig ist, wenn sie ungeeignet ist, besonders, wenn sie irgendwie „kostbar" ist.

Als ich 1943 meine ersten Bilder und Zeichnungen machte, waren Masaccio und Carrà die Maler, unter deren Einfluss ich stand (beides waren Materialmaler). Mein Interesse an der Malerei ließ dann für zehn oder 15 Jahre, in der Zeit von der abstrakten Malerei bis zur Pop Art, ganz plötzlich nach. Jetzt kehrt das Interesse zurück. Im Jahr 1943 wie heute konnten und können die Themen meiner Malerei immer nur familiärer, alltäglicher Art sein, zarter, manchmal auch idyllischer Natur. Trotz der kosmopolitischen Präsenz von Longhi, den ich beinah angebetet habe, ist meine Malerei eine Malerei im Dialekt: Dialekt als „Sprache der Poesie", ausgewählt, geheimnisvoll, Material wie für einen Tabernakel. Noch immer spüre ich beim Malen die Religion der Dinge.

Vielleicht führt ein 30-jähriges Aussetzen dazu, als wäre auf diesem Gebiet nichts geschehen. Ich stehe wieder vor der Leinwand und befinde mich genau an dem Punkt, an dem ich damals aufgehört habe zu malen. Natürlich – ich vergaß – gehörte zu meinen Idolen auch Morandi. Ich will auch meine immense Liebe zu Bonnard (seine Nachmittage am Mittelmeer voller Stille und voller Sonne) nicht verschweigen. Ich würde gern ein Bild malen können wie Bonnards provençalische Landschaft, die ich in einem kleinen Museum in Prag gesehen habe. Schlimmstenfalls möchte ich ein winzigkleiner neokubistischer Maler sein – aber nie, niemals werde ich Licht und Schatten und auch Farbe mit der peniblen Reinheit und Sauberkeit zu benutzen in der Lage sein, wie der Kubismus es verlangt. Ich brauche eine expressionistische Materie, die mir keine Wahl lässt (man sieht, auch Dilettanten haben leidenschaftliche Probleme).[xx]

[x] Text aus den Manuskripten der *Lettere luterane* (*Lutherbriefe*), höchstwahrscheinlich 1975 entstanden
[xx] Vermutlich 1973 entstanden

In den letzten fünf Jahren seines Lebens lässt Pasolini zwei Häuser bauen, beide weder allzu nah noch allzu fern von Rom gelegen, das immer noch sein Lebensmittelpunkt ist. Das eine liegt in einer naturbelassenen Landschaft zwischen Viterbo und Orte, das andere am Strand des Meeres, in Sabaudia; das eine ist in eine mittelalterliche Ruine mit dem Turm von Chia eingebettet, das andere ex nihilo am Ende der Dünen von Sabaudia erbaut. Den Turm von Chia hat er anlässlich der Dreharbeiten zu *Il Vangelo secondo Mattea (Das I. Evangelium – Matthäus)* unter ganz besonderen Umständen entdeckt. Nach einer schlaflos verbrachten Nacht, von Zweifeln über den Stil seines Films geplagt, dessen Dreharbeiten er vor einigen Tagen begonnen hat, beschließt er, die Taufe Christi in der Vertikalen aus dem Helikopter zu filmen. Da die Produktionsfirma dafür nicht die Mittel besitzt, erklimmt er die zerklüftete Felsschlucht, die das Flussbett des Chia bildet, um einen hoch gelegenen Blickpunkt zu finden, und entdeckt so den Turm. Dagegen wählt er für die Villa am Meeres-strand, die er zusammen mit Moravia bauen lässt, die Küste von Sabaudia. Zu dieser Retortenstadt, aus dem Nichts entstanden, Symbol der faschistischen Allmacht über eine dem menschlichen Habitat feindliche sumpfige Natur, erklärt er in einer Fernsehsendung *La forma della città*, dass er ihre städtebaulich nach Menschenmaß gestaltete Anlage liebe. Diese beiden Häuser, dazu gedacht, von Zeit zu Zeit einen Rückzug vom römischen Leben zu gestatten, sei es allein oder in Gesellschaft von Freunden, um dort zu schreiben, zu malen und zwischen zwei filmischen Drehs auszuruhen, haben ein gemeinsames architektonisches Merkmal. Alle Zimmer weisen große Glasfenster auf, die sich ins Freie auf das ungezähmte Land oder das Meer öffnen, ohne dass etwas den Blick zwischen Innen und Außen stört. Es ist, als sei dieses Gefühl, mit der Natur auf gleicher Höhe zu sein, für ihn – in seiner Vorstellung wie auch in der Realität – eine ideale Bedingung für die Arbeit als Schriftsteller oder Maler gewesen.

A. B.

Chia, 1973

Zuerst will ich euch danken, dass ihr gekommen seid, um meinem lieben Freund und großen Künstler das letzte Lebewohl zu sagen. [...]

In den letzten Tagen war ich besessen von den Bildern des Todes von Pier Paolo Pasolini, nicht nur wegen der Grausamkeit, der Brutalität dieses Todes, sondern weil ich darin keinen Sinn, keine Bedeutung entdecken konnte. Wir Menschen wollen, dass die Dinge etwas bedeuten, dass sie nicht zusammenhanglos und absurd sind, undurchdringlich, ohne Stimme, ohne Botschaft. Am Ende schien mir folgendes klar: Der da zu Fuß vor seinen Verfolgern floh, war der Dichter Pier Paolo Pasolini, und der oder die, die hinter ihm her waren, hatten kein Gesicht, denn sie wussten nicht, was sie taten und wer Pasolini war. Es kann jemand gewesen sein, den er kannte, aber auch jemand, der dazu beitrug, eine Situation herbeizuführen, bei der dann diejenigen in Erscheinung treten, die so etwas tun. Jetzt werden die, die nicht wissen, wer Pasolini war, der, der nicht weiß, was er tut, aufgeklärt. Ich weiß: Ihr wisst, wer Pier Paolo Pasolini war und was er verkörperte, doch ich will es wiederholen, wiederholen, auch um mich ein wenig über seinen grausamen Tod hinwegzutrösten.

Ich will euch sagen, was wir verloren haben, wir, seine Freunde, ihr und das ganze italienische Volk. Mit Pier Paolo Pasolini haben wir vor allem einen von Grund auf guten, sanften, freundlichen Menschen verloren, einen Menschen, der im Innersten die besten Gefühle hegte, der die Gewalt hasste, aus intellektueller Würde und aufgrund seiner ureigenen, unendlich feinen und zarten Empfindungen. Er hasste die Gewalt. Nun hat ihn die Gewalt zerbrochen.

Der Verlust eines so guten Menschen ist unersetzlich. Ihr dürft nicht glauben, dass Güte, wahre, mit einer strahlenden, aufrechten Intelligenz verbundene Güte so häufig anzutreffen ist. Ja, es gibt viele Gute, aber ein guter Mensch wie Pasolini ist selten und wird nicht so bald wieder unter uns sein.

Und wir haben jemanden verloren, der für einige etwas Anderes, für mich auch etwas Gleiches verkörpert; wir haben beides verloren. Er selbst sagte, er sei anders. Aber in welcher Hinsicht haben wir einen Anderen verloren? Wir haben einen mutigen Menschen verloren, weitaus mutiger als viele seiner Mitbürger und Zeitgenossen. Dieser Mutige war anders. Seine Andersheit bestand in dem Mut, die Wahrheit zu sagen, an die er glaubte, und wer glaubt, die Wahrheit zu sagen, den drängt es, sie auszusprechen, vor allem, wenn er einer wie Pasolini ist, ein Mensch von höchster Intelligenz und einem sehr, sehr wachen Gefühl für das Reale.

Grabrede von Alberto Moravia zum Begräbnis von Pier Paolo Pasolini am 5. November 1975

Wir haben also einen Zeugen verloren, einen anderen Zeugen. Nochmals: warum anders? Weil er in gewisser Weise versuchte, sozusagen entscheidende, heilsame Reaktionen im trägen Körper der italienischen Gesellschaft hervorzurufen. Seine Andersheit bestand in eben dieser heilsamen Provokation. Denn Berechnungen, Kompromisse und Vorsicht waren ihm vollkommen fremd. Er war gerade insofern anders, als er selbstlos war.

Auch haben wir einen Anverwandten verloren. Was ich damit meine, ist: Er war tätig, er hat sich, neben unseren besten Schriftstellern und Regisseuren, in unsere Kultur eingereiht. In dieser Hinsicht war er ein Anverwandter, ein kostbares Element jeglicher Gesellschaft. Jede Gesellschaft wäre froh gewesen, Pasolini in ihren Reihen zu haben.

Verloren haben wir vor allem einen Dichter. Davon gibt es nicht viele in der Welt, nur drei oder vier in einem Jahrhundert. Am Ende dieses Jahrhunderts wird Pasolini einer der ganz wenigen sein, die als Dichter zählen. Der Dichter sollte heilig sein. Wir haben also diesen außerordentlichen Dichter verloren, der etwas Neues, in Italien Bahnbrechendes geschaffen hat: eine *engagierte Dichtung* der Linken, etwas, das es vor ihm nicht gab. Von Foscolo über Carducci bis D'Annunzio war die engagierte Dichtung in Italien immer eine Domäne der Rechten.

Sodann haben wir auch einen Romancier verloren. Den Romancier der Vorstädte, der *Ragazzi di vita*, der *Vita violenta*. Einen Romancier, der zwei wiederum exemplarische Romane schrieb, in denen es, neben einer sehr realistischen Beobachtung, sprachliche Neuerungen gab, eine Sprache, kann man sagen, zwischen dem Dialekt und dem Italienischen, die ihrerseits auf seltsame Art neu war.

Und wir haben einen Regisseur verloren, den alle kennen, oder? Pasolini wurde zum Leitbild für das japanische und das beste europäische Kino. Er hat eine Reihe von Filmen gedreht, von denen einige stark von seinem Realismus geprägt sind, den ich romanisch nennen möchte: ein archaischer, edler und zugleich mysteriöser Realismus. Andere Filme sind vom Mythos inspiriert, etwa dem Mythos von Ödipus, und schließlich von seinem großen Mythos, dem Mythos des Subproletariats, das laut Pasolini, der dies in allen seinen Filmen und Romanen erläutert, Träger einer Demut war, die zu einer Wiedergeburt der Welt führen könnte.

Diesen Mythos hat er zum Beispiel auch in seinem letzten Film mit dem Titel *Il fiore delle Mille e una notte (Erotische Geschichten aus 1001 Nacht)* verbildlicht. Dort sieht man, wie Pasolini das Schema des Subproletariats, das Schema der Demut der Armen im Grunde auf die ganze Dritte Welt und die Kultur der Dritten Welt ausgedehnt hat.

Schließlich haben wir einen Essayisten verloren. Ich möchte noch ein paar Worte über diesen Essayisten sagen. Auch die Tätigkeit des Essayisten war etwas Neues, und womit hing sie zusammen? Sie entsprach seinem zivilgesellschaftlichen Interesse. Hier kommen wir zu einer weiteren Eigenschaft von Pasolini. Obwohl er als Schriftsteller dekadentistische Wurzeln hatte, obwohl er äußerst raffiniert und manieristisch war, zeigte er doch Aufmerksamkeit für die sozialen Probleme seines Landes, für seine Entwicklung. Eine Aufmerksamkeit, die wir ruhig patriotisch nennen können und die nur wenige aufbrachten.

Dies alles hat Italien verloren. Es verlor einen wertvollen Mann in der Blüte seiner Jahre. Mir bleibt zu sagen: Das Bild von Pasolini, das mich heimsucht, zu Fuß auf der Flucht vor einem Wesen, das gesichtslos ist und ihn getötet hat, ist das emblematische Bild dieses Landes. Es ist ein Bild, das uns dazu bringen muss, dieses Land zu verbessern, so wie Pasolini es gewollt hätte.

Fund der Leiche Pasolinis am Morgen des 2. November 1975
am Strand von Ostia

Begräbnis Pasolinis,
5. November 1975

Aus *Dunckler Enthusiasmo. Friulanische Gedichte*, Urs Engeler Editor, Solothurn 2009, 86 f. (Übersetzung: Christian Filips)

57
Brief an Gianfranco Contini (7. Mai 1946), in: *Lettere 1940–1954*, a. a. O. (aw)

Aus *Dunckler Enthusiasmo. Friulanische Gedichte*, a. a. O., S. 222

58
Aus Jean Duflot, *Entretiens avec Pier Paolo Pasolini*, Pierre Belfond, Paris 1970, sowie in: *Il sogno del centauro*, Editori Riuniti, Rom 1983 (aw)

59
Aus *Unter freiem Himmel*, a. a. O., S. 69 f.

60
Einleitungstext zu einer frühen Version des Romans *Ragazzi di vita*, Manuskript in der Biblioteca Nazionale Centrale di Roma (ak)

63
Aus „*Ich bin eine Kraft des Vergangenen...*": *Briefe 1940–1975*, a. a. O., S. 147 f.

64
Brief an Vittorio Sereni (9. März 1955), in: *Lettere 1955–1975*, hrsg. von Nico Naldini, Einaudi, Turin 1988 (aw)

65
Aus „*Ich bin eine Kraft des Vergangenen...*": *Briefe 1940–1975*, a. a. O., S. 162 f.

66
Brief an Vittorio Sereni (9. März 1955), in: *Lettere 1940–1954*, a. a. O. (aw)

67
Aus „*Ich bin eine Kraft des Vergangenen...*": *Briefe 1940–1975*, a. a. O., S. 174

68
Brief an Livio Garzanti (25. Juni 1956), in: *Lettere 1955–1975*, a. a. O. (aw)

71
Aus „*Ich bin eine Kraft des Vergangenen...*": *Briefe 1940–1975*, a. a. O., S. 179–181

72
Aus „La mia periferia", in: *Città Aperta* Nr. 7–8, Rom, April–Mai 1958, sowie in: *Saggi sulla letteratura e sull'arte*, Mondadori, Mailand 1999, neu hrsg. 2008 (ak)

73
Drei Seiten des römisch-italienischen Glossars der Erstausgabe von *Ragazzi di vita*, Manuskript in der Biblioteca Nazionale Centrale di Roma

78
Zwischentext Alain Bergala (ihk)

81
Transkription eines Interviews von Alain Bergala mit Bernardo Bertolucci am 15. Januar 2013 (aw)

85
Aus dem Treatment von *La comare secca* (1962), in: *Per il cinema*, Mondadori, Mailand 2001 (ak)

86
Von Pasolini für das Drehbuch von Fellinis *La dolce vita* geschriebene Szene (1960), in: *Per il cinema*, a. a. O. (ak)

88
Aus dem Drehbuch von *La notte brava*, in: *Filmcritica* Nr. 200, November–Dezember 1959, sowie in: *Alì dagli occhi azzurri*, a. a. O., in: *La Notte Brava. Drehbuch zu dem Roman „Ragazzi di vita"*, Piper, München 1990, S. 5–7 (Übersetzung: Bettina Kienlechner)

90
Aus „*Ich bin eine Kraft des Vergangenen...*": *Briefe 1940–1975*, a. a. O., S. 153

91
Zwischentext Gianni Borgna (aw)

95
„Valzer della toppa", in: *Giro a vuoto*, All'Insegna del Pesce d'Oro, Mailand 1960, sowie in: *Tutte le poesie*, Abteilung „Poesie per musica", Mondadori, Mailand 2003 (ak)

96
Rom, andere Stadt, CORSO Verlag, Hamburg 2010, S. 22 (Übersetzung: Annette Kopetzki und Theresia Prammer)

105
Text von Alberto Arbasino nach einem Gespräch mit Gianni Borgna am 2. Oktober 2012 (aw)

KAPITEL III –

109
Einleitungstext (ihk)

111
Aus *Schreibheft, Zeitschrift für Literatur* Nr. 73 (2009), hrsg. von Norbert Wehr, Rigodon-Verlag, Essen, S. 31 f. (Übersetzung: Theresia Prammer)

117
Aus dem Treatment von *Accattone* (1960), unveröffentlichter Text ohne Datum, wahrscheinlich von 1960, Manuskript beim Fondo Pasolini im Archivio Contemporaneo „Alessandro Bonsanti" im Gabinetto Vieusseux/Florenz (ak)

118
Aus „Diario al registratore" (1962), in: *Le pause di „Mamma Roma"*; in: *Mamma Roma*, Rizzoli, Mailand 1962, sowie in: *Accattone, Mamma Roma, Ostia*, Garzanti, Reihe „Gli Elefanti", Mailand 1993 (ak)

119
Zwischentext Alain Bergala (ihk)

121
Aus *Schreibheft, Zeitschrift für Literatur* Nr. 73 (2009), hrsg. von Norbert Wehr, a. a. O., S. 40 f. und 43 f. (Übersetzung: Annette Kopetzki)

127
Zwischentext Alain Bergala (ihk)

131
Aus „Diario al registratore" (1962), in: *Le pause di „Mamma Roma"*; a. a. O., sowie in: *Accattone, Mamma Roma, Ostia*, a. a. O. (ak)

135
Aus *Al mit den blauen Augen*, Piper, München 1990, S. 89 ff. (Übersetzung: Bettina Kienlechner)

136
Aus *Unter freiem Himmel*, a. a. O., S. 110 f.

143
Text von 1963, geschrieben zur Verteidigung gegen die Anklage wegen Verunglimpfung der Religion im Film *La ricotta* (1963), aus „Note e notizie sui testi", in: *Per il cinema*, a. a. O. (dd)

147
Zwischentext Gianni Borgna (aw)

151
Postscriptum zu einem Brief an Ennio Flaiano [1963], nicht abgeschickt, in *Lettere 1955–1975*, a. a. O. (aw)

152
Aus „Ich bin eine Kraft des Vergangenen...": *Briefe 1940–1975*, a. a. O., S. 252 f.

155
Transkription eines Interviews von Gianni Borgna mit Ninetto Davoli im September 2012 (dd)

KAPITEL IV –

159
Einleitungstext (ihk)

161
Aus *Cento paia di buoi* (1963), erstes Treatment des Films *Comizi d'amore*, in: *Per il cinema*, a. a. O. (ak)

163
Michel Foucault, *Schriften in vier Bänden, Dits et Ecrits, Bd. III. 1976–1979*, hrsg. von Daniel Defert und François Ewald, Suhrkamp Verlag, Frankfurt am Main 2003, S. 354–356 (Übersetzung: Michael Bischoff, Hans-Dieter Gondek, Herrmann Kocyba und Jürgen Schröder)

167
Aus *Freibeuterschriften. Aufsätze und Polemiken über die Zerstörung des Einzelnen durch die Konsumgesellschaft*, Verlag Klaus Wagenbach, Berlin 1978/1988, S. 239 f. (Übersetzung: Thomas Eisenhardt)

168
Ebd., S. 241

169
Zwischentext Jordi Balló (ihk)

173
Aus „Confessioni tecniche", in: *Uccellacci e uccellini: Un film di Pier Paolo Pasolini*; Garzanti, Mailand 1966, sowie in: *Per il cinema*, a. a. O. (ak)

174
Auszüge aus dem Gespräch zwischen Pasolini und Jean-Paul Sartre, transkribiert und übersetzt von Maria Antonietta Macciocchi für *L'Unità* vom 22. Dezember 1964, sowie in: dies., *Duemila anni di felicità*, Mondadori, Mailand 1983 (dd)

177
Aus *Unter freiem Himmel*, a. a. O., S. 118

Aus ebd., S. 119 f.

183
„Le fasi del corvo", in: *Scritti teorici e tecnici*; in: *Uccellacci e uccellini. Un film di Pier Paolo Pasolini*, a. a. O., sowie in: *Per il cinema*, a. a. O. (ak)

187
Interview von Gianni Borgna mit Ennio Morricone am 28. Oktober 2012 (dd)

KAPITEL V –

191
Einleitungstext (ihk)

193
Aus *Ketzererfahrungen. Schriften zu Sprache, Literatur und Film*, Hanser, München 1979, S. 180 f. (Übersetzung: Reimar Klein)

194
Aus *Freibeuterschriften. Aufsätze und Polemiken über die Zerstörung des Einzelnen durch die Konsumgesellschaft*, a. a. O., S. 274 f.

196
Zwischentext Gianni Borgna (aw)

197
Aus *Ketzererfahrungen,* a. a. O., S. 187–189

199
Aus der Transkription der Diskussion im Turiner Teatro Gobetti am 29. November 1968, in: *Teatro. Porcile – Orgia – Bestia da stile,* Bd. II, Garzanti, Mailand 2010 (aw)

202
Zwischentext Gianni Borgna (aw)

203
Aus „Contro la televisione" (1966), in: *Saggi sulla politica e sulla società,* Mondadori, Mailand 1999, neu hrsg. 2006 (dd)

204
Brief an Jean-Luc Godard (Oktober 1967), in: *„Ich bin eine Kraft des Vergangenen...": Briefe 1940–1975,* a. a. O., S. 272

205
Zwischentext Alain Bergala (ihk)

209
Aus der Transkription der Diskussion im Turiner Teatro Gobetti am 29. November 1968, in: *Teatro,* a. a. O. (dd)

210
Brief an Paolo Volponi (Februar 1971), in: *Lettere 1955–1975,* a. a. O. (aw)

211
Aus *Unter freiem Himmel,* a. a. O., S. 133

211–212
Aus ebd., S. 142 f.

216
Zwischentext Alain Bergala (ihk)

221
Von Dacia Maraini verfasstes Protokoll eines Gesprächs mit Gianni Borgna im Sommer 2012 (aw)

KAPITEL VI –

227
Einleitungstext (ihk)

231
Aus „Stavolta tocca al Boccaccio inglese", Interview mit G. Grassi, in: *La Domenica del Corriere,* Mailand, I. Februar 1972 (dd)

232
Aus „Abiura dalla ‚Trilogia della vita'", in: *Corriere della Sera,* 9. November 1975, veröffentlicht unter dem Titel „Ho abiurato la ‚Trilogia della vita'" in *Corriere della Sera,* 9. November 1975, sowie in *Lettere luterane* unter dem Titel „Abiura dalla ‚Trilogia della vita'", Einaudi, Turin 1976, neu hrsg. von Garzanti, Mailand, a. a. O., 2009 und 2012 (dd)

234
Zwischentext Gianni Borgna (aw)

235
Aus *Reisen in 1001 Nacht,* CORSO Verlag, Hamburg 2011, S. 119 ff. (Übersetzungen: Annette Kopetzki und Dorothea Dieckmann; Übersetzung S. 119 ff. Dorothea Dieckmann)

236
Aus *Freibeuterschriften,* a. a. O., S. 80 f.

237
Zwischentext Gianni Borgna (aw)

239
Aus „Il mio Accattone in Tv dopo il genocidio", in: *Corriere della Sera,* 8. Oktober 1975, sowie in *Lettere luterane,* a. a. O. (ak)

240
Aus *Petrolio,* Verlag Klaus Wagenbach, Berlin 1994, S. 657–659 (Übersetzung: Moshe Kahn)

242
Aus einem Interview mit Gideon Bachmann und Donata Gallo in *Filmcritica* Nr. 256, August 1975 (ak)

247
[*Che cosa è un maestro?,* 1971], in: *Saggi sulla letteratura e sull'arte,* Mondadori, Mailand 1999, neu hrsg. 2008 (ak)

[*Ho ricominciato...,* 1973], Manuskript beim Fondo Pasolini im Archivio Contemporaneo „Alessandro Bonsanti" im Gabinetto Vieusseux/Florenz (aw)

248
[Su Chia], 1975, unveröffentlichter Text, gefunden in den Papieren der *Lettere luterane,* a. a. O. (aw)

249
Zwischentext Alain Bergala (ihk)

251
Grabrede von Alberto Moravia zum Begräbnis von Pier Paolo Pasolini am 5. November 1975 (dd)

257
INHALTSANGABE UND QUELLENVERZEICHNIS (dd)

261
ORIGINALAUSGABEN DER SCHRIFTEN VON PASOLINI

261
IN DIESEM BAND WIEDERGEGE-BENE BILDNERISCHE WERKE VON PASOLINI (dd)

262
WEITERE IN DIESEM BAND WIEDERGEGEBENE BILDNE-RISCHE WERKE (dd)

263
FOTONACHWEIS (aw)

© 2014 der deutschen Übersetzungen, die bereits publiziert vorliegen, bei:

CORSO Verlag, Hamburg: S. 96, 235;
Carl Hanser Verlag, München: S. 193, 197;
Piper Verlag GmbH, München: S. 21, 88, 135;
Rigodon-Verlag, Essen: S. 111, 121; Suhrkamp Verlag, Berlin: S. 163; Urs Engeler Editor, Solothurn: S. 56, 57;
Verlag Klaus Wagenbach, Berlin: S. 11, 16, 17, 22, 24, 28, 31, 37, 59, 63, 65, 67, 71, 90, 136, 152, 167, 168, 177, 194, 204, 211–212, 236, 240

ORIGINALAUSGABEN DER SCHRIFTEN VON PASOLINI

Tutte le opere, edizione diretta da Walter Siti (Werkausgabe), Mondadori, coll. „I Meridiani", Mailand 1998–2003:
Romanzi e racconti (1. 1946–1961), (2. 1962–1975), 1998, neu hrsg. 2001
Saggi sulla letteratura e sull'arte (2 Bde.), 1999
Saggi sulla politica e sulla società, 1999
Per il cinema (2 Bde.), 2001
Teatro, 2001
Tutte le poesie (2 Bde.) 2003

Für eine aktuelle Bibliografie zu Pasolini siehe:
Hans Ulrich Beck, Pier Paolo Pasolini, Wilhelm Fink Verlag, München 2010, S. 199–231 (dort finden sich auch Hinweise auf weitere Pasolini-Bibliografien)

IN DIESEM BAND WIEDERGEGEBENE BILDNERISCHE WERKE VON PASOLINI

39
Pier Paolo Pasolini, Ragazza (Mädchen), 1943, Tinte auf Papier, 25 × 17,5 cm

Donna alla toletta (Frau bei der Toilette), 1943, Tinte auf Papier, 20,5 × 14,9 cm

Al piccolo Giotto il suo Cimabue (Cimabue für den kleinen Giotto), 1946, Bleistift auf Papier, 31 × 21,3 cm

Senza titolo [Guido Pasolini] (Ohne Titel/[Guido Pasolini]), [1943], Öl auf Zellophan, 14,8 × 13 cm

40
Senza titolo [Autoritratto con fiore in bocca] (Ohne Titel/[Selbstbildnis mit Blume im Mund]), 1947, Öl auf Isorel, 42,5 × 34,5 cm

153
Senza titolo [Ritratto di Ninetto] (OhneTitel/[Porträt von Ninetto]), 1970, Tinte und Mischtechnik auf Papier, 39 × 29,3 cm

219
Senza titolo [Maria Callas] (Ohne Titel/[Maria Callas]), [1970], Mischtechnik auf Karton, 73 × 51 cm

245
Roberto Longhi, Chia, 1975, Tinte auf Papier, 47,8 × 36 cm

Roberto Longhi, Chia, 1975, Pastell auf Papier, 48 × 36 cm

Roberto Longhi, Chia, 1975, Bleistift auf Papier, 47,8 × 36 cm

Roberto Longhi, Chia, 1974, Bleistift und Tinte auf Papier, 47,8 × 36 cm

246
Roberto Longhi, Chia, 1975, Kohle auf Papier, 48 × 36 cm

Alle genannten Werke befinden sich als Teil des Fondo Pasolini beim Archivio Contemporaneo „Alessandro Bonsanti" des Gabinetto Vieusseux in Florenz.

WEITERE IN DIESEM BAND WIEDERGEGEBENE BILDNE-RISCHE WERKE

97
Filippo de Pisis, *Il nudino rosa (Nackter Junge in Rosa)*, 1931, Öl auf Leinwand, 45 × 26 cm, Museo d'Arte Moderna e Contemporanea „Filippo de Pisis", Ferrara. Schenkung von Franca Fenga Malabotta, 1996

98
Giorgio Morandi, *Natura morta (Stillleben)*, 1954, Öl auf Leinwand, 31,2 × 36,3 cm, Fondazione di Studi di Storia dell'Arte Roberto Longhi, Florenz. (Wird in Paris und Barcelona, aber nicht in Rom und Berlin ausgestellt.)

99
Giorgio Morandi, *Natura morta (Stillleben)*, 1954, Öl auf Leinwand, 30,5 × 40 cm, Privatsammlung

100
Renato Guttuso, *Fuga dall'Etna (Flucht vor dem Ätna)*, 1940, Öl auf Leinwand, 147,2 × 256,5 cm, Galleria Nazionale d'Arte Moderna e Contemporanea, Rom. Mit Genehmigung des Ministero dei Beni e delle Attività Culturali e del Turismo

101
Mario Mafai, *Fantasia (Fantasie) n. II*, 1943, Öl auf Holz, 34 × 51 cm, Privatsammlung

102
Ottone Rosai, *La Badiaccia (Kleine Abtei)*, 1938, Öl auf Leinwand, 40 × 50 cm, Galleria Nazionale d'Arte Moderna e Contemporanea, Rom. Mit Genehmigung des Ministero dei Beni e delle Attività Culturali e del Turismo

103
Giuseppe Zigaina, *Paesaggio del Friuli (Friulanische Landschaft)*, 1954, Öl auf Isorel, 53,3 × 79 cm, Privatsammlung, Rom

179
Giorgio de Chirico, *Arrivo del trasloco (Ankunft des Umzugs-wagens)*, signiert „G. de Chirico 1951" (1965 zu datieren), Öl auf Leinwand, 50 × 40 cm, Stiftung Giorgio und Isa de Chirico, Rom

FOTONACHWEIS

13 (o.):
Archivio Storico Capitolino – Biblioteca Romana.

13 (u.), 19 (o. r.), 62 (l.), 91 (u.), 94 (u.), 124 (o.), 127 (l.), 201, 202:
© Istituto Luce – Archivio Storico.

14:
© Archivio GBB Contrasto – REA.

19 (o. l., u. l.), 29 (o. r.), 30 (u.), 34, 39–52, 69, 147 (u.), 153, 214 (o. l., o. r.), 219, 238, 245, 246:
Fondo Pasolini, Archivio Contemporaneo „Alessandro Bonsanti", Gabinetto Vieusseux, Florenz.

20:
© Films sans frontières, Paris.

26, 133–134:
Fondo Pier Paolo Pasolini / Cineteca di Bologna.

30 (o.):
Foto Antonio Ciol, Casarsa / Fondo Pasolini, Archivio Contemporaneo „Alessandro Bonsanti", Gabinetto Vieusseux, Florenz.

33 (o.):
Fondo Pier Paolo Pasolini / Cineteca di Bologna.

33 (u.), 138 (u.), 207 (o.), 208 (u.), 233: Foto DR.

35, 36, 148:
Archivio stampa del Centro Studi – Archivio Pier Paolo Pasolini della Fondazione Cineteca di Bologna.

61:
© Federico Garolla. Gabinetto Vieusseux.

62 (r.):
Archivio Contemporaneo „Alessandro Bonsanti", Fondo Ojetti.

70, 92 (u.), 170 (u.):
© Database Fotoarchivi & Multimedia / Fototeca AA-MOD – Rom 2013.

73–75:
Biblioteca Nazionale Centrale di Roma (Ms Vitt. Em. I556/I) / Reproduktion GAP srl.

76, 77:
© Henri Cartier-Bresson / Magnum Photos.

78:
© Federico Garolla / Contrasto – REA.

79 (r.), 80, 123 (u.), 185 (u.), 205, 213 (o.), 215 (u.):
© Reporters Associati – Rom.

91 (o.):
© Farabola / Leemage.

92 (o.), 93 (o.), 137 (l.):
© Mario Dondero.

93 (u.):
Foto Carlo Riccardi / Archivioriccardi.it.

97:
Foto Museo d'Arte Moderna e Contemporanea „Filippo de Pisis", Ferrara.

98:
© Archivio Fotografico Fondazione di Studi di Storia dell'Arte Roberto Longhi, Florenz / Foto Giusti Paolo e Claudio, Lastra a Signa (FI).

99:
Foto Studio Schiavinotto, Rom.

100, 102:
Galleria Nazionale d'Arte Moderna e Contemporanea, Rom. Mit Genehmigung des Ministero dei Beni e delle Attività Culturali e del Turismo.

101:
Private Collection Varese.

103:
Foto Alfredo Cacciani, Rom.

113:
© William Carroll / Corbis.

114–119, 120 (o.):
Photo by Tazio Secchiaroli © Archivio Umberto Cicconi / Fondazione Allori.

120 (u.):
© Akg-images / MPortfolio / Electa.

123 (o.):
Foto Angelo Pennoni / Cineteca di Bologna.

124 (u.), 149 (o.), 213 (u.), 254 (o.):
Foto DR / Cineteca di Bologna.

125, 126:
© 1961 SNC (Groupe M6) / Compass-Movietime, Foto DR, Filmgalerie 45I.

127 (r.), 169 (u.), 207 (u.):
Foto Angelo Novi / Cineteca di Bologna.

128, 130, 185 (o.), 186:
© Divo Cavicchioli / Centro Cinema Città di Cesena.

129:
Fondo Pier Paolo Pasolini / La Cinémathèque française, Archives et Espace chercheurs (CJ912-BI2I).

137 (r.), 138 (u.):
© Paul Ronald / Archivio Storico del Cinema / AFE.

139–142:
© 1963 SNC (Groupe M6) / Compass-Movietime, Foto DR.

147 (o.):
© Archivi Farabola.

149 (o.):
© DUfoto / Foto Scala, Firenze / Cineteca di Bologna.

149 (u.):
© Archivio Arici / Leemage.

150:
© Farabolafoto / Leemage.

169 (o.), 170 (o.):
© Associazione Pasolini Matera. Foto Archivio Notarangelo.

171, 172:
© Kineos GmbH, Foto DR / Cinémathèque française.

175, 176:
Foto Sandro Becchetti / Mit freundlicher Genehmigung des Fotografen.

179:
Foto Giuseppe Schiavinotto, Rom.

181, 182:
© 1964 SNC (Groupe M6) / Compass-Movietime, Filmgalerie 45I.

195:
© L'Europeo RCS / Foto Duilio Pallottelli.

196:
© Massimo Vergari / A3-Contrasto – REA.

206:
© Graziano Arici / Rosebud2.

208 (u.):
La Biennale di Venezia – Archivio Storico delle Arti Contemporanee / Foto Giacomelli.

214 (u.):
Foto Dacia Maraini.

215 (o.):
© Marli Shamir, Jerusalem.

216, 229:
© Mario Tursi.

217, 218:
© 1969 SNC (Groupe M6) / © Courtesy of Minerva Pictures, Foto DR, Kineos GmbH.

230:
© Mimmo Cattarinich / www.mcphotoint.com.

243, 244, 250:
© Archivio Fotografico Cinemazero, Pordenone / Fondo Deborah Beer, Gideon Bachmann.

253:
© Elger Esser / Cineteca di Bologna.

254 (u.):
De Bellis / Fotogramma. Foto Sartarelli.

Umschlag:
© Mario Dondero.
© Alinari / Roger-Viollet. Fondo Pier Paolo Pasolini.
© Divo Cavicchioli / Centro Cinema Città di Cesena / Archivio Storico del Cinema / AFE, Rom.